多角色视角的
几个旅游基础问题研究

王耀斌　孙传玲　杨　玲　◎著
蒋金萍　杨雅静

中国旅游出版社

前　言

旅游基础问题的相关研究是正确认识该门学科的关键，是通往更深层次研究的桥梁，更是服务实践的基石。综观近几年与旅游相关的研究，重点、热点问题受到众多专家、学者的广泛关注，但针对诸如旅游高等教育、旅游规划质量、旅游分享、旅游营销等旅游基础问题的研究相对较少，而以多角色视角进行旅游基础问题研究的更是寥寥无几。与旅游业蓬勃发展的现状相比，针对旅游基础问题的研究则显得较为滞后，急需不断加强此方面的研究，而这也是我们编著本书的原因。

针对旅游基础问题的相关研究，本书具有以下特点：

（1）本书所涉及的旅游基础问题是与现实联系较为紧密的几个问题，也是未得到很好解决的几个基础问题。如旅游高等教育问题、旅游营销、旅游规划质量等。

（2）本书摆脱了以单一视角进行研究的局限，从多种视角对旅游相关基础问题进行对比分析，根据存在的问题提出具体的解决对策，从而更好地为实践服务。例如，在第一章中，从学生、教师、企业从业人员、行政管理人员的视角对甘肃旅游高等普通本科教育进行调查研究，基于各角色的对比分析，找出甘肃旅游高等普通本科教育存在的问题，并提出具体的解决措施。

（3）本书可以为未来关于旅游基础问题研究起到抛砖引玉的作用，书中所涉及的研究方法、研究内容可以为以后的研究提供一定的思路。

本书共分为六个部分，七个章节。第一部分为旅游高等教育研究；第二部分为旅游影响研究；第三部分为旅游规划质量研究，分为两章（第三章、第四章），第三章主要从居民感知视角对某旅游规划质量进行评价研究，第四章则主要从居民、游客与专家感知视角对某旅游规划进行量化评价与比较；第四部分为旅游流研究；第五部分为旅游营销研究；第六部分则主要涉及旅游分享研究。

其中孙传玲撰写第二部分与第五部分；杨玲撰写第六部分；蒋金萍撰写第一部分；杨静雅撰写第三部分与第四部分，最后由王耀斌负责统稿、定稿工作。由于作者水平有限，本书可能还存在一些不足，希望读者不吝赐教。

本书受国家自然科学基金"粗糙集与模糊集结合的民族地区乡村旅游扶贫精准识别研究"（41661107）；国家旅游局旅游业青年专家培养计划项目"主客双重感知视角的民族地区旅游影响模型构建与实证"（TYEPT201453）赞助出版。

王耀斌
2018 年 3 月

目　录

第一部分　旅游高等教育研究

第一章　多角色视角下甘肃旅游高等普通本科教育调查研究 …………… 3
　第一节　旅游高等教育研究概述 ………………………………………… 3
　第二节　多角色视角下甘肃旅游高等普通本科教育调查研究 ………… 14
　第三节　各角色对甘肃旅游高等普通本科教育认识的比较研究 ……… 48
　第四节　对策及相关建议 ………………………………………………… 52

第二部分　旅游影响研究

第二章　主客双重感知视角的甘南藏族乡村旅游影响研究 ……………… 59
　第一节　旅游影响研究概述 ……………………………………………… 59
　第二节　研究区域背景 …………………………………………………… 71
　第三节　数据来源与统计分析 …………………………………………… 75
　第四节　主客双重感知视角的扎尕那村旅游影响实证研究 …………… 88
　第五节　扎尕那村旅游发展存在问题及解决对策 ……………………… 122
　第六节　甘南藏族地区乡村旅游发展建议 ……………………………… 125
　第七节　研究结论与展望 ………………………………………………… 128

第三部分　旅游规划质量研究

第三章　居民感知视角下的某旅游规划质量评价研究 …………………… 133
　第一节　旅游规划质量研究概述 ………………………………………… 133

第二节　当地居民对旅游规划质量的总体评价 ……………………………… 134
　　第三节　居民对旅游规划质量评价的差异分析 ……………………………… 137
　　第四节　结论与展望 …………………………………………………………… 145

第四章　居民、游客与专家感知视角下的某旅游规划量化评价与比较 ……… 146
　　第一节　研究概述 ……………………………………………………………… 146
　　第二节　研究方法与过程 ……………………………………………………… 147
　　第三节　居民、游客与专家感知视角下的某旅游规划量化评价与比较 …… 148
　　第四节　讨论与结论 …………………………………………………………… 157

第四部分　旅游流研究

第五章　敦煌国内旅游流研究 …………………………………………………… 161
　　第一节　旅游流研究概述 ……………………………………………………… 161
　　第二节　研究区概况 …………………………………………………………… 166
　　第三节　基于旅游客源市场调研的敦煌国内旅游流研究 …………………… 169
　　第四节　敦煌旅游发展存在问题与解决对策 ………………………………… 185
　　第五节　研究结论 ……………………………………………………………… 193

第五部分　旅游营销研究

第六章　基于内容分析的在线旅游上市企业微博和微信营销研究 …………… 197
　　第一节　旅游上市企业微博和微信营销研究概述 …………………………… 197
　　第二节　研究方法与研究过程 ………………………………………………… 199
　　第三节　研究结果分析 ………………………………………………………… 203
　　第四节　微博和微信营销建议 ………………………………………………… 212

第六部分　旅游分享研究

第七章　基于文本挖掘的典型旅游网站旅游分享比较研究——以甘肃省为例 … 217
　　第一节　旅游分享研究概述 …………………………………………………… 217
　　第二节　研究过程与方法 ……………………………………………………… 219
　　第三节　研究结果分析 ………………………………………………………… 221
　　第四节　结论与建议 …………………………………………………………… 227

参考文献 ………………………………………………………………………… 229

附　录 …………………………………………………………………………… 246
　　附录一　旅游管理专业学生调查问卷 ……………………………………… 246
　　附录二　旅游管理专业毕业生调查问卷 …………………………………… 248
　　附录三　旅游管理专业教师调查问卷 ……………………………………… 250
　　附录四　旅游企业调查问卷 ………………………………………………… 252
　　附录五　旅游行政管理部门调查问卷 ……………………………………… 254
　　附录六　居民感知视角下民族地区乡村旅游影响调查问卷 ……………… 256
　　附录七　游客感知视角下民族地区乡村旅游影响调查问卷 ……………… 260
　　附录八　敦煌国内游客调查问卷 …………………………………………… 262
　　附录九　关于"某旅游总体规划质量评价"的调查问卷（居民）………… 264
　　附录十　关于"某旅游总体规划质量评价"的调查问卷（专家）………… 266

第一部分

旅游高等教育研究

第一章 多角色视角下甘肃旅游高等普通本科教育调查研究

教育的最终目标是使学生具备所在行业的专业知识和技能从而能够更好地服务于相关行业。但从目前我国旅游市场对人才的需求与旅游专业人才供给之间存在的结构性矛盾来看，旅游教育的最终目标显然没有得到很好的实现。为了扭转当前旅游高等教育与现实旅游市场对专业人才的要求之间存在的偏差，使旅游专业人才更好地服务于旅游业，有必要对我国的高等教育进行深入细致的研究。

第一节 旅游高等教育研究概述

1. 研究背景

进入21世纪以来，世界经济全球化的速度明显加快，包括我国在内的各个国家均面临巨大的发展机遇与挑战，国家间的竞争也日益激烈。21世纪国际竞争归根结底是对于人才尤其是创新性人才的竞争，人才不仅是各国科技进步和经济发展的最重要的推动因子，亦是体现国家综合实力的一项主要指标。2010年，国务院根据党的十七大提出的有关人才强国战略的总体要求，颁布了《国家中长期人才发展规划纲要（2010—2020）》，这也是我国第一个中长期人才发展规划。其中明确提出"人力资源是第一资源"及"人才优先"的人才发展定位，且将其贯穿于整个规划中。随着科学技术以及经济社会的不断发展，人们越来越意识到人才的培养已然成为经济发展和国家强盛的必要前提条件。从全球来看，各个国家都已开始将培养高素质人才提升到了国家战略的高度。

旅游业无疑是当今世界上产业规模庞大且发展前景广阔的新兴产业之一，并且已然超过汽车和石油工业成为全球第一大产业。据统计，我国已成为世界最大的国内旅游市场、世界第四大入境旅游国及亚洲最大旅游市场。2009年12月25日，国务院为继续推动我国旅游业的快速发展，发布了《关于加快发展旅游业的意见》（国发〔2009〕41号），其中提出将旅游业发展成为我国战略性支柱产业。这一举动意在表明，国家开始高度重视旅游业对经济的巨大推动作用，将旅游业的发展提升到了前所未有的高度。

2. 旅游高等教育的研究意义

2.1 理论意义

近年来，随着我国旅游业的快速发展，以及国家对高等旅游教育的重视，有关我国旅游高等普通本科教育的相关研究也渐趋成熟。但是对于诸如甘肃这类旅游高等普通本科教育起步较晚、师资队伍缺乏、办学条件不够完备等地区而言，由于其传统理论研究与国内其他发达省份相比较薄弱，导致地区特色理论研究匮乏。因此，笔者试图从旅游专业学生、教师、旅游企业从业人员及旅游行政管理人员的角度出发，研究不同相关人群对甘肃高等旅游教育的认知，进而对甘肃旅游高等普通本科教育的发展提出一些优化对策，丰富旅游高等普通本科教育西北地区区域理论部分的研究内容，完善旅游高等普通本科教育理论体系，从而为甘肃省旅游高等普通本科教育贡献出我们的绵薄之力。

2.2 现实意义

甘肃省内旅游资源丰富，且随着丝绸之路申遗成功及华夏文明传承创新区的获批，甘肃旅游进入一个新的发展历史纪元。2012年，甘肃国内旅游收入469.65亿元，国内旅游人数7824.26万人次，2013年，国内旅游收入达到618.9亿元，较上年增长31.77%，国内旅游人数10068.4万人次，增长28.68%，2014年，国内旅游收入为779.6亿元，较去年增长26.0%，国内旅游人数达到12655.3万人次，增长25.7%。随着甘肃旅游业的快速发展，旅游业对旅游专业人才的需求量也在不断增加，对旅游管理专业毕业生来说就业机会巨大。但是，有关报道及数据显示，目前甘肃所具有的旅游人才队伍不足以满足区域旅游业的发展。存在这一问题的原因，一方面是因为旅游业所需要的旅游人才的数量很大，但是却招不到适合旅游业发展所需的旅游人才，另一方面，则是旅游专业的学生毕业后的就业不容乐观，在找不到适合自己的旅游岗位时，大多数毕业生选择放弃旅游行业而另改他行，导致旅游管理专业毕业生流失严重。因此，针对旅游市场对人才的大量需求与综合素质较高的旅游人才供给极度匮乏之间的矛盾，有必要通过对相关人群进行旅游高等教育的认知研究来探究目前甘肃高等旅游教育与旅游人才市场之间的关系，为旅游业的健康发展提供符合市场需求的人才支撑和智力支持。

3. 国内外旅游高等教育研究现状

3.1 国外研究现状

3.1.1 整体分析

运用 Elsevier Science Direct 外文数据库，将关键词设为"tourism higher education"，检索时间以该数据库收录的最早的有关旅游教育文献开始，并截止到 2015 年 12 月 31 日，共检索到有关旅游高等教育的文献 155 篇。从表 1-1 可以看出国外有关旅游高等教育的文献除 1982—1985 年、1989 年和 1990 年未有文献发表外，其余各年份均有相关文献。20 世纪 80 年代发表的有关论文相对较少，处于起始阶段，90 年代有关高等旅游教育的文献数量逐步增加，进入 21 世纪后，相关文献数量则呈几何式增长，其中 2005 年、2012 年、2015 年发表的论文均超过 20 篇。

表 1-1 外文文献的年份数量统计

年份	1981	1982	1983	1984	1985	1986	1987	1988	1989	1990	1991	1992
篇数	1	0	0	0	0	1	1	1	0	0	4	1
年份	1993	1994	1995	1996	1997	1998	1999	2000	2001	2002	2003	2004
篇数	1	3	3	2	1	2	2	3	3	1	3	3
年份	2005	2006	2007	2008	2009	2010	2011	2012	2013	2014	2015	
篇数	20	5	6	6	2	6	7	22	12	9	24	

3.1.2 刊源分布

表 1-2 统计了有关旅游高等教育的文献出现 2 篇及以上的期刊名称、篇数及所占比例。从表中可以看出，有关高等旅游教育的外文文献主要分布在 *Tourism Management*、*An International Handbook of Tourism Education*、*Journal of Hospitality and Tourism Management* 等期刊上，155 篇文献中有 68 篇集中在这三大期刊，占总数的 43.87%。其中，发表在 *Tourism Management* 的文献最多（32 篇），所占比例达到 20.65%。

表 1-2 外文文献发表期刊分布

期刊名称	篇数	比例
Tourism Management	32	20.65%

续表

期刊名称	篇数	比例
An International Handbook of Tourism Education	18	11.61%
Journal of Hospitality and Tourism Management	18	11.61%
Procedia - Social and Behavioral Sciences	13	8.39%
The Economics of Recreation, Leisure and Tourism	10	6.45%
Annals of Tourism Research	8	5.16%
International Journal of Hospitality Management	8	5.16%
Journal of Hospitality and Tourism Management	5	3.23%
Procedia Economics and Finance	4	2.58%
Ocean & Coastal Management	4	2.58%
Tourism Management Perspectives	2	1.29%
Journal of Cleaner Production	2	1.29%

3.1.3 研究内容概述

国外旅游高等教育已形成了相当成熟与完善的体系，而开展此类研究的主要是各国大学、行业协会及世界旅游组织等，其研究的内容侧重于旅游专业的实践，具有很强的应用性。

西方高等院校中将旅游学作为单独的科系或专业开始于20世纪60年代后期，随着高等旅游教育的出现，以及旅游业发展较为发达国家（诸如澳大利亚、瑞士、英国、意大利等）对旅游教育及其研究工作的重视，有关研究高等旅游教育的文献也相继刊登在各种旅游或教育杂志上。Medlik于1965年写的一篇未发表的报告《西欧旅游高等教育与研究》，开启了旅游高等教育的研究。Lawson于1974年发表了有关西欧旅游教育培训的研究成果。相较而言，20世纪70年代有关旅游高等教育的文献较少，而其中最具有代表性的人物是Christie-Mill与Airey，这两位分别在1978年和1979年对英国的旅游高等教育的发展进行了研究。80年代是全球旅游教育发展较为迅速的一段时期，这一时期在欧美地区的高校也相继出现了旅游专业的硕士及博士研究生教育。Jafari & Ritchie于1981年首次确立了"旅游教育"作为旅游研究范围内的重大子议题，随着这一议题的确立及高等旅游院校的不断发展，发表在学术期刊及有关旅游高等教育的硕博士论文呈现快速增长的趋势。

20世纪90年代后，随着经济全球化、科学技术的迅猛发展等外部因素的影响，旅游业的发展表现出新的变化，对旅游从业人员也提出了更高的要求，从而使得旅游教育也进入到一个新的发展阶段。如 Enghage 与 Hegarty 两人均在 1990 年对旅游高等教育中的德育情操教育进行了详细的研究。而在 2003 年以后出现了有关学生知觉体验和网络虚拟教学及对教学方式进行创新的研究，如 Haven & Botterill（2003）对旅游教育中的虚拟学习环境的相关文献进行了综述；Mmadanoglu & Martin（2003）从学生感知的视角对美国酒店招收国际毕业生进行了研究；Mills & Douglas（2004）认为目前 10 种信息技术的迅猛发展趋势正推动着旅游高等教育中酒店管理课程的改变；Parr & Lashua（2005）研究了学生对休闲、休闲专业及专业知识的感知；Cobanoglu（2006）基于酒店管理学生的视角，对博客这一新兴的教学工具在教学中的作用进行了分析与探讨；McDowall & Li（2007）比较研究了学生对传统教学及远程教学这两种教学方法的态度；Huang（2007）基于在英国留学的亚洲学生的视角，提出了一个具有挑战性但也非常有价值的学习经历；Johanson & Haug（2008）通过对挪威学习旅游与酒店管理的学生的调查研究，提出了学生在学习过称中首选的学习方式，并且阐述了课程内容的重要性；Sanders & Armstrong（2008）认为了解旅游管理专业学生对于一次实地考察的感知和经历，需要一个循序渐进的方法等。

综上可知，近些年，随着网络及多媒体的发展，国外专家学者更多的将注意力集中在网络教学模式的创新及改革上，很少涉及参与旅游业的各个不同群体的人员对旅游高等教育的认知研究，因而不能从相关群体的视角下提出旅游高等教育改革的方向。

3.2 国内研究现状

3.2.1 年份数量统计分析

运用 CNKI 中国知网核心期刊全文数据库，将关键词设为"旅游高等教育"，检索时间以该数据库收录的最早的有关旅游教育文献开始，并截止到 2015 年 12 月 31 日，采用高级检索方式共检索到有关高等旅游教育的文献 763 篇。其中，发表在期刊上的文献为 657 篇，硕博论文共 73 篇，会议类文献 14 篇，报纸类文献 19 篇；从表 1-3 可以看出，1998 年以前，国内有关旅游高等教育的文献相对较少，且多发表在期刊上，20 世纪 90 年代末期及 21 世纪初，相关文献数量逐渐增多，且有少数硕博论文、会议类及报纸类文献。其中，2008—2010 年每年发表的文献数量均超过 75 篇，分别为 80 篇、75 篇和 92 篇，三年发表的文献数量占总量的 32.37%。而将关键词设为"多角色"+"旅游高等教育"+"认知"，并没有检索到相关的文献。

表 1-3 中文文献的年份数量统计及分类

年份\分类	总量（篇）	期刊类（篇）	硕博类（篇）	会议类（篇）	报纸类（篇）
1992	1	1	0	0	0
1993	0	0	0	0	0
1994	0	0	0	0	0
1995	1	1	0	0	0
1996	3	3	0	0	0
1997	5	5	0	0	0
1998	14	14	0	0	0
1999	16	16	0	0	0
2000	9	9	0	0	0
2001	12	10	1	0	1
2002	13	11	0	0	2
2003	18	17	0	0	1
2004	31	27	0	0	4
2005	25	24	0	0	1
2006	29	25	1	0	3
2007	46	32	12	0	2
2008	80	68	11	1	0
2009	75	67	7	0	1
2010	92	80	7	4	1
2011	68	54	11	2	1
2012	70	61	6	3	0
2013	60	52	7	1	0
2014	49	36	9	3	1
2015	46	44	1	0	1

3.2.2 刊源分布

国内有关旅游高等教育的文献相对来说较为繁多，且分布较分散，现将检索到的 657 篇期刊类文献进行分类统计，表 1-4 统计了有关旅游高等教育的文献出现 5 篇及以上的期刊名称、篇数及所占比例。从表中可以看出，有关旅游高等教育的中文文献主要分布在《旅游学刊》《旅游论坛》《旅游纵览》及《旅游科学》等期刊上,共 134 篇,占总量的 20.40%,其中,《旅游学刊》刊登的相关文献最多,达到 72 篇,所占比例为 10.96%。

此外,报纸类文献相对来说比较集中,检索到的 19 篇有关旅游高等教育的报纸类文献中有 15 篇发表在《中国旅游报》上,所占比例达到 78.95%。而检索到的 73 篇硕博论文中,有 36 篇出自辽宁师范大学,占比 49.32%,几乎是硕博论文总量的一半。

表 1-4 中文文献(期刊类)刊源分布

期刊名称	篇数	比例
旅游学刊	72	10.96%
旅游论坛	25	3.81%
旅游纵览	20	3.04%
旅游科学	17	2.59%
商场现代化	9	1.37%
教育与职业	7	1.07%
现代企业教育	7	1.07%
中国成人教育	7	1.07%
内蒙古师范大学学报(教育科学版)	7	1.07%
内蒙古财经学院学报(综合版)	7	1.07%
北京教育(高教版)	5	0.76%
商业经济	5	0.76%
黑龙江高教研究	5	0.76%
文教资料	5	0.76%
北京第二外国语学院学报	5	0.76%

3.2.3 研究内容概述

相比于国外旅游高等教育,国内旅游高等教育起步较晚。随着 1978 年南京旅游学校的建立、1979 年上海旅游高等专科学校的成立,以及 1982 年原杭州大学经济系下设立旅游管理本科专业等,我国旅游高等教育不断向前推进,有关旅游高等教育的研究也逐渐深入。表 1-5 列出了近 20 年来国内有关旅游高等教育的主要研究内容,从表中不难看出,有关旅游高等教育人才培养模式、地区旅游高等教育发展问题、旅游高等教育学科建设,以及课程设置、对国内外旅游高等教育的对比研究等是国内旅游高等教育研究的热点问题,其中旅游高等教育人才培养模式及地区旅游高等教育发展的研究较为广泛，分别占总量的 32.90% 和 29.88%。

表 1-5 研究内容统计表

研究内容	篇数	比例
人才培养	251	32.90%
地区旅游高等教育发展研究	228	29.88%
旅游高等教育性质及课程设置	123	16.12%
国内外旅游高等教育对比研究	70	9.17%
其他	91	11.93%
总计	763	100%

（1）旅游高等教育人才培养模式研究。

刘继红（1999）针对当前国内旅游管理专业人才培养模式存在的四个主要问题，从培养目标、培养过程与方式、课程体系与教学内容等方面提出面向 21 世纪的我国旅游高等教育新型培养模式。钟志平（2003）基于我国传统的重理论教学轻实践教学的教学体系，为突出"应用型"旅游管理人才培养的特色，提出理论教学和实践教学体系相结合的"双金字塔结构的旅游高等教育体系"。张培茵等（2004）通过对旅游高等教育中在人才培养模式和教育方法上的思考与实践进行系统的总结后，提出"平台+模块"的人才培养模式，即由公共基础平台、旅游学科基础平台、专业课平台和综合素质平台组成的知识平台，以及由导游技能、饭店服务技能和英语口语能力组成的能力模块等。周霄等（2007）从解析"四轮驱动型"旅游专业人才培养模式的基本内涵入手，构建了基于"四轮驱动型"人才培养模式的多级要素系统，且创造性地提出了保证高校运行的综合保障体系。洪夏芳等（2013）在探索如何使旅游高等教育"校企产学合作"模式在微观操作层面真正成功运行，创新性地提出了"1+X"导师制应用型人才培养模式。储德平等（2014）以福建海峡旅游学院为例，探索出了一条闽台高校旅游人才培养的协同创新模式。周霄（2015）基于我国高校旅游管理类专业人才培养的现状及问题，从素能结合、德艺共育、学思相成、知行合一、因材施教五个维度构建了旅游人才培养的全新理念。

（2）国内地区旅游高等教育发展研究。

任冠文（2006）在分析了目前广西旅游高等教育的现状且指出其存在的问题后，提议筹建广西旅游教育指导委员会及独立的旅游大学，并从师资建设、课程建设以及建立产学研一体的高等旅游教育模式等方面提出建议。黄静波等（2010）针对目前我国高等旅游教育所呈现出的"同质化"现象，提议将湖南高等旅游教育人才培养模式定为"非同质化"，而所谓的"非同质化"人才培养模式指的是在充分考虑地区经济、社会、文化等发展特点，以及所在旅游院校的办学特色，在所涉及因子动态变化的过程中，动态地制定旅游人才培养目标。乌铁红（2010）从内蒙古旅游经济与高等旅游教育失衡这一视角出发，提出应采取专业细分应对专业化的需求、进行教学改革应对经验要求，以及立足地区特色培养本土化人才等策略。丁雨莲和陆林（2009）通过对安徽省历年统计数据的分析，总结出安徽省高等旅游教育发展的四个总体特征，并且指出安徽旅游高等教育发展中存在的问题，主要有理论教学不科学、实践教学实施困难及师资队伍较弱等。张莹等（2009）通过问卷调查、实地调研和现场访谈，指出辽宁高等旅游教育中存在着办学特色不明晰、实验室建设不完备、课程建设缺乏系统性和教学方法单一等问题，针对这些问题提出实现辽宁高等旅游教育和地区经济的可持续发展的途径。主要有构建跨区域实验室共享的实践教学模式、"一心两轴"教师资源整合模式、"理论＋特色＋实训"课程体系设置模式，以及"1234"教育资源合作模式等。梁勇等（2005）、张金霞（2004）、何剑波（2009）、李长秋（2011）、林思明（2004）等分别分析了河北、湖北、江西、河南、福建等地的高等旅游教育发展现状，指出了各地区旅游高等教育所存在的问题，进而提出了相应的对策。

（3）国内旅游高等教育性质及课程设置研究。

申葆嘉（1997）基于旅游高等教育既有高等教育的性质，而又区别于其他一般高等教育性质的视角下，认为"大学专科以下的旅游教育属于职业教育"，而"大学本科以上的旅游教育属于高等专业教育"。卢华语（1999）亦认为高等旅游教育是一种高等专业性教育，而非职业性教育。而汤利华（2004）从教育目标、教育内容、教育方式等方面分析了职业教育的特点，进而指出高等旅游教育具备鲜明职业特征的专业教育。刘文江（2002）则认为旅游教育属于职业教育的范围，而专科以下的旅游教育更应隶属于职业教育。此外，王景荣（1996）也认为旅游教育隶属于应用科学的范围，具有职业教育的性质。

罗兹柏等（1997）基于旅游专业是复合应用型专业的视角，认为旅游管理专业课程设置应该突破传统的公共基础课—专业基础课—专业课的办学模式，而应建立包括素质技能拓展系列课程、相关知识系列课程等的课程体系。赵鹏等（1998）指出为了达到旅游管理复合型人才的目标，应加大高等旅游教育课程体系的弹性，提出包括基础课模块、专业课模块及素质技能拓展模块等组成的"模块型"课程结构。林刚（1998）基于旅游管理专业作为管理类学科这一视角，认为高等旅游教育的课程体系应设置为包括公共基础课、旅游专业基础课、旅游管理专业课，以及现代管理人才素质教育等"系列型"课程体系。许春晓（1999）通过对我国现行大学本科旅游管理专业的课程体系特点的分析，按课程内容将其划分为专业基础课、专业理论课、专业应用课、专业活动课四个板块，按培养目标将其划分为服务基层、中层和高层管理课程三个层次；从课程系统的完整性出发，将其够造成"时间—层次—分块结合"的课程体系。杜江（1999）等通过分析全球旅游业与我国旅游业未来发展的趋势及其对旅游人才的要求，认为应建立包括文科公共模块、工商管理基础模块、旅游管理基础模块、方向模块等的课程体系。田喜洲（2000）基于高等旅游教育课程体系的框架应体现专业教育和素质教育这一视角，建立了包括专业基础教育课程群、素质教育课程群和专业发展教育课程群三大板块的课程体系。李柏文等（2009）基于课程论的视角审视了目前我国的高等旅游教育课程体系，从中发现学科中心和教师中心模式占据主导地位，而忽视了学生中心模式，因此强调要完善中国高等旅游教育的课程体系，须重视学生的话语权，加强课程实现的建设。曹国新（2009）总结了目前我国旅游实践教学的三种课程设置理论流派，即"产业本位课程"流派、"人文本位课程"流派、"学科本位课程"流派，三种教材编纂理论流派，即"得术""得法"和"得道"流派，以及三种案例创意理论流派，即"因果关系展示""调查方法演示"和"创新过程启示"。吴淑琴（2014）提出为培养高素质旅游人才以适应旅游业的快速发展，我国高等旅游教育应合理定位，明确培养目标，提高教师资质、大胆改革教学内容及改进教师的教学方式等。刘焱（2014）为提高旅游实践教学及强化旅游人才的培养质量，创新性的将 PARTS 战略引入旅游管理专业实践教学改革中，从教学主体、教学方式、教学内容、合作利益和合作机制五个方面对实践教学体系进行了探索。此外，夏汉军等（2015）基于利益相关者理论，通过对湖南省内几所高校的旅游管理专业的设置情况进行分析，探讨了高校旅游管理专业课程设置的合理性，并据此提出了一些建设性意见。

（4）国内外旅游高等教育的对比研究。

杨雁（1998）分别从旅游教育体系、旅游课程设置、办学条件、师资结构和学生能力培养五方面通过比较中、英、美 3 国高等旅游教育的差异，提出了目前我国高等旅游教育存在的问题。陈肖静（2000）通过澳大利亚国际旅馆学校的启示，提出我国高等旅游教育应转变教育思想，注重培养学生创造力、表现力及专业知识应用能力。王艳平（2003）通过比较分析中日旅游教育的不同，提出了我国高等旅游教育中存在的问题，并且指出了我国未来旅游教育应向着"国际化"与"属地化"发展。谷慧敏等（2003）基于旅游企业、教育研究机构及政府这三个角度对全球旅游教育的现状进行了梳理，且对美国和瑞士的旅游教育特点进行了详细的分析。徐红罡和张朝枝（2004）从旅游教育起源、发展与学科分类、课程设置等方面对欧洲部分国家、美国、澳大利亚、日本等的旅游高等教育进行了比较研究，对我国高等旅游教育的发展具有一定的启示。王敏（2004）通过分析爱尔兰国际旅游硕士的课程设置、教育方法及特色，旨在为我国旅游高等教育提供借鉴。王文君（2004）在对中美旅游高校教学基本情况进行较为系统而深入的调研后，分别从课程体系、教学内容、考评方式等做了详细的比较分析，指出了国内旅游高等教育存在的问题，并提出了改革的设想。冯颖等（2008）通过对南开大学和立教大学这两所中日比较有代表性的高等院校旅游专业本科课程体系的比较研究，探讨了中日旅游专业本科课程体系中存在的差异及其原因，指出了日本在旅游高等教育方面的成功经验，以加快我国旅游专业的课程体系建设。丁华等（2014）通过对澳大利亚与中国旅游专业本科教育的发展历程、专业与课程设置的对比研究，发现两国在高等旅游教育中存在的差异是：澳大利亚旅游专业本科教育受宗主国英国的影响较大，尤以市场主导、高度的教育产业化和国际化为特色，而中国的高等旅游教育则具有政府主导和学科多维度的特色。在具有差异性的同时，两国在高等旅游教育方面亦存在一些共同点，即：在未来的高等旅游教育的发展中，两国都将面临着旅游学科地位不高、缺乏理论科学体系和就业稳定性较低等现实问题，因此，均需要做好加强科学体系建设、旅游专业宽泛化与细分化之间的关系等方面。

（5）其他方面的研究。

秦岭南（2004）从旅游学的研究角度，通过对旅游学的基础理论、学科成熟度和学科分支等内容做了详细分析，认为对旅游学研究内容的把握是旅游高等教育中须深入考量的因素。龙江智（2005）由国内旅游人才的供需失衡等现象，认为其根源在于学科基本问题的缺失，因此，提出中国旅游高等教育的根本出路在于厘清该学科的基本问题并构建核心知识体系。夏赞才等（2008）基于现代旅游业发展中出现的的众多伦理问题，提出将旅游伦理教育引入到旅游高等教育中来。谢春山等（2010）从旅游人才需求与人才培养模式、学校的规模化扩张与师资队伍的建设以及旅游业的快速发展与学生的专业认可度和就业等方面剖析了国内旅游高等教育中存在的悖论现象及产生的原因，并由此提出了若干对策。

沈宏洁等（2012）基于实习企业的视角以陕西师范大学旅游管理专业的大四实习生为研究对象，对实习市场满意度进行了研究。包亚芳等（2012）以旅游管理专业本科实习生为研究对象，对实习生人格特质与其在本行业的留职意愿间的关联进行了实证分析，且对组织社会化中的中介作用做了简要探讨。杨兴柱等（2014）对我国旅游高等教育的区域差异进行了研究，指出其分布差异性特征，并且从区域经济发展、旅游业的发展、地区教育投入、地方政策等方面分析了旅游高等教育出现区域差异的重要因素。肖璇（2015）通过问卷调查的方法对国内旅游高等教育中师资队伍的国际化水平进行了研究，并据此提出了提高我国旅游高等教育师资队伍国际化水平的方法。

综上可以看出，国内有关不同群体对旅游高等教育的认知研究很少，几乎处于空白状态，因此，本文拟以甘肃旅游高等教育为例，通过对涉及旅游行业的不同群体进行调查与访谈，意在找出影响旅游人才市场供需矛盾的主要因素，为更好地发展旅游高等教育提出一些对策及建议。

第二节 多角色视角下甘肃旅游高等普通本科教育调查研究

近年来，有关旅游高等教育的研究有所增加，特别是对于高等旅游教育的人才培养模式、课程设置及区域高等旅游教育的发展现状等，但是从旅游专业学生、教师、旅游企业从业人员、旅游行政管理人员等不同群体的视角对甘肃旅游高等教育的认识做详细分析且进行比较的研究相对较少。基于此，笔者采用多角色、多视角对甘肃旅游高等普通本科教育进行调查研究，以期获得一些有用的信息。

1. 旅游管理专业学生

1.1 在校生

为研究旅游管理专业在校生对甘肃旅游高等教育认知情况，笔者于2014年11~12月对兰州大学、西北师范大学、兰州文理学院及河西学院等院校的旅游管理专业本科生进行了问卷调查，共收回有效问卷232份，将有关问题梳理并统计如表1-6所示。

表1-6 基本情况统计

问题	选项	人数	百分比（%）
性别	男	43	18.53
	女	189	81.47
所在年级	大一	73	31.47
	大二	73	31.47
	大三	86	37.06

续表

问题	选项	人数	百分比（%）
选择旅游管理专业的理由	个人志向	53	22.84
	他人推荐	12	5.18
	被调剂	109	46.98
	其他	58	25

通过对调查问卷的基本情况统计及表1-6可以看出，本次选取的研究对象中有81.47%是女生，而男生人数只占18.53%，女生人数是男生人数的4倍之多，由此也可以看出，就读旅游管理专业的学生中大多数为女生，而男生只占少数。在此次调查中，大一、大二及大三年级的学生人数相当，分别占总人数的31.47%、31.47%和30.06%。

表1-7 旅游管理专业在校生对甘肃旅游高等教育认知情况统计

问题	选项	人数	百分比（%）
专业满意度	非常满意	2	0.86
	满意	54	23.28
	一般	130	56.03
	不满意	40	17.24
	非常不满意	6	2.59
专业知识实用情况	很实用	2	0.86
	实用	23	9.91
	一般	128	55.17
	不实用	66	28.45
	无任何专业技能	13	5.61
最理想的就业趋向	酒店	25	10.78
	旅行社	9	3.87
	景区景点	11	4.74
	会展公司	26	11.21
	旅游行政管理部门	99	42.67
	旅游规划公司	22	9.48
	高校	8	3.45
	自己创业	7	3.02
	其他	25	10.78

续表

问题	选项	人数	百分比（%）
重点培养的学生能力	自我学习能力	40	17.24
	研究能力	11	4.74
	专业知识能力	26	11.21
	专业实践能力	77	33.19
	分析和解决问题的能力	33	14.22
	外语和计算机等技能	2	0.86
	正确的价值观和人生观	17	7.33
	人际交往能力	12	5.17
	创业能力	5	2.16
	写作能力	0	0
	组织协调能力	9	3.88
	其他	0	0
课程设置存在的最主要问题	课程设置多而不专	75	32.33
	课程设置内容重复	12	5.17
	课程设置不够全面	39	16.81
	无用课程较多	40	17.24
	部分课程开课次序不符	6	2.59
	理论课实践课比例失调	58	25.00
	基础课比例太大	2	0.86
理论课与实践课的分配比例	6∶4	86	37.07
	4∶6	83	35.77
	5∶5	55	23.71
	其他比例	8	3.45
最优的教学模式	先理论后实践	36	15.52
	理论与实践同步	125	53.88
	先实践后理论	20	8.62
	少讲理论多实践	28	12.07
	多讲理论少实践	1	0.43
	讨论启发式教学	22	9.48

续表

问题	选项	人数	百分比（%）
影响教学的最关键因素	教师学历	8	3.45
	教师实践经历	71	30.60
	教学设备	19	8.19
	教学场所	23	9.92
	评分标准	1	0.43
	学生学习态度	20	8.62
	教材不贴合实际	68	29.31
	教学形式的多样性	22	9.48
专业细分有无必要性	非常必要	46	19.83
	必要	111	47.84
	没必要	44	18.97
	不清楚	31	13.36

从表 1-7 可知，有 46.98% 的被调查学生是被调剂而就读本专业的，而出于自己的志向和经他人推荐就读旅游管理专业的学生只占总人数的 22.84% 和 5.18%，由此可知，将近一半的学生都是被动地选择就读本专业，而不是自己的主观意愿。

甘肃旅游高等院校在校生对有关旅游高等教育情况认知度较高（最高选项的人数超过被调查人数的一半）的问题有专业满意度、所学专业知识及技能的实用性和最优的教学模式等。其中，均有超过半数的被调查学生对旅游管理专业满意度和所学知识及技能的实用性方面持一般态度。在有关最优的教学模式这一问题上，大多数学生比较赞成理论与实践同步的教学模式，而最不被学生们所看好的教学模式则是多讲理论少实践，因此，可以看出学生们越来越注重实践对提高自身素质及适应社会需求的重要性，这一点也应引起省内旅游高等院校的重视，未来应通过校企联合等方式来加强学生外出实践及实习的机会。此外，也有少部分学生认为先理论后实践、先实践后理论、少讲理论多实践及讨论启发式的教学模式可行。

从表 1-7 亦可知，被调查学生在最理想的就业趋向、理论课与实践课的分配比例上及专业细分的必要性等问题上认知度相对来说较低（最高选项的人数占总人数的比例为 35%~50%）。42.67% 被调查的学生在毕业后选择旅游行政管理部门作为自己的最理想的就业目标，也有一部分学生选择去酒店、会展公司、旅游规划公司等，而选择旅行社、景区景点、高校及自己创业的人数最少，究其原因，大多数学生在毕业后更倾向于一份相对来说较稳定且有保障的工作。随着我国旅游高等教育的快速发展及旅游行业的不断细分，有学者认为应培养更具专业性、更符合市场需求的旅游人才，因此提出将目前大多数院校所设置的旅游管理专业细分为旅游学、景区与旅行社管理、酒店管理、会展经济与管理等专业，而在这一问题上，大一、大二及大三年级的学生中大多数认为目前所学的旅游管理专业太宽泛，囊括的知识面太广，导致在校期间对相关领域的学习都是点到为止，而为了毕业后就业更具针对性，被调查学生认为对本专业设置进行细分是必要的，三个年级中选择"非常必要"及"必要"的人数分别占被调查总人数的19.83%、47.84%。同时也有少部分学生（18.97%）认为没必要对旅游管理专业进行专业细分，而对是否进行专业细分持模糊（"不清楚"）态度的学生占13.36%。

此外，通过对调查问卷的统计发现，被调查学生在重点培养的学生能力、课程设置存在的问题、影响教学效果的主要因素、专业课的选择及实习方式等方面的认知度最低（最高选项的人数所占比例为35%及以下）。在重点培养的学生能力方面，有33.19%的被调查学生认为专业实践能力是最重要的，也有部分学生认为学生的自我学习能力及分析和解决问题的能力是最重要的，而选择研究能力、外语和计算机等实用技能、正确的价值观和人生观、人际交往能力、创业能力及写作能力等的学生最少。而在课程设置存在的问题方面，32.33%的被调查学生认为目前旅游管理专业课程设置存在的最主要的问题是课程设置多而不专，导致学生在校期间的学习都是点到为止，不能更好、更深入地理解所学到的知识。也有部分学生认为存在的主要问题是理论课与实践课的比例失调、无用课程较多，以及课程设置不够全面等。此外，在有关影响教学效果的最主要的因素这一问题上，选择教师实践经历和教材不贴合实际的人数相差无几，分别占总人数的30.6%和29.31%，选择教学设备、教学场所、学生学习态度、教学形式的多样性的人数相对较少，分别占总人数的8.19%、9.91%、8.62%和9.48%，几乎没有学生认为评分标准是影响旅游管理专业教学效果的最主要的因素。

实习作为学生从校园踏入社会的一座桥梁，对学生今后的职业生涯有着至关重要的作用。一次愉快而又充实的实习经历，除了能让学生对所从事的行业有更深入的了解之外，也会使学生更加清晰地认识自己是否适合从事这一行业。而对于综合性及应用性都极强的旅游业，选择适合旅游管理专业学生的实习方式尤为重要。从图1-1中可以看出，在有关实习方式的选择上，有99人认为岗位见习是最适合旅游管理专业学生的专业实习方式，占总人数的42.67%；而有77人则认为岗位见习是最合适旅游管理专业学生的毕业实习方式，占总人数的33.19%；认为实地调查及模拟实训是最好的专业实习方式的调查人数分别有48人、41人，分别占总人数的20.69%、17.67%，将实地调查、策划设计、专业考察及模拟实训作为最合适的毕业实习方式的学生人数相差无几。此外，被调查的学生中只有少数人认为案例分析、社会调查及自助科研是旅游管理专业学生最佳的专业及毕业实习方式。

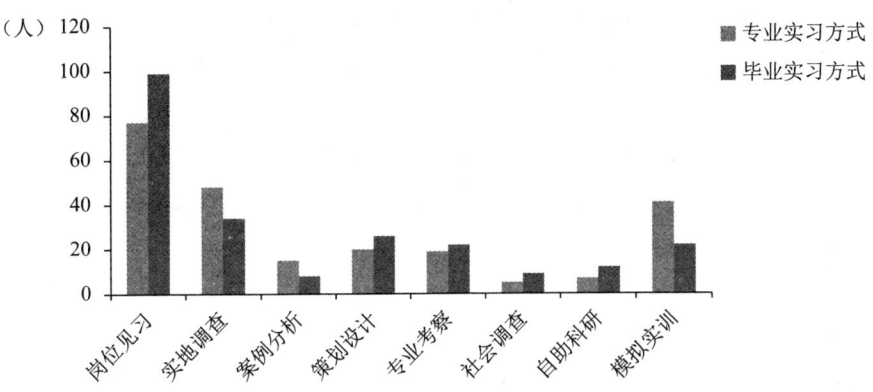

图 1-1　最佳专业及毕业实习方式统计

经统计后发现，不同年级的旅游管理专业在校生对有关甘肃旅游高等普通本科教育的认识大体一致，但对旅游高等教育教学效果的影响因素的看法存在一定的分歧，从图 1-2 可以看出，大一新生有 31 人认为教材不贴合实际是影响旅游高等教育教学效果的最关键因素，所占比例为 42.47%，其次是教师实践经历、学生学习态度和教学形式的多样性等。而大三学生则认为影响教学效果的最关键因素是教师的实践经历，其次是教材不贴合实际，再次是教学场所，紧接着是学生学习态度、教师学历及教学设备，影响程度最弱的则是教学形式的多样性和评分标准。大二年级学生中对教学效果影响因子的排序（由多到少）为：教材不贴合实际、教师实践经历、教学场所、教学形式的多样性、教学设备、学生学习态度、教师学历以及评分标准。

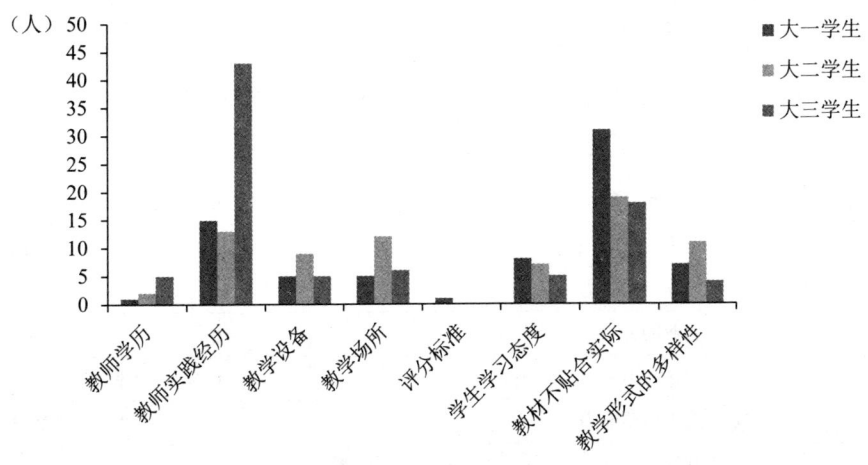

图 1-2　教学效果影响因子统计

1.2 毕业生

为更全面地研究不同群体对甘肃旅游高等教育认知情况，笔者于 2015 年 3~6 月通过电子邮件等方式向旅游管理专业毕业生发放并收回有效问卷 117 份，其中男性 45 份，占总人数的 38.46%，女性 72 份，所占比例为 61.54%。被调查者中有 89 人的年龄属于 30~40 岁，占总人数的 75.86%。通过对所收回的有效问卷的统计梳理，有关甘肃旅游高等教育的部分问题及结果统计如表 1-8 所示。

表 1-8　旅游管理专业毕业生对甘肃旅游高等教育认知情况统计

问题	选项	人数	百分比（%）
应培养的人才类型	应用型	61	52.14
	研究型	3	2.56
	复合型	53	45.30
	其他	0	0
所学专业知识的有用程度	30%以下	36	30.76
	30%~50%	65	55.56
	50%~70%	12	10.26
	70%以上	4	3.42
理论课与实践课的分配比例	6∶4	21	17.95
	4∶6	43	36.75
	5∶5	49	41.88
	其他	4	3.42
重点培养的学生能力	自我学习能力	31	26.51
	研究能力	1	0.85
	专业知识能力	4	3.42
	专业实践能力	27	23.08
	分析和解决问题的能力	41	35.04
	外语和计算机等实用技能	0	0
	正确的价值观和人生观	1	0.85
	人际交往能力	10	8.55
	创业能力	0	0
	写作能力	0	0
	组织协调能力	1	0.85
	其他	1	0.85

续表

问题	选项	人数	百分比（%）
课程设置中存在的主要问题	课程设置多而不专	37	31.62
	课程设置内容重复	20	17.09
	课程设置不够全面	7	5.98
	无用课程较多	4	3.42
	部分课程开课次序不符	2	1.71
	理论课实践课比例失调	32	27.36
	基础课比例太大	15	12.82
最优的教学模式	先理论后实践	11	9.41
	理论与实践同步	81	69.23
	先实践后理论	1	0.85
	少讲理论多实践	15	12.82
	多讲理论少实践	0	0
	讨论启发式教学	9	7.69
影响教学效果的最关键因素	教师学历	0	0
	教师实践经历	31	26.5
	教学设备	0	0
	教学场所	13	11.11
	评分标准	1	0.85
	学生学习态度	11	9.4
	教材不贴合实际	40	34.19
	教学形式的多样性	21	17.95
旅游高等教育办学存在的最主要问题	办学缺乏特色	29	24.79
	专业设置不合理	8	6.84
	教学实践环节少	73	62.39
	学科定位笼统	7	5.98
专业细分的必要性	非常必要	11	9.4
	必要	72	61.54
	没必要	30	25.64
	不清楚	4	3.42

续表

问题	选项	人数	百分比（%）
影响就业的最关键问题	社会经济结构本身问题	19	16.24
	就业渠道不畅	25	21.37
	学生就业观的问题	36	30.77
	高校旅游教育实践与理论脱节	37	31.62

由表 1-8 可知，甘肃旅游高等院校毕业生对有关旅游高等教育情况认知度较高（最高选项的人数超过被调查人数的一半）的问题有最优的教学模式、专业细分的必要性、目前甘肃旅游高等教育存在的最主要问题、所学专业知识的有用程度，以及旅游高等教育应该培养什么样的旅游人才等问题。其中，被调查者对旅游高等教育的教学模式的认知度最高，有超过一半的毕业生认为最优的教学模式是理论与实践同步，也有少部分毕业生认为先理论后实践、少讲理论多实践及讨论启发式教学是最优的教学模式，几乎很少有人赞成先实践后理论和多讲理论少实践这两种教学模式，可以看出毕业生亦是很看重在校期间实践的重要性。此外，被调查的毕业生在甘肃旅游高等教育存在的最主要问题上的认识程度亦很高，有 73 人（占被调查者总人数的 62.39%）认为教学实践环节少是目前影响甘肃旅游高等教育发展的最大瓶颈。也有将近 30 人（占总数的 24.79%）认为甘肃旅游高等教育的办学缺乏特色是阻碍其发展的主要问题，极少数人认为专业设置不合理及旅游学科定位笼统、模糊是最主要问题。

从表 1-8 亦可知，被调查毕业生在理论课与实践课的分配比例、重点应培养的学生能力及实习方式等问题上认知度相对来说较低（最高选项的人数占总人数的比例为 35%~50%）。其中，在理论课与实践课的比例分配上，分别有 41.88% 和 36.75% 的被调查者认为理论课与实践课的比例应为 5∶5 和 4∶6，即理论课与实践课的课程比例应差不多或者是实践课的课时稍多于理论课，意在强调实践的重要性。有关在校期间应着重培养学生的能力方面，有 41 人（占被调查者总人数的 35.04%）认为应加强对学生分析问题和解决问题的能力，而认为学生的自我学习能力比较重要的占 26.51%，专业实践能力比较重要的占 23.08%，只有极少数被调查毕业生认为研究能力、专业知识能力、外语和计算机等实用技能、正确的价值观和人生观、创业能力、写作能力及组织协调能力等是学生应注重培养的能力。此外，人际交往能力对初入职场的大学生来说也是至关重要的，因此，也应注重培养如何和周围的人维持良好的人际关系的能力。

毕业生对旅游管理专业学生的专业实习方式及毕业实习方式的认识也有一定的

一致性（见图1-3）。在被调查的毕业生中，有53人（占总人数的45.31%）认为对于即将毕业的旅游管理学生来说，最好的毕业实习方式是岗位见习，也有部分被调查者认为模拟实训、实地调查、策划设计、社会调查、自助科研及专业考察等亦可以作为较理想的毕业实习方式，将案例分析作为毕业实习方式的人数几乎为零。而在专业实习方式的选择上，被调查者中有45人（占总人数的38.46%）将岗位见习作为最适合旅游管理专业学生的专业实习方式，将实地调查及模拟实训作为专业实习方式的人数分别有24人和26人各占总人数的20.51%、22.22%，而极少数人认为最适合旅游管理学生的专业实习方式是案例分析、策划设计、专业考察、社会调查及自助科研等。

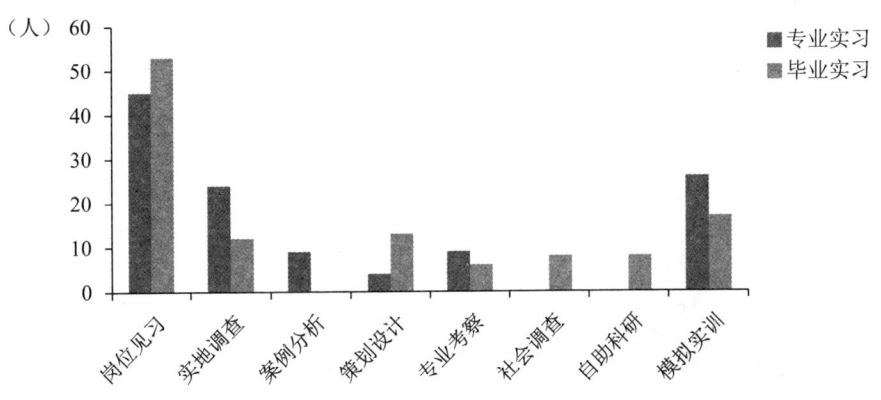

图1-3　旅游管理专业学生专业实习及毕业实习方式统计

由表1-8亦可知，被调查毕业生在有关课程设置中存在的最主要问题、影响教学效果的最关键因素，以及影响旅游管理专业学生就业的最关键问题等方面的认知度最低（最高选项的人数所占比例为35%及以下）。被调查者中有31.62%的毕业生认为目前旅游管理专业课程设置中存在的最主要问题是课程设置多而不专，导致学生在校期间所学的知识都是点到即止，不够深入，并没有学到这门课程的精髓。而在有关教学效果的影响因素这一问题上，有34.19%的被调查者认为最重要的影响因素是教材与实际的贴合程度较低，导致所学的知识很难运用到从事的工作当中。此外，被调查者在有关影响旅游管理专业学生就业的最关键问题的认知上相对分散，所占比例最高的是实践与理论的脱节，占总人数的31.62%，其次是学生自身就业观的问题，所占比例为30.77%，此外，有21.37%的被调查者认为就业渠道不畅通是导致旅游管理专业本科毕业生就业的最主要问题，而只有16.24%的被调查者认为影响旅游管理专业学生就业的最重要问题是社会经济结构本身。

不同性别的毕业生对甘肃旅游高等普通本科教育的认识也存在一定的异同。在有关课程设置中存在的问题、理论课与实践课的分配比例、应重点培养的学生能力、最优的教学模式、影响教学效果的最关键因素、专业细分的必要性,以及影响旅游管理专业毕业生就业的最主要问题等方面的认识较一致,而在有关旅游高等教育应该培养的人才类型的问题上,不同性别的毕业生对此问题的看法有所差异(见图 1-4)。其中,被调查的 45 位男性毕业生中有 28 人认为应该培养专业技术较强的应用型人才,17 人选择复合型人才,几乎没有男性毕业生认为应该选择研究型人才和其他类型的人才。而女性毕业生在此问题上的看法却和男性毕业生有着截然不同的看法,被调查的 72 位女性旅游管理专业本科毕业生中选择复合型人才的有 36 人,占总人数的 50%,而选择应用型人才的有 33 人,还有 3 人认为应该培养旅游高等普通本科教育应该多培养研究型的人才。

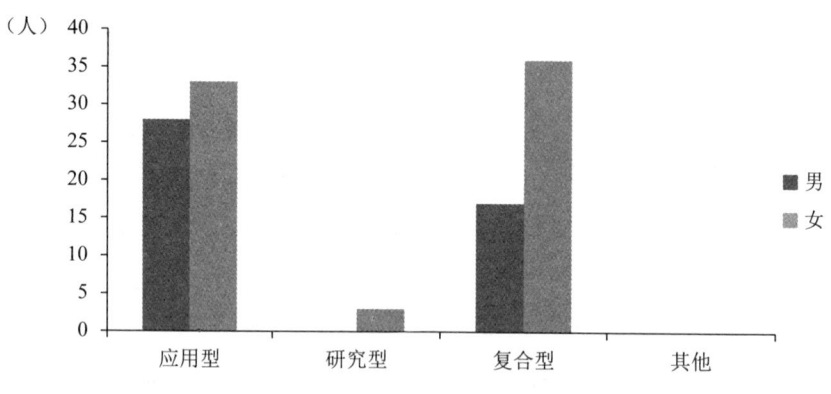

图 1-4 不同性别对培养的人才类型的认识

2. 旅游管理教师

旅游管理专业教师作为旅游高等教育的重要组成部分,对甘肃旅游高等教育的未来发展有着至关重要的作用。因此,通过对兰州大学、西北师范大学、兰州文理学院、甘肃民族师范学院等高等院校的旅游管理专业教师的调研后,共收回有效问卷 103 份,统计结果如表 1-9 所示。

表 1-9 基本情况统计

问题	选项	人数	比例(%)
性别	男	36	34.95
	女	67	65.05

续表

问题	选项	人数	比例（%）
学历	本科	8	7.77
	硕士	68	66.02
	博士	27	26.21
	博士后	0	0
职称	教授	8	7.77
	副教授	27	26.21
	讲师	48	46.60
	助教	20	19.42
教学工龄	1~10年	35	33.98
	11~20年	40	38.84
	21~30年	23	22.33
	31~40年	3	2.91
	41年及以上	2	1.94

从表1-9有关旅游管理教师对甘肃旅游高等教育的认知情况统计表中可以看出，被调查的103位教师中，男性教师占34.95%，女性教师占65.05%，学历主要以硕士及博士研究生为主，也有少数教师是本科毕业；职称以讲师居多，其次为副教授及助教，教授只占总人数的7.77%；从事旅游高等教育的时间主要集中在30年以下，其中教学工龄在1~10年、11~20年及21~30年的人数分别占被调查者总人数的33.98%、38.84%和22.33%。而从事旅游高等教育的时间超过30年的仅占4.85%。

表1-10 旅游管理教师对甘肃旅游高等教育认知情况统计

问题	选项	人数	比例（%）
对旅游高等教育的现状满意度	很满意	0	0
	满意	0	0
	一般	83	80.58
	不满意	20	19.42
	很不满意	0	0

续表

问题	选项	人数	比例（%）
应重点培养的学生能力	自我学习能力	40	38.83
	研究能力	0	0
	专业知识能力	7	6.80
	专业实践能力	8	7.77
	分析和解决问题的能力	8	7.77
	外语和计算机等实用技能	0	0
	正确的价值观和人生观	38	36.89
	人际交往能力	1	0.97
	创业能力	0	0
	写作能力	0	0
	组织协调能力	1	0.97
	其他能力	0	0
课程设置中存在的最主要问题	课程设置多而不专	68	66.02
	课程设置内容重复	4	3.88
	课程设置不够全面	7	6.8
	无用课程较多	7	6.8
	部分课程开课次序不符	4	3.88
	理论课实践课比例失调	9	8.74
	基础课比例太大	4	3.88
课程设置中理论课与实践课的分配比例	6∶4	57	55.34
	4∶6	27	26.21
	5∶5	16	15.53
	其他比例	3	2.92
您的授课方式倾向于	先理论后实践	32	31.07
	理论与实践同步	40	38.83
	先实践后理论	0	0
	少讲理论多实践	4	3.88
	多讲理论少实践	7	6.80
	讨论启发式教学	20	19.42

续表

问题	选项	人数	比例（%）
影响旅游高等教学效果最关键因素	教学经历	8	7.77
	教师实践经历	71	68.93
	教学设备	0	0
	教学场所	4	3.88
	评分标准	4	3.88
	学生学习态度	16	15.54
	教材不贴合实际	0	0
旅游高等教育办学存在的主要问题	办学缺乏特色	27	26.21
	专业设置不合理	7	6.80
	教学实践环节少	65	63.11
	学科定位笼统	4	3.88
专业细分是否必要	非常必要	14	13.59
	必要	45	43.69
	没必要	36	34.95
	不清楚	8	7.77
影响旅游管理专业毕业生就业的最关键因素	社会经济结构本身	14	13.59
	就业渠道不畅	4	3.88
	学生就业观问题	61	59.22
	高校旅游教育实践与理论脱节	24	23.31

由表1-10可知，旅游管理专业教师对甘肃旅游高等教育认知度较高（最高选项的人数超过被调查人数的一半）的问题有对旅游高等教育现状的满意度、课程设置中存在的最主要问题、课程设置中理论课与实践课的分配比例、影响旅游高等教学效果的最关键因素、旅游高等教育办学存在的主要问题及影响旅游管理专业毕业生就业的最关键因素等。其中，旅游管理专业教师对甘肃旅游高等教育认识一致性最高的是对旅游高等教育现状的满意度，超过80%的被调查者对目前甘肃旅游高等教育的现状持一般态度，也有接近20%的人对其现状不满意。旅游管理专业教师对影响旅游高等教学效果的最关键因素这一问题的认识也较一致，有

68.93%的教师认为教师实践经历是影响旅游高等教学效果的最关键因素，这也意味着对于从事应用型极强的旅游管理专业教学的教师来说，应尽量地增加自己的实践经历，从而能够在课堂上教授更多专业性及实践性知识。此外，被调查者在旅游管理课程设置中存在的最主要问题上的认知度也较高，被调查者中66.02%的人认为课程设置多而不专是目前旅游管理课程设置中存在的最主要问题。而在有关影响旅游管理专业毕业生就业的最关键因素这一问题时，将近60%的教师认为是学生就业观的问题，而不是社会经济结构本身、就业渠道不畅以及高校旅游教育实践与理论脱节的问题。因此，大多数教师认为，旅游管理专业毕业生就业难的根本问题是学生自己的问题，很多学生在择业时眼高手低，最终导致企业招不到所需要的高素质人才，而数以千计的毕业生在毕业时未能如愿找到工作的尴尬境地。在有关理论课与实践课的分配比例上，大多数教师认为理论课应稍微多于实践课，学生在校期间的主要任务还是以学习理论知识为主，为以后进入职场打下良好的基础。

从表中亦可看出，被调查者在有关旅游高等教育应重点培养的学生能力、教师授课方式的倾向性，以及将旅游管理专业进行细分的必要性等问题上的认知度较低（最高选项的人数占总人数的比例为35%~50%）。教师认为旅游管理专业学生在校期间应培养的能力主要集中在自我学习能力和正确的人生观和价值观，自我学习能力的提高会使得学生在以后的工作及生活中能够快速的应对各种瞬息万变的问题，而正确的人生观和价值观将会指引学生在遇到重大问题时能够做出理性且正确的选择。在此次受访的103位教师中，分别有38.83%和31.07%的被调查者倾向于理论与实践同步和先理论后实践的授课方式，此外，也有接近20%的受访者更加倾向于讨论启发式教学方式。

旅游管理教师由于性别的不同、职称的不同及教学工龄的不同，对有关甘肃旅游高等普通本科教育的相关问题亦存在一定程度上的差异。如图1-5所示，在教师最倾向的授课方式中，被调查的旅游管理教师中，有20位男性教师更倾向于理论与实践同步的教学方式，而女性教师中，有28位被调查者选择先理论后实践的授课模式。

此外，在有关目前甘肃旅游高等普通本科教育存在的最主要问题上，不同职称的教师对此问题的看法也不相同（见图1-6）。被调查的49名旅游管理讲师中，有37人（占讲师人数的77.08%）认为教学实践环节少是其存在的最主要问题，而副教授中，则更多的人选择办学缺乏特色是目前甘肃旅游高等普通本科教育存在的最重要问题。

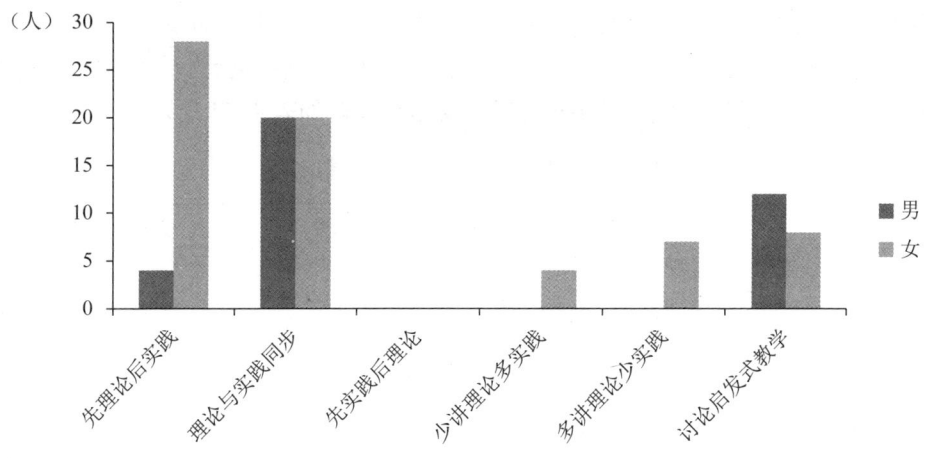

图1-5　不同性别的旅游管理教师对授课方式的认识

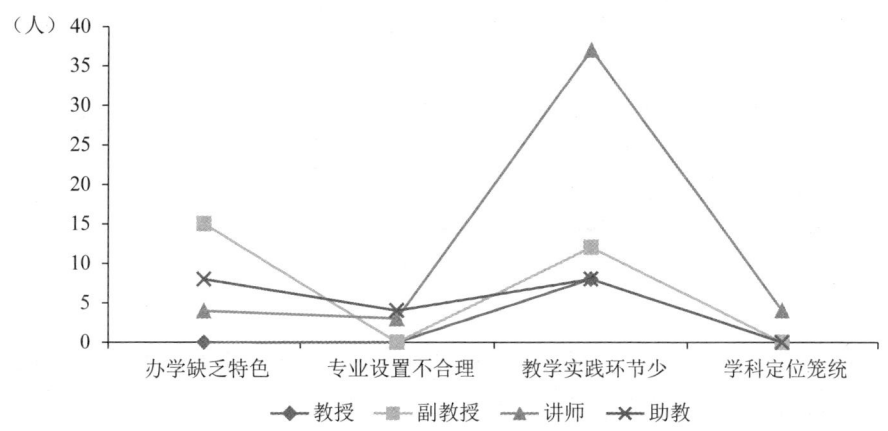

图1-6　不同职称的旅游管理教师对旅游高等教育存在的最主要问题的认识

3. 旅游企业从业人员

为更全面地研究不同群体对甘肃旅游高等教育认知情况,笔者于2015年4~8月对包括景区管委会、旅行社及酒店等旅游企业的相关从业人才展开了有关甘肃旅游高等教育认知的研究,力求找出其在甘肃旅游高等教育相关方面认识较一致及意见分歧较大的问题,从而有针对性地提出一些更好发展甘肃旅游高等教育的对策及建议。

3.1　景区管委会人员

甘肃境内有5A级景区4家,4A级景区66家。鉴于诸如敦煌莫高窟从属于文物与博物馆系统,而并非传统意义上的旅游景区,因此,剔除此类不设管委会的景区后,笔者通过走访及电子邮件的方式共收回有关景区管委会人员对甘肃旅游高等教育认知的有效问卷114份,有关的问题及结果统计如表1-11所示。

表 1-11　景区管委会人员基本情况统计

问题	选项	人数	比例（%）
性别	男	38	33.33
	女	76	66.67
年龄段	30岁以下	63	55.26
	30~40岁	26	22.81
	41~50岁	19	16.67
	51~60岁	6	5.26
	61岁及以上	0	0
从事旅游的工龄	5年以下	64	56.15
	5~10年	13	11.40
	11~15年	6	5.26
	16~20年	13	11.40
	21年以上	18	15.79

由表1-11可知,此次被调查的114位景区管委会人员中,男性所占比例为33.33%,女性比例为66.67%,年龄也多在50岁以下,其中30岁以下人数占总人数的55.26%,30~40岁所占比例为22.81%,41~50岁所占比例为16.67%,而50岁以上仅占被调查者的5.26%;由于从业人员中以年轻人居多,故其从事旅游行业的时间也相对较短,有超过半数的被调查者的工龄在5年以下,从事旅游行业的时间达到21年及以上的人数仅占总人数的15.79%。

表 1-12　景区管委会人员对甘肃旅游高等教育认知情况统计

问题	选项	人数	比例（%）
贵单位旅游管理毕业生所占比例	5%以下	69	60.53
	5%~10%	32	28.07
	11%~20%	13	11.40
	21%以上	0	0
是否为旅游管理专业学生实习基地	是	62	54.39
	不是	52	45.61

续表

问题	选项	人数	比例（%）
是否为旅游管理专业合作办学单位	是	25	21.93
	不是	89	78.07
贵单位对旅游人才需求变化趋势	上升	98	85.96
	下降	0	0
	无变化	16	14.04
最中意的旅游专业人才	管理人才	21	18.42
	营销人才	48	42.11
	客服人才	16	14.04
	产品开发人才	13	11.40
	学术型人才	10	8.77
	其他	6	5.26
录用人员中旅游管理专业毕业生所占比重	20%以下	83	72.81
	21%~30%	31	27.19
	31%~40%	0	0
	41%及以上	0	0
录用的旅游管理专业人员学历程度	高职大专	29	25.44
	本科	85	74.56
	硕士	0	0
	博士	0	0
将录用的旅游管理专业毕业生安排的部门	办公室	38	33.33
	人事	0	0
	秘书科	0	0
	接待科	51	44.74
	宣传	22	19.30
	综合督查科	3	2.63
	其他综合部门	0	0
对旅游管理专业毕业生的工作能力满意情况	很满意	10	8.77
	满意	79	69.30
	一般	25	21.93
	不满意	0	0
	极不满意	0	0

续表

问题	选项	人数	比例（%）
招聘旅游管理管理专业学生时最看重的能力	自我学习能力	32	28.07
	研究能力	0	0
	专业知识能力	25	21.93
	专业实践能力	29	25.44
	分析和解决问题的能力	19	16.67
	外语和计算机等实用技能	0	0
	正确的价值观和人生观	3	2.63
	人际交往能力	0	0
	创业能力	0	0
	写作能力	0	0
	组织协调能力	6	5.26
	其他能力	0	0
课程设置中理论课与实践课的分配比例	6∶4	34	29.82
	4∶6	57	50.00
	5∶5	22	19.30
	其他比例	1	0.88
旅游高等教育办学存在的主要问题	办学缺乏特色	6	5.26
	专业设置不合理	0	0
	教学实践环节少	79	69.30
	学科定位笼统	29	25.44
影响旅游管理专业毕业生就业的最关键因素	社会经济结构本身	13	11.40
	就业渠道不畅	34	29.82
	学生就业观问题	19	16.67
	高校旅游教育实践与理论脱节	48	42.11
专业细分是否必要	非常必要	29	25.44
	必要	60	52.63
	没必要	25	21.93
	不清楚	0	0

通过调查发现，景区管委会中旅游管理专业毕业的人数也仅占少数，且录用的旅游管理专业毕业生的学历程度多为高职大专或本科，其中尤以本科生居多；此外，在所调查的诸多景区管委会中，仅有少数几家是旅游管理专业学生的实习基地或是和旅游高等院校有过合作，且大多数景区对旅游专业人才的需求呈现上升的趋势。

由表 1-12 可知，景区管委会人员对有关甘肃旅游高等教育情况认知度较高（最高选项的人数超过被调查人数的一半）的问题有对旅游管理专业毕业生的工作能力的满意度、课程设置中理论课与实践课的分配比例、旅游高等教育存在的最主要问题，以及旅游管理专业是否进行专业细分的必要性等。其中，对甘肃旅游高等教育存在的最主要问题这一方面的认识一致性最高，有 69.30% 的被调查者认为教学实践环节较少是目前甘肃旅游高等教育存在的最主要问题，也有 25.44% 的被调查者认为旅游管理的学科定位笼统是制约其发展的最大的短板，极少数被调查者认为办学缺乏特色及专业设置不合理是其存在的主要问题。此外，被调查的景区管委会人员对旅游管理专业毕业生的工作能力满意度的认识的一致性也较高，大多数被调查者对其工作能力比较满意。在有关将旅游管理专业细分为旅游学、景区与旅行社管理、酒店管理、会展经济与管理等专业是否有必要时，有超过半数的被调查者认为有必要对专业进行细分，有 25.44% 的人认为非常有必要，同时也应看到，超过 20% 的被调查者认为没必要将旅游管理专业进行细分。

此外，从表中亦可看出，被调查的景区管委会人员对最中意的旅游专业人才类型、录用的旅游管理专业毕业生安排的部门，以及影响旅游管理专业毕业生就业的最关键因素等方面的认知度相对较低（最高选项的人数占总人数的比例为 35%~50%）。在有关最中意的旅游专业人才类型这一认识上，有 42.11% 的被调查者选择营销人才，也有少数人认为管理人才、客服人才、产品开发人才和其他类型的人才是其最中意的人才类型。有 44.74% 的被调查者认为所在单位将录用的旅游管理专业毕业生安排到接待科，而认为将其安排到人事部门、秘书科及其他综合部门的人数少之又少。同时也应看到，被调查者认为影响旅游高等教育的最关键因素是高校旅游教育实践与理论脱节，占总人数的 42.11%，而认为社会经济结构本身、就业渠道不畅及学生就业观问题是影响甘肃旅游高等教育的最关键因素的人数分别占总人数的 11.40%、29.82% 和 16.67%。

被调查的景区管委会人员在有关招聘旅游管理专业学生时最看重的能力这一问题上的认识分歧较大，认知度较低。选项占比最高的自我学习能力也只占被调查者总人数的 28.07%，由此可知，被调查者对此问题的认识相对较分散。

对景区管委会人员的问卷统计后发现，不同年龄、不同性别及不同的工龄对大多数有关甘肃旅游高等普通本科教育的认识基本一致，但也存在一些细微的差别。从图 1-7 可以看出，不同性别及不同年龄段的被调查的景区管委会人员对有关影响旅游管理毕业生就业的问题的认识不同。男性被调查者中更多的人认为就业渠道不畅是影响毕业生就业的关键问题，而有 35 位女性被调查者则认为影响其就业的主要问题是高校旅游教育实践与理论脱节。此外，不同的年龄段的被调查者对此问题也存在一定的分歧（见图 1-8），年龄在 30 岁及以下的被调查者中，有 38 位认为高校旅游教育实践与理论脱节是导致旅游管理专业毕业生就业难的主要问题，而年龄在 31~40 岁、41~50 岁及 51~60 岁这三个年龄段的被调查者中更多地认为影响旅游管理专业毕业生就业的关键问题是就业渠道不畅。

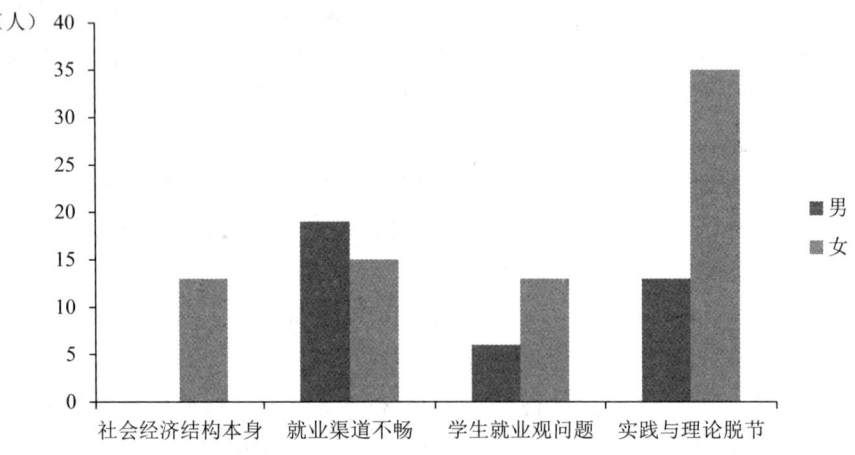

图 1-7　不同性别景区管委会人员对影响就业的认识

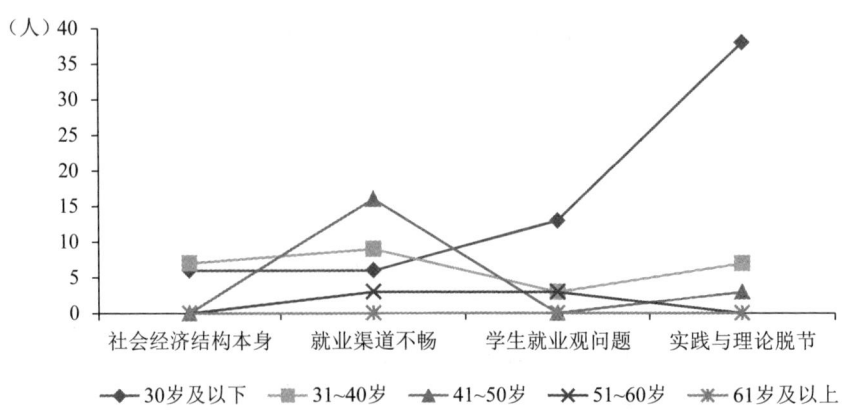

图 1-8　不同年龄段景区管委会人员对影响就业因素的认识

3.2　旅行社从业人员

笔者于 2015 年 5~6 月分别对兰州市、敦煌市、嘉峪关市及天水市等地的 121 家旅行社进行有关甘肃旅游高等教育认知的问卷调查，共收回有效问卷 172 份，有关问题及结果统计如表 1-13 所示。

表 1-13　旅行社从业人员基本情况统计

问题	选项	人数	比例（%）
性别	男	52	30.23
	女	120	69.77
年龄段	30 岁以下	99	57.56
	30~40 岁	56	32.55
	41~50 岁	12	6.98
	51~60 岁	5	2.91
	61 岁及以上	0	0
从事旅游的工龄	5 年以下	90	52.33
	5~10 年	52	30.23
	11~15 年	20	11.62
	16~20 年	4	2.33
	21 年以上	6	3.49

由表 1-13 可以看出，此次选取的调查对象中有 52 名男性（占总人数的 30.23%）、120 名女性（占总人数的 69.77%），女性人数是男性人数的两倍之多，可知旅行社从业人员中女性占大多数。在年龄段上，将近 90% 的被调查者是 40 岁以下的，40 岁以上的从业人员仅占总人数的 10% 左右，正因为年轻人居多，所以被调查者从事旅游行业的时间也相对较短，大多数（总人数的 82.56%）的工龄在 10 年以下，从事旅游行业超过 10 年的人数仅为总人数的 17.44%。

表 1-14　旅行社从业人员对甘肃旅游高等教育认知情况统计

问题	选项	人数	比例（%）
贵单位旅游管理毕业生所占比例	5% 以下	43	25.00
	5%~10%	42	24.42
	11%~20%	31	18.02
	21% 以上	56	32.56
是否为旅游管理专业学生实习基地	是	39	22.67
	不是	133	77.33
是否为旅游管理专业合作办学单位	是	30	17.44
	不是	142	82.56

续表

问题	选项	人数	比例（%）
贵单位对旅游人才需求变化趋势	上升	117	68.02
	下降	21	12.21
	无变化	34	19.77
最中意的旅游专业人才	管理人才	6	3.49
	营销人才	100	58.14
	客服人才	8	4.65
	产品开发人才	48	27.91
	学术型人才	1	0.58
	其他	9	5.23
录用人员中旅游管理专业毕业生所占比重	20%以下	92	53.49
	21%~30%	27	15.70
	31%~40%	22	12.79
	41%及以上	31	18.02
录用的旅游管理专业人员学历程度	高职大专	102	59.3
	本科	70	40.7
	硕士	0	0
	博士	0	0
将录用的旅游管理专业毕业生安排的部门	办公室	35	20.35
	人事	4	2.33
	秘书科	3	1.74
	接待科	53	30.81
	宣传	16	9.30
	综合督查科	0	0
	其他综合部门	61	35.47
对旅游管理专业毕业生的工作能力满意情况	很满意	2	1.16
	满意	94	54.65
	一般	67	38.96
	不满意	7	4.07
	极不满意	2	1.16
招聘旅游管理管理专业学生时最看重的能力	自我学习能力	66	38.37
	研究能力	1	0.58
	专业知识能力	23	13.37

续表

问题	选项	人数	比例（%）
招聘旅游管理管理专业学生时最看重的能力	专业实践能力	32	18.61
	分析和解决问题的能力	13	7.56
	外语和计算机等实用技能	1	0.58
	正确的价值观和人生观	12	6.98
	人际交往能力	16	9.30
	创业能力	1	0.58
	写作能力	0	0
	组织协调能力	6	3.49
	其他能力	1	0.58
课程设置中理论课与实践课的分配比例	6∶4	26	15.12
	4∶6	91	52.91
	5∶5	46	26.74
	其他比例	9	5.23
旅游高等教育存在的主要问题	办学缺乏特色	13	7.56
	专业设置不合理	7	4.07
	教学实践环节少	140	81.4
	学科定位笼统	12	6.97
影响旅游管理专业毕业生就业的最关键因素	社会经济结构本身	10	5.81
	就业渠道不畅	18	10.47
	学生就业观问题	67	38.95
	高校旅游教育实践与理论脱节	77	44.77
专业细分是否必要	非常必要	55	31.98
	必要	71	41.28
	没必要	31	18.02
	不清楚	15	8.72

从表 1-14 可以看出，被调查的 121 家旅行社中，仅有少数旅行社是旅游管理专业学生的实习基地或旅游院校的合作办学单位，这也从一定程度上反映出甘肃省旅游高等院校与企业的合作较少，使得学生实践机会及经历相对较少。此外，近

几年随着大众旅游的兴起，旅行社需要大批的专业人才来面对急剧膨胀的市场需求，因此，旅行社对旅游管理专业学生的需求也在持续增加。从旅行社从业人员的问卷统计中亦可知，目前大多数旅行社的员工的学历程度大多是高职大专或是本科学历，这也说明省内的旅行社从业人员的整体素质相对较高。

  由表1-14可知，旅行社从业人员对有关甘肃旅游高等教育情况认知度较高（最高选项的人数超过被调查人数的一半）的问题有最中意的旅游专业人才、对旅游管理专业毕业生工作能力的满意度、旅游管理专业学生实习方式、课程设置中理论课与实践课的分配比例及旅游高等教育存在的主要问题等。其中，被调查者中对目前甘肃旅游高等教育存在的主要问题的认知度最高，有81.4%的被调查者认为教学实践环节较少是制约其发展的最大的瓶颈。由此，今后旅游高等院校应加强学生在校期间的实践活动，多增加学生外出锻炼的机会，为学生的职业发展打下良好基础。此外，也有少数被调查者认为办学缺乏特色、专业设置不合理及学科定位笼统等是甘肃旅游高等教育存在的主要问题。此外，被调查者对旅游管理专业毕业生的工作能力满意度这一问题的认知度也相对较高，有超过一半的被调查者对旅游管理专业毕业生的工作能力比较满意，对其工作能力持一般态度的被调查者占总人数的38.95%，但同时也应看到，有5.23%的被调查者对旅游管理专业毕业生的工作能力不是很满意，总体来看，旅行社从业人员对毕业生的工作能力持肯定态度。

  从表1-14亦可知，被调查者在录用旅游管理专业学生时最看重的能力、将录用的旅游管理专业毕业生安排的部门、影响旅游管理专业毕业生就业的最关键因素，以及将旅游管理专业进行细分的必要性等问题上认知度相对来说较低（最高选项的人数占总人数的比例为35%~50%）。在有关将录用的旅游管理专业毕业生安排的部门这一问题上，被调查者中有35.47%的人认为录用的旅游管理专业学生被安排到了其他综合部门，也有30.81%的被调查者认为被安排到了接待科，而选择将录用的毕业生安排到人事、秘书部门及综合督查科的人数只占少数。

  经统计，旅行社从业人员并不因性别的不同或者是从事旅游行业时间长短的不同，而对甘肃旅游高等普通本科教育的认识产生较大的分歧，对相关问题的看法基本一致，而在有关影响旅游管理专业毕业生就业的主要因素方面，不同的年龄段有不同的看法，如图1-9所示，30岁以下的被调查者中有50%的人认为高校旅游教育实践与理论脱节是其最主要的原因，而31~40岁及41~50岁之间的被调查者则更多地认为学生就业观问题是导致其毕业后就业难的关键因素。不同年龄段的旅行社从业人员对此问题的看法不同，原因可能是年长的被调查者认为现在毕业的大学生普遍存在一种眼高手低的现象，不愿意从最基础的工作干起，而是想着干一份既体面又轻松的工作，最终导致很多学生在毕业时不能顺利就业。

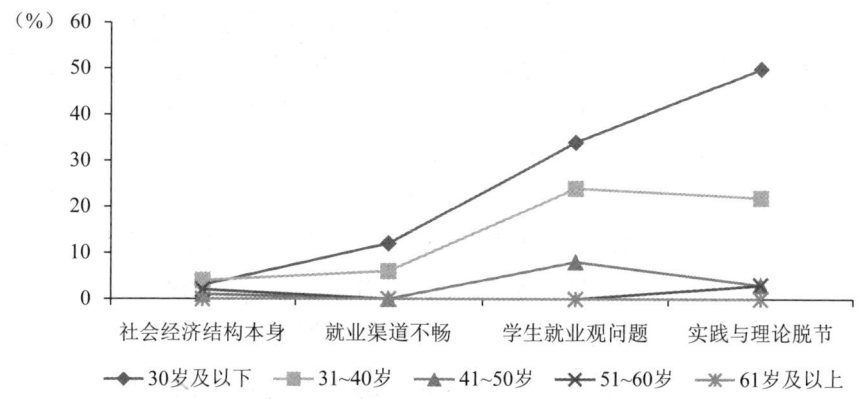

图 1-9 不同年龄段的旅行社从业人员对影响就业的认识

3.3 酒店相关从业人员

笔者于 2015 年 7~8 月对兰州市、敦煌市、嘉峪关市、天水市等地的 74 家四星级及以上酒店的中高层管理人员进行了有关甘肃旅游高等教育认知的问卷调查，共收回有效问卷 131 份，有关问题及结果统计如表 1-15 所示。

表 1-15 四星级及以上酒店中高层管理人员基本情况统计

问题	选项	人数	比例（%）
性别	男	48	36.64
	女	83	63.36
年龄段	30岁以下	80	61.07
	30~40岁	30	22.90
	41~50岁	20	15.27
	51~60岁	1	0.76
	61岁及以上	0	0
从事旅游的工龄	5年以下	70	53.44
	5~10年	36	27.48
	11~15年	10	7.63
	16~20年	10	7.63
	21年以上	5	3.82

由表 1-15 可知，在此次有关酒店管理人员对甘肃旅游高等教育认知情况的研究对象选取上，有 48 人（所占比重为 36.64%）为男性，而女性为 83 人（所占比重 63.36%），且被调查者中年龄多在 50 岁以下，其中 30 岁以下的人数占大多数（所占比重为 61.07%），50 岁以上的人数仅占 0.76%，由此可知酒店从业人员的平均年龄较低，多以年轻人为主。从表中亦可以看出，酒店从业人员从事旅游这一行业的时间均相对较短，超过一半的被调查者的工龄是在 5 年以下，有 27.48% 的被调查者从事旅游行业的时间是在 5~10 年，仅有 3.82% 的被调查者从事旅游行业超过 21 年，据此可以得出旅游行业从业人员的稳定性较差，流动性较大。

表 1-16 酒店从业人员对甘肃高等旅游教育认知情况统计

问题	选项	人数	比例（%）
贵单位旅游管理毕业生所占比例	5%以下	69	52.67
	5%~10%	54	41.22
	11%~20%	7	5.34
	21%以上	1	0.77
是否为旅游管理专业学生实习基地	是	58	44.27
	不是	73	55.73
是否为旅游管理专业合作办学单位	是	24	18.32
	不是	107	81.68
贵单位对旅游人才需求变化趋势	上升	80	61.07
	下降	13	9.92
	无变化	38	29.01
最中意的旅游专业人才	管理人才	27	20.61
	营销人才	71	54.2
	客服人才	23	17.56
	产品开发人才	1	0.76
	学术型人才	0	0
	其他	9	6.87
录用人员中旅游管理专业毕业生所占比重	20%以下	115	87.79
	21%~30%	12	9.16
	31%~40%	1	0.76
	41%及以上	3	2.29

续表

问题	选项	人数	比例（%）
录用的旅游管理专业人员学历程度	高职大专	107	81.68
	本科	24	18.32
	硕士	0	0
	博士	0	0
将录用的旅游管理专业毕业生安排的部门	办公室	10	7.63
	人事	6	4.58
	秘书科	2	1.53
	接待科	70	53.44
	宣传	6	4.58
	综合督查科	0	0
	其他综合部门	37	28.24
对旅游管理专业毕业生的工作能力满意情况	很满意	6	4.58
	满意	60	45.81
	一般	61	46.56
	不满意	4	3.05
	极不满意	0	0
招聘旅游管理管理专业学生时最看重的能力	自我学习能力	47	35.88
	研究能力	0	0
	专业知识能力	19	14.5
	专业实践能力	26	19.85
	分析和解决问题的能力	19	14.5
	外语和计算机等实用技能	1	0.76
	正确的价值观和人生观	9	6.87
	人际交往能力	5	3.82
	创业能力	0	0
	写作能力	0	0
	组织协调能力	3	2.29
	其他能力	2	1.53

续表

问题	选项	人数	比例（%）
课程设置中理论课与实践课的分配比例	6∶4	19	14.5
	4∶6	78	59.54
	5∶5	32	24.43
	其他比例	2	1.53
旅游高等教育存在的最主要问题	办学缺乏特色	11	8.4
	专业设置不合理	7	5.34
	教学实践环节少	101	77.1
	学科定位笼统	12	9.16
影响旅游管理专业毕业生就业的最关键因素	社会经济结构本身	15	11.45
	就业渠道不畅	27	20.61
	学生就业观问题	56	42.75
	高校旅游教育实践与理论脱节	33	25.19
专业细分是否必要	非常必要	36	27.48
	必要	51	38.93
	没必要	24	18.32
	不清楚	20	15.27

通过对省内74家四星级以上酒店管理人员的问卷调查发现，大多数酒店从业人员中旅游管理专业毕业生所占的比例在10%以下，且只有极少数的酒店是旅游管理专业学生的实习基地或者是旅游高等院校的合作办学单位，这也从侧面反映出甘肃省内旅游高等院校与企业之间的联系较少，导致学生实习及实践机会相对较少，今后应加强校企间的合作。随着近几年我国旅游业的快速发展，对人才的需求也是呈逐年上升趋势，61.07%的被调查者认为所在单位对旅游人才的需求在增多，也有29%的被调查者认为对旅游人才的需求不太明显，基本没什么变化。

由表1–16可知，酒店管理人员对有关甘肃旅游高等教育情况认知度较高（最高选项的人数超过被调查人数的一半）的问题课程设置中理论课与实践课的分配比例、旅游高等教育存在的主要问题及最中意的旅游专业人才等。其中，认知度最高的是目前甘肃旅游高等教育存在的主要问题，在被调查的131人中，有101人认为教学实践环节少是目前甘肃旅游高等教育面临的最主要问题，所占比例为77.1%，也有少部分被调查者认为办学缺乏特色、专业设置不合理及学科定位笼统等是制约甘肃旅游高等教育发展的最大瓶颈。据此可知，目前省内旅游高等教育更多的是在讲授理论知识，而忽略了对学生未来职业发展至关重要的实践学习，因此，为使学生在毕业后能迅速地适应所在岗位，旅游高等院校应加强学生校外实习及实践的机会。此外，被调查者在有关最中意的旅游专业人才的认知上，也具有较强的一致性。有超过一半的被调查者认为所在单位目前最中意的是营销型人才，也有少数被调查者认为管理人才和客服人才是企业最中意的旅游专业人才，只有极少数人认为产品开发人才和学术型人才是目前企业最看重的旅游专业人才。

从表1-16亦可知，被调查者在对旅游管理专业毕业生的工作能力的满意度、录用旅游管理专业学生时最看重的能力、影响旅游管理专业毕业生就业的最关键因素，以及将旅游管理专业进行细分的必要性等问题上认知度相对来说较低（最高选项的人数占总人数的比例为35%~50%）。在被调查的131人中，将近一半的被调查者对旅游管理专业毕业生的工作能力比较满意，也有46.56%的人持一般态度。在有关招聘旅游管理专业学生时最看重的能力这一问题上，认为自我学习能力最重要的占总人数的35.88%，其次是专业实践能力（所占比重为19.85%）、专业知识能力（所占比重为14.5%）、分析问题和解决问题的能力（所占比重为14.5%），再次是正确的价值观和人生观及人际交往能力，而只有极少数被调查者认为企业在招聘旅游管理专业学生时最重视其研究能力、外语和计算机等实用技能、创业能力及写作能力等。

通过对调查问卷的统计后发现，不同性别、不同的年龄段以及不同的工龄等对甘肃旅游高等普通本科教育的相关认识基本一致，并不存在较大的分歧。

4. 旅游行政管理人员

笔者于2015年9~12月分别对省内14个市州的旅游局及其辖区内的县区级旅游局的相关行政管理人员进行了调查及访谈，共收回有效问卷134份，有关问题及结果统计如表1-17所示。

表1-17 旅游行政管理人员基本情况统计

问题	选项	人数	比例（%）
性别	男	62	46.27
	女	72	53.73
年龄段	30岁以下	56	41.79
	30~40岁	41	30.60
	41~50岁	31	23.13
	51~60岁	6	4.48
	61岁及以上	0	0

续表

问题	选项	人数	比例（%）
从事旅游的工龄	5年以下	90	67.16
	5~10年	15	11.19
	11~15年	6	4.48
	16~20年	16	11.94
	21年以上	7	5.23

从表1-17可以看出，此次被调查的旅游行政管理人员中，男女比例差距较小，其中男性占被调查者总数的46.27%，女性占53.73%，女性人数稍多于男性；年龄主要集中在50岁以下，其中30岁以下人数占总人数的41.79%，30~40岁人数所占比例为30.6%，41~50岁人数为总人数的23.13%；从事旅游行业的时间大多在5年以下，21年以上的人数仅占被调查者总人数的5.22%。

表1-18 旅游行政管理人员对甘肃旅游高等教育认知情况统计

问题	选项	人数	比例（%）
贵单位旅游管理毕业生所占比例	5%以下	29	21.64
	5%~10%	30	22.39
	11%~20%	32	23.88
	21%以上	43	32.09
是否为旅游管理专业学生实习基地	是	21	15.67
	不是	113	84.33
是否为旅游管理专业合作办学单位	是	20	14.93
	不是	114	85.07
贵单位对旅游人才需求变化趋势	上升	110	82.09
	下降	4	2.98
	无变化	20	14.93
最中意的旅游专业人才	管理人才	33	24.63
	营销人才	45	33.57
	客服人才	0	0
	产品开发人才	44	32.84
	学术型人才	6	4.48
	其他	6	4.48

续表

问题	选项	人数	比例（%）
录用人员中旅游管理专业毕业生所占比重	20%以下	70	52.24
	21%~30%	18	13.43
	31%~40%	8	5.97
	41%及以上	38	28.36
录用的旅游管理专业人员学历程度	高职大专	9	6.72
	本科	120	89.55
	硕士	5	3.73
	博士	0	0
将录用的旅游管理专业毕业生安排的部门	办公室	39	29.11
	人事	0	0
	秘书科	5	3.73
	接待科	2	1.49
	宣传	29	21.64
	综合督查科	14	10.45
	其他综合部门	45	33.58
对旅游管理专业毕业生的工作能力满意情况	很满意	22	16.42
	满意	76	56.71
	一般	35	26.12
	不满意	0	0
	极不满意	1	0.75
招聘旅游管理管理专业学生时最看重的能力	自我学习能力	21	15.67
	研究能力	8	5.97
	专业知识能力	20	14.93
	专业实践能力	37	27.61
	分析和解决问题的能力	32	23.88
	外语和计算机等实用技能	2	1.49
	正确的价值观和人生观	9	6.72
	人际交往能力	0	0
	创业能力	0	0
	写作能力	3	2.24
	组织协调能力	2	1.49
	其他能力	0	0

续表

问题	选项	人数	比例（%）
课程设置中理论课与实践课的分配比例	6∶4	15	11.19
	4∶6	62	46.27
	5∶5	57	42.54
	其他比例	0	0
旅游高等教育存在的最主要问题	办学缺乏特色	10	7.46
	专业设置不合理	9	6.72
	教学实践环节少	94	70.15
	学科定位笼统	21	15.67
影响旅游管理专业毕业生就业的最关键因素	社会经济结构本身	15	11.19
	就业渠道不畅	22	16.42
	学生就业观问题	26	19.4
	高校旅游教育实践与理论脱节	71	52.99
专业细分是否必要	非常必要	34	25.37
	必要	61	45.53
	没必要	34	25.37
	不清楚	5	3.73

通过对各地区旅游局的调查发现，仅有少数单位是旅游管理专业学生的实习基地或是和旅游高等院校有过合作办学的意向。此外，随着旅游业的快速发展，旅游行政部门监管范围的扩大，使得其对旅游管理专业人才的需求也相应逐年增加。和旅游企业所不同的是，旅游行政管理部门由于是国家监管机构，对其从业人员的素质及学历要求较高，所以旅游行政管理人员的学历程度更多的是集中于本科及其以上学历。

由表1-18可知，旅游行政管理人员对有关甘肃旅游高等教育情况认知度较高（最高选项的人数超过被调查人数的一半）的问题有对旅游管理专业毕业生的工作能力满意度、旅游高等教育存在的最主要问题，以及影响旅游管理专业毕业生就业的最关键因素等。其中，认知度最高的是旅游高等教育存在的主要问题，有70.15%的被调查者认为教学实践环节少是目前甘肃旅游高等教育存在的最主要问题，也有部分被调查者认为办学缺乏特色、专业设置不合理及学科定位笼统等是最主要的问题。其次，对甘肃旅游高等教育认识比较一致的是对旅游管理专业毕业生的工作能力的满意度，有超过70%的被调查者对旅游管理专业毕业生的工作能力比较满意，26.12%的人认为其工作能力一般，而对其工作能力不满意的人仅占被调查者总数的0.75%，由此可知，旅游行政管理人员对毕业生的工作能力总体比较满意。在有关影响甘肃旅游高等教育的最关键因素这一问题上，超半数的被调查者认为高校旅游教育的实践与理论相脱节是其最关键的影响因素，此外，也有19.4%、16.42%、11.19%的被调查者认为学生就业观问题、就业渠道不畅及社会经济结构本身是影响甘肃旅游高等教育的最重要因素。

被调查者在课程设置中理论课与实践课的分配比例，以及将旅游管理专业进行细分的必要性等问题上认知度相对来说较低（最高选项的人数占总人数的比例为35%~50%）。认为理论课与实践课的分配比例是4∶6和5∶5的人数分别占被调查者总数的46.27%和42.54%，说明大多数旅游行政管理人员认为在课程设置中理论课应稍少于实践课或者是和实践课持平。而在有关是否将旅游管理专业细分为旅游学、景区与旅行社管理、酒店管理，以及会展经济与管理这一问题上，超过70%的被调查者认为有必要将旅游管理专业进行细分，此外也有25.37%的被调查者认为没必要进行专业细分，而对此问题持模糊态度的人占总人数的3.73%。

被调查者在最中意的旅游专业人才类型、将录用的旅游管理专业毕业生安排的部门，以及招聘旅游管理专业学生时最看重的能力等方面的认知度最低（最高选项的人数所占比例为35%及以下）。对旅游行政管理人员的调查发现，有关其最中意的旅游专业人才类型的认识上，分别有33.58%、32.84%及24.63%的被调查者选择营销人才、产品开发人才及管理人才，此外也有少数人认为学术型人才、客服人才和其他人才是其最中意的旅游专业人才。而在有关将新录用的旅游管理专业毕业生安排的部门以及招聘旅游管理专业学生时最看重的能力等问题的认识一致性较低。

从有关旅游行政管理人员对甘肃旅游高等普通本科教育的问卷统计中可知，性别、年龄及工龄的不同对甘肃旅游高等普通本科教育的认识并没有出现非常大的差异，大体上看法还是较一致的，除了在有关课程设置中理论课与实践课的分配比例这一问题上，不同性别表现出了一定的不同。从图1-10可知，被调查的62名男性旅游行政管理人员中，有35人（占男性总人数的56.45%）认为最佳的比例应是5∶5，即理论课与实践课的课时应相当，而女性被调查者则有不同的看法，有46位女性认为理论课与实践课的最佳分配比例应是4∶6，强调实践的重要性。

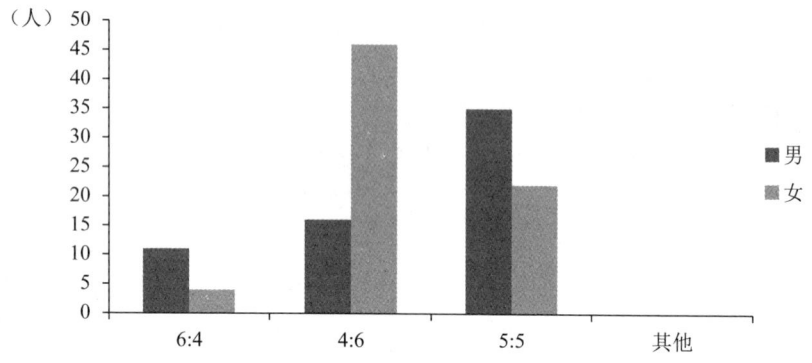

图 1-10　不同性别的旅游行政管理人员对理论课与实践课分配比例的认识

第三节　各角色对甘肃旅游高等普通本科教育认识的比较研究

进行比较研究，不仅有助于我们深入了解不同群体对甘肃旅游高等普通本科认识的一致性和差异性，而且有助于发现目前甘肃旅游普通本科教育存在的问题，进而寻找解决问题的对策。

1. 一致性比较

通过对不同群体的相关问卷整理并统计后发现，除旅游管理在校生外，旅游管理专业毕业生、教师、旅游企业（景区、旅行社及酒店）相关从业人员及旅游行政管理人员对甘肃旅游高等教育认知较一致的是目前甘肃旅游高等教学办学存在的最主要问题。由图 1-11 可知，不同群体中的大多数被调查者（超过所在群体总人数的 60%）认为教学实践环节少是目前甘肃旅游高等教育办学存在的最主要问题，由此可知，今后为更好地发展甘肃旅游高等教育，为旅游行业提供更具竞争性、实践性及专业性的旅游人才，省内各大旅游院校应加强与行业内各旅游企业的合作，增加旅游管理专业学生在校期间的实习及实践机会，使得学生在毕业后能够迅速融入旅游行业中。

此外，从图 1-12 可以看出，不同群体将旅游管理专业细分为旅游学、景区与旅行社管理、酒店管理、会展经济与管理等专业的必要性方面的认知也是较一致的，大多数被调查者比较赞成专业细分，认为对旅游管理专业进行细分是必要的。

实践已经证明，简单地将旅游高等教育局限于旅游管理的专业设置是片面性的，应根据目前旅游业所需要的人才而确定应培养的人才类型，从而对旅游高等教育的专业设置进行必要的细分。

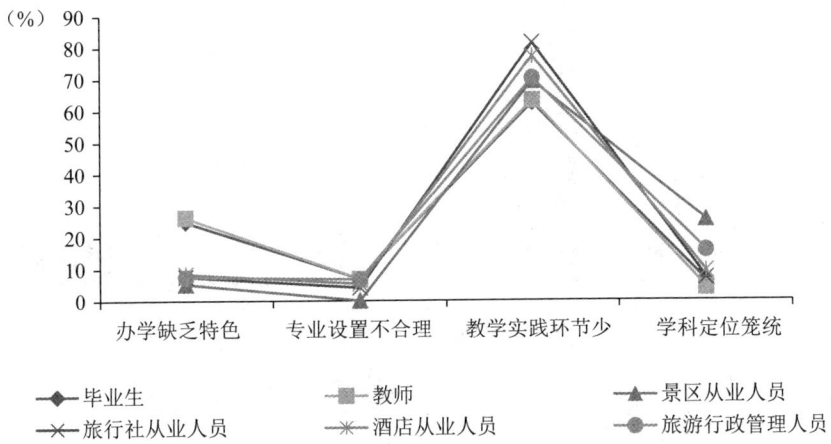

图 1-11　各角色对甘肃旅游高等教育办学的最主要问题的认知

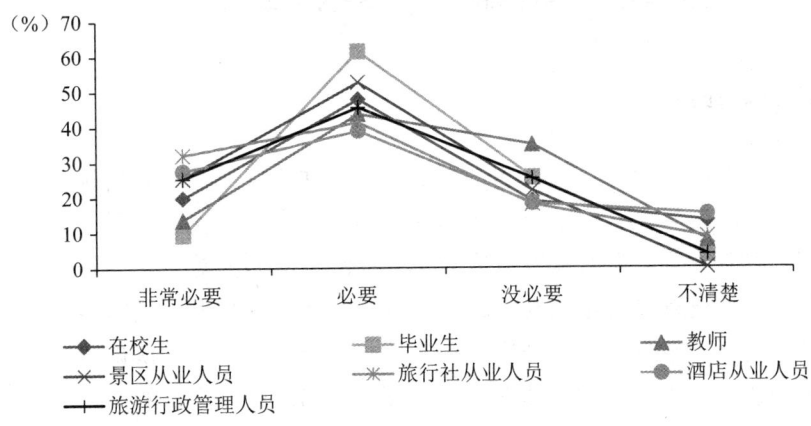

图 1-12　各角色对旅游管理专业细分必要性的认知

如图 1-13 所示，有关旅游高等教育最优的教学模式的选择这一问题上，分别有 53.88% 的旅游管理专业在校生、69.23% 的旅游管理专业毕业生及 38.83% 的旅游管理专业教师认为目前旅游高等教育最优的教学模式应该是理论与实践同步，教师在向学生传授理论知识的同时让学生参加相应的实践活动，增加学生去旅游相关企业中去实习实训的机会，这样会使学生能够更深刻且深入的理解所学知识及未来将要从事的旅游行业，也为将来的就业打下良好的基础。

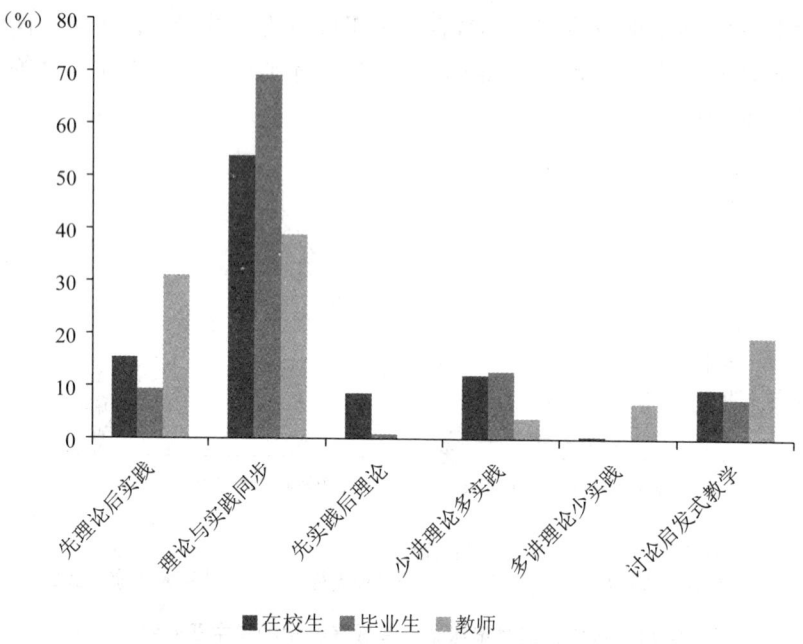

图 1-13　各角色对旅游高等教育最优的教学模式的认知

2. 差异性比较

不同角色由于所处的环境、知识水平及工作性质等原因对甘肃旅游高等教育的认知存在一定的差异，其中差异比较明显且典型的有课程设置中理论课与实践课的分配比例，以及影响旅游管理专业毕业生就业的关键问题等。有关各角色对甘肃旅游管理专业课程设置中理论课与实践课的分配比例的认知上（见图1-14），旅游企业（景区管委会、旅行社以及酒店）相关从业人员对此问题的认识较一致，均有超过半数的受访者认为最合适的比例分配应该是4:6，即理论课的课时应稍少于实践课，强调实践课的重要性。而与此恰恰相反的是，在受访的教师中，则有超半数的被调查者认为理论课应多于实践课，强调基础理论的学习。受访的旅游管理专业在校生、毕业生及旅游行政管理人员对此问题的认识则相对较分散。各个群体对此问题的认识不同，原因可能是与其所处的环境及从事的职业不同有关。旅游企业从业人员从事的是应用型极强的旅游行业，需要的是实践能力较强的实干型人才，而教师作为知识的传播者，希望学生在校期间更多的学习基础理论知识，为其将来能更好地胜任工作打下坚实的基础，因此，相对于旅游企业从业人员，旅游管理专业教师更看重的是学生对基础理论知识的学习。

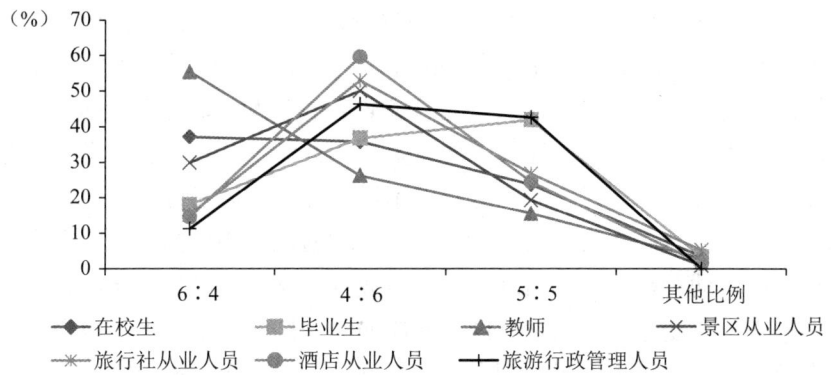

图 1-14　各角色对课程设置中理论课与实践课的分配比例的认知

各角色对影响旅游管理专业毕业生就业的因素的认知的分歧也较大，由图 1-15 可知，旅游管理专业教师中有将近 60% 的被调查者认为学生就业观问题是影响其就业的最主要因素，而有半数的旅游行政管理人员则认为影响学生就业的关键因素是目前甘肃旅游高等教育中实践与理论的脱节，旅游管理专业毕业生、景区从业人员、旅行社从业人员及酒店从业人员对此问题的看法则较分散。各角色对此问题有不同的认识，原因可能是教师认为旅游管理专业毕业生在择业时存在眼高手低的现象，很多本科毕业生不愿从最基层的服务工作做起，一心想找一份既轻松又体面的工作，而自己的能力以及经验都没法满足职位要求，由此使得很多大学生在毕业时未能及时就业。旅游行政管理人员作为监管旅游行业发展运行的管理人员，认为目前甘肃旅游高等教育的教学内容与实际的旅游行业对人才的需求之间存在错位现象，课程更新缓慢从而难以与旅游行业实际情况接轨，使得高校培养的旅游管理专业学生很难快速地融入旅游行业中。

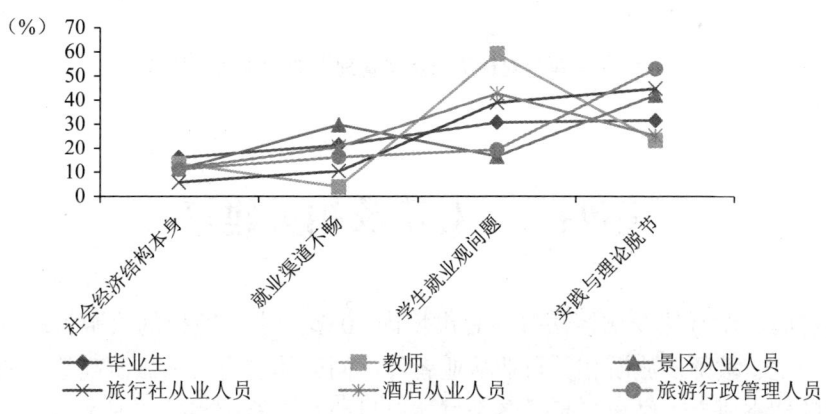

图 1-15　各角色对影响旅游管理专业毕业生就业的因素的认知

有关最看重旅游管理专业学生的能力这一问题上，各角色的认识相差也较大。如图 1-16 所示，教师最看重的是学生的自我学习能力，以及正确的价值观和人生观，而景区管委会人员、旅行社从业人员及酒店从业人员认为学生的自我学习能力最重要，在校生认为专业实践能力重要，更多的毕业生则比较看重学生的分析和解决问题的能力。各个群体对这一问题存在不同看法和群体所处的行业特征有关。教师作为学生的传道授业之人，更多地希望学生能够保持积极向上的心态，在此基础上通过自己的劳动对社会有所贡献。旅游企业相关从业人员作为旅游行业的重要部分，更看重学生在变化多端的行业内的适应能力，即能否快速地通过自我学习掌握新的技术及方法。本科生由于长期在校学习理论知识，很少通过实践去接触并了解旅游行业，导致就业后不能快速适应，因此更多的在校生更看重对所学专业的运用能力。

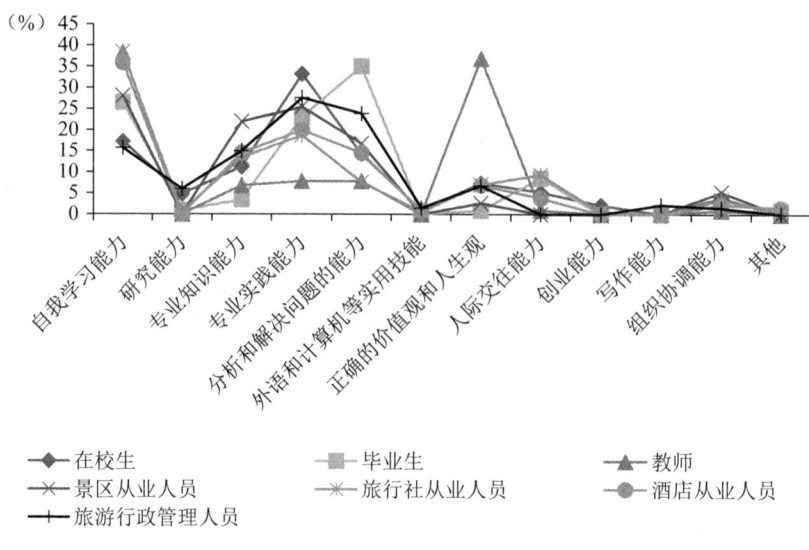

图 1-16　各角色对最看重旅游管理专业学生能力的认识

第四节　对策及相关建议

通过问卷调查法及访谈法等对甘肃境内 10 多所本科院校的旅游管理专业在校生、毕业生、教师及旅游相关行业从业者等不同群体进行有关旅游高等普通本科教育认知的调查研究。结果显示：各个群体对目前甘肃旅游高等普通本科教育办学存在的最主要问题及有关旅游管理专业细分的认识较一致,而在有关课程设置中理论课与实践课的分配比例,以及影响旅游管理专业毕业生就业的关键问题等方面的认识的差异性较大。基于此,为更好发展甘肃旅游高等教育的发展现提出以下对策及相关建议。

1. 重视实践环节,培养学生的职业能力

甘肃旅游高等院校普遍存在着以理论学习为主的问题,重视对知识的传授,但忽视对学生实践能力的培养。这主要表现在教学课程的安排上,公共课及理论课的课时明显偏多,且针对性不强。在期末的考试中也几乎都是理论知识,对学生分析解决问题的能力和实际的操作能力的测试要么没有科学合理的测试指标,要么没有列入考试范围。例如,有些院校,开设的专业课多是旅游资源开发或旅游规划等方面的课程,但学生在毕业后多参与的是旅游一线工作,所学的理论知识根本无用武之地。理论教学与实践教学的安排不成比例,学生缺乏实践训练,从而导致所培养的学生出现高分低能现象。基于此,结合我国旅游业的发展现状,笔者认为应当加大旅游实践课在课程设置中的比例,学生在企业的实习至少应在半年以上。甘肃旅游高等教育应开展校内模拟训练和到旅游企业及相关部门实习。首先,应建立全新的教学模式,把实践教学的内容加到学生的课程设计和毕业设计中,使得实践教学立体化。其次,在教学课时的安排上,应将更多的课时倾向于专业课及实操课。由于旅游企业比较重视员工的实际操作能力,应相应地增加旅游管理专业学生到相关旅游企业实习的时间及机会。最后,由传统的先理论后实践的教学方法过渡到理论与实践同步的教学模式,学生通过边学理论知识边将理论知识与实践结合起来,会加深学生所学的专业知识。

2. 根据市场需求,细分旅游管理相关专业

诸多的实践已经证明,简单地将旅游高等教育局限于旅游管理的专业设置是片面的、不科学的。随着旅游业的迅猛发展、旅游市场的急剧扩大、旅游者需求的变化、旅游教育形式的增多,旅游业已经出现了诸多的新的业态,如会展经济与管理、物流管理等,旅游高等教育作为培养行业高素质旅游人才的主要阵地,更应该根据市场需求通过专业细分等方式来培养相应的旅游人才。因此,高等院校在设置旅游管理类相关专业时,不应该仅局限于旅游管理与酒店管理这两个专业,而应该根据旅游业的发展需求,经过专家及相关教育部门的充分讨论及论证后,创办诸如旅游学、景区与旅行社管理、会展经济与管理、高尔夫运动服务于管理、极限运动、餐饮营养、休闲会所管理等专业。此外,还应注意的是,在设置旅游类专业

时，既要考虑旅游业自身的发展需要，也要考虑能跨行业使用；既能设置新的专业，也可通过设置复合型专业或是对原有专业的改造与再培养，使得培养出来的人才不但能够适应旅游业的自身需要，同时可以为其他行业培养从业人员，提高人才的可塑性及适用性，改变目前甘肃旅游院校的毕业生就业难的现状，从而减少旅游教育资源的浪费。

新的专业细分后，则存在师资队伍的建设问题，为解决这一问题，旅游高等普通本科院校可考虑从这一新兴产业聘请相关的专业人员来校做兼职教师，与此同时可以派遣学院的青年教师去企业进行实践，这种"体外输血"与"自身造血"二者相结合的方式，可以为更好地建设师资队伍打下坚实基础；除了师资队伍的建设外，还应重视新专业开办初期的学生实践环节，旅游高等院校可尝试与有发展后劲的旅游新业态企业签订实训基地协议。一方面，旅游企业为旅游管理专业学生提供实训机会并给予实操指导，待高校有一定的条件后，可建设校内实训基地。另一方面，旅游院校可以为企业提供专业的咨询和员工培训，提高企业从业人员的理论知识储备及整体素养。

3. 加强实训基地建设，提高学生的实践能力

众所周知，旅游业是一个实践性及应用性极强的行业，企业对学生的实操能力要求较高，这就使得旅游院校须建立相应的实训基地。但通过对甘肃省内10多所旅游院校的走访发现，大多数高校缺少或几乎没有配套的实训基地。因此，为更好地提高学生的实践能力以增加其毕业后的就业机会，旅游高等院校应加强建立完善的实训系统，如建立模拟客房、茶艺室、酒水实验室、中西餐厅、多功能综合实验室等现代化教学辅助设施。在建立了配套的实训基地后，就需要有专业且实践能力较强的教师来进行授课，而甘肃省内的大多数高等院校的旅游管理教师是从其他人文类专业转到旅游管理专业，并不具备所需的实操技能，在教学过程中难免会存在诸如脱离实践、授课不深入等问题，因此，在建设实训基地的同时，还应做好师资力量的改革。

首先，由于外部条件的限制，很难聘用到具有丰富旅游实践经验的低学历技能型人才来担任旅游管理专业的全职教师，因此，这就要求具有高学历的专业课教师不仅应具备较高的专业素养与育人能力，还应具备一定的实操能力。

其次，为了实现这一目标，可采取以下措施：第一，对于教授诸如导游、酒店及餐饮、客房等实践性要求较强的专业的教师，应定期要求其到相关旅游企业进行培训，使教师能够掌握最新的行业信息及其发展现状和趋势，加快知识的更新速度，使得教学活动和行业发展紧密相连。第二，对于以后要聘用的旅游管理教师，

对其除了专业理论知识的考核外，还应看重其实操能力，如若没有较强的实践能力或是在相关旅游企业实践的经历，可考虑不予聘用。第三，虽然高校不能聘用旅游企业中具有丰富实践经验的技能型人才，但可以考虑聘请旅游企业中资深的中高层管理者来旅游高等院校做兼职教师，可每周安排一到两节课程让其到校为学生详细讲解实际工作中的相关问题及最新的行业动态。

最后，旅游高等院校可以邀请相关旅游企业管理者及从业人员成立考核委员会，定期对相关授课教师进行实操技能考核，以此来督促教师掌握实践技能。

4. 重视学生的实习管理，增强学生的实习效果

旅游业界人士对旅游管理专业毕业生均存在一种共同的认识，即认为其实操能力较差，建议各个旅游高等普通本科院校加强学生的专业实习。但建议各院校不要草率且盲目地增加实习，作为培养高素质旅游专业人才的旅游高等普通本科院校而言，所要培养出来的学生不应仅局限于实操能力较强的技能型人才，更应该是全面发展的综合性人才。因此，各个高校应该制定科学、合理且适合本校旅游管理专业学生成长的实习管理并认真落实。

首先，应做好学生实习前的计划、教育与动员。在学生实习前，通过进行相关的理论教育，例如，劳动与市场竞争观念、质量标准与科学管理，以及组织纪律和职业道德等，尽可能地让学生明白专业实习的重要性。熟练掌握旅游相关理论知识的学生只有进入企业第一线才能更深入地了解所学专业，培养其实践能力与参与管理的能力，为毕业后就业及未来的职业发展打下坚实基础。

其次，合理安排实习时间。建议旅游管理专业学生的实习时间安排在大四上学期，实习时间为6个月，这样做有助于那些在实习期间表现较好的学生一毕业即可上岗，增加学生的就业率。而针对部分学生因考研而不能按时参加实习的学生，应及时与实习单位协商，将实习时间提前或是推迟。

再次，选择合适的实习基地。在与相关的旅游企业签订长期实习基地协议之前，应对实习企业的基本情况做详细的了解，诸如单位名称、地址、主要负责人、等级、员工人数、主要项目、企业效益及企业信誉等问题。学校在选择实习基地时，应尽可能地选择那些管理较规范且口碑较好的企业，如星级酒店、国际旅行社、3A级及以上景区，等等。这些类型的实习单位有助于学生养成规范化且标准化的管理理念。反之，如果学生去的是管理混乱且效益较差的实习单位，其结果是学生不但学不到相应的实操知识，而且很有可能使学生对本专业失去信心，从而在择业时另选他行，导致旅游专业人才的流失。

最后，加强实习管理，注重学生实习期间的考核。学生到实习单位开始实习

后,旅游院校不仅要求授课老师定期进行跟踪访查,了解每个学生的实习近况,更需要实习单位相关管理人员的现场指导。实习结束后一周内,实习生须按照自己真实的实习情况提交实习报告。实习成绩按照实习报告和实习表现各占50%的方式进行考核,评定标准为优秀、良好、中等、及格、不及格。其中学生的实习表现由单位负责人及技术指导人员根据实习生在此次实习过程中的整体表现(出勤率、学习态度、劳动纪律等)来进行综合评定。根据实习成绩的高低,从实习生中评选一定比例的优秀实习生进行奖励,以此提高学生实习的积极性。

5. 设置岗前培训中心,联合企业做好岗前培训与用人推介

为使学生更好地理解专业实习的重要性及必要性,甘肃省旅游高等普通本科院校可以和相关旅游企业合作在校内设置岗前培训中心,聘请企业中经验丰富的职业经理人、专业导游等高素质旅游专业人员作为培训中心的教师,讲授有关职业素养及职业道德等方面的内容。职业素养对旅游人才的职业发展至关重要,具备较高的职业素养是成为一个职业化的旅游专业人才的必备条件。将旅游管理专业学生培养成一个有责任感、有敬业心的高素质旅游专业人才是甘肃省旅游高等普通本科院校的人才培养目标,也为甘肃省旅游业的持续快速健康发展提供人才保障。因此,在对旅游管理专业本科生进行岗前培训时,除了培养和提高其业务技能外,还应注重对学生的职业道德和职业素养的培养。旅游业职业道德的内容是极其丰富的,但其最基本的要求则是顾客至上、竭力为顾客提供优质服务。为了使学生能在上岗时更快地适应工作要求,可以在岗前培训时加强对其规范化方面的训练,例如,应按照"服务人员的日常行为规范"中有关交谈、动作及手势等方面的礼仪规范来严格约束学生。

此外,为了提高岗前培训的成效,旅游高等普通本科院校应根据旅游企业的经营类型、方针目标、工作性质及学生的个人特点来确定培训计划和重点,促进培训和学生个人职业发展相结合,提高培训的针对性。通过建立学生培训档案,全面考核、评估学生的培训情况,对于培训合格或者是表现较为突出的学生,旅游企业可以优先选拔其作为企业的一员。

总之,岗前培训应该以学生全面发展为核心培养目标,以学校教学大纲和课程设置为指导,以旅游企业的工作实际为案例,综合考量,通过校企合作的方式对旅游管理本科生的岗前培训模式和内容进行不断的完善和充实,使学生对即将到来的实习和自己未来的职业生涯发展有整体的把握和全面的认识,做好上岗前的心理准备。

第二部分

旅游影响研究

第二章　主客双重感知视角的甘南藏族乡村旅游影响研究

近年来，民族地区的乡村旅游得到快速发展，并被很多地区当作重点扶持的产业。对于处在参与阶段和发展阶段的民族地区乡村旅游，有效区分旅游带来的积极影响和消极影响，对乡村旅游的进一步规划和开发具有重大意义。居民是乡村旅游地的重要参与主体，他们对旅游影响的感知对其在旅游业中的行为影响明显。游客作为旅游参与的另一重要主体，其感知的好坏直接影响旅游体验的满意度，而游客满意度和旅游影响感知又是衡量乡村旅游发展好坏的重要尺度。居民和游客的旅游影响感知对乡村旅游的可持续发展和乡村旅游的规划与开发有着重要的指导意义。

第一节　旅游影响研究概述

1. 研究背景

我国经济经历了十几年的强劲增长，近几年经济增长速度呈现放缓的趋势。在当前的经济转型期，制度变革、结构优化和要素升级是实现新一轮经济增长的重要动力。因此，进一步提升第三产业的比重，是我国经济发展的必经之路。

旅游业是第三产业的重要组成部分，在我国经济转型的关键时期其作用越来越明显。近几年旅游业的发展相对于我国经济整体发展呈现逆势而上的趋势。2013年和2014年旅游业对国民生产总值的直接贡献超过7%，综合贡献超过10%。旅游业的发展对促进国民经济发展和社会进步有着重要的意义。

进入 21 世纪，在全面建设小康社会的目标要求下，扶贫工作也进入攻坚阶段。当前我国贫困人口数量近 7000 万，民族地区往往和贫困地区有着较高的重合度，这些地区一般有着得天独厚的自然景观和独具特色的人文资源，适合通过旅游业的发展带动当地经济的增长。2011 年《中国农村扶贫开发纲要（2011—2020 年）》（中发〔2011〕10 号）颁布，首次将旅游作为扶贫的方式之一写进政府的纲领性文件中。2014 年《关于促进旅游业改革发展的若干意见》（国发〔2014〕31 号）的出台说明旅游扶贫已经成为我国扶贫的重要方式之一。计划通过发展旅游业实现 17% 以上的贫困人口脱贫。因此，旅游业的发展对于民族地区乡村的脱贫致富有着至关重要的作用。

旅游业给我国经济和社会发展带来巨大积极影响的同时，旅游发展给目的地带来的一系列的负面影响也日益受到关注。尤其对于民族地区，独特的民族文化和社会习俗，以及相对单一的产业结构和脆弱的生态环境在旅游业发展的过程中不可避免地受到一定程度的冲击。对于旅游发展产生的各类影响，国外学者在 1960 年就已经开始了相关研究，并逐步产生了对旅游经济影响、旅游文化影响、旅游生态环境影响等研究方向。旅游的发展对于接待地的影响已经不仅仅是地方政府需要重视的领域，而且成为接待地居民和游客共同关心的问题。

2. 研究目的与意义

2.1 研究目的

深入、多方面地了解旅游业发展对于民族地区乡村产生的影响，更好地培育民族地区乡村旅游业的发展成为社会各界需要共同努力实现的目标。对于旅游业发展对当地产生的各类影响，居民和游客的感知与态度是重要的衡量尺度，因此调查和分析旅游地居民和游客的感知与态度，能够更加全面地获取旅游发展对于旅游地产生的影响，采取有针对性的措施解决旅游发展带来的各类问题。在此基础上，本章以甘肃省甘南州扎尕那村为研究区域，从游客和当地居民的视角研究旅游发展对于扎尕那村产生的各类影响，分析居民和游客对旅游影响感知的共性和差异，深入了解居民和游客感知视角下的扎尕那乡村旅游发展中存在的问题，以及居民和游客对于乡村旅游进一步发展的诉求，为扩大乡村旅游的积极影响和减少消极影响提供有针对性的对策，为政府和企业对该地区的旅游开发和旅游规划提供基于居民和游客感知和诉求的建议，最终为甘南藏族自治州乡村旅游的政策调节和可持续发展服务。

2.2 研究意义

2.2.1 理论意义

为甘南藏族地区乡村旅游影响的研究提供一个全新的视角、理论体系和研究框架。旅游影响不应只片面地着眼于当地居民的感知或游客感知，而应该透过旅游主客双方的视角，深入、彻底且全面地研究旅游影响，为当地政府及相关旅游企业做出正确的旅游规划与合理的旅游资源开发模式提供理论支撑。此外，旅游影响涉及经济、环境及社会文化等多方面的内容，相比而言是一个较为复杂的研究对象，而当前的很多研究只涉及其中的某一方面或是某几个方面，很少从主客双方的角度对旅游的经济、社会文化及环境影响进行综合研究。

2.2.2 实践意义

本研究以甘南藏族自治州的扎尕那村为研究区域，深入开展居民和游客感知与态度的调研，由于处在甘南藏族地区乡村旅游从参与阶段向发展阶段过渡的关键时期，以及政府和企业着手对乡村旅游进行开发和规划的阶段，具有较强可操作性。从主客双重感知视角开展对甘南藏族地区乡村旅游影响的感知和态度的综合研究有助于地方政府全面了解影响该地区旅游发展的积极因素、消极因素及综合因素，可为当地政府及相关利益单位成功开发、营销、运作现有或未来旅游项目及出台具体政策提供保障，为实现区域旅游的可持续发展奠定基础。

3. 旅游影响国内外研究现状

3.1 国外旅游影响研究现状

从 1960 年开始，"旅游影响"便成为西方旅游研究中的热点问题，并逐渐细分成旅游环境、旅游经济和旅游社会文化三个主要研究方向。《东道主与游客》一书的问世更是掀起了全球范围内学者对旅游发展对目的地产生的影响的研究和探讨，至今，旅游影响依然是国内外学者的研究热点。国外学者的研究主要涉及经济、社会、环境等方面，本文的研究综述也将从以上几个方面展开。

3.1.1 整体分析

运用 Elsevier Science Direct 外文数据库，以 "resident's perception" + "tourism impact" 为关键词，检索时间设置为 "all years"，检索到 1092 篇相关文献。以 "tourist's perception" + "tourism impact" 为关键词，检索时间设置为 "all years"，检索到 1873 篇相关文献。以 "resident's perception" + "tourist's perception" + "tourism impact" 为关键词未检索到相关文献。刊载相关研究的期刊比较集中，主要有 *Tourism Management*、*Journal of Sustainable Tourism*、*Journal of*

Environmental Management 等。

3.1.2 研究内容

国外对旅游影响的研究始于 20 世纪 60 年代，居民感知视角的研究从 20 世纪 70 年代逐步引起国外相关学者的关注，研究主要集中在居民对旅游影响的感知与态度的实证研究（Harrill，2004；Deery, et al, 2012；Perez, et al, 2005；Andriotis, et al, 2003）、影响居民感知与态度的因素（Andereck, etal, 2007；Woosnam, et al, 2009；Deery, et al, 2012）及相应的理论解释（Andereck, et al, 2007；Sharpley, 2008；Bestard, et al, 2007；Jurowski, et al, 2004；McGehee, et al, 2004；Nunkoo, et al, 2012；Andriotis, et al, 2003）三方面。第一，居民对旅游影响的感知与态度研究中，将居民感知的研究历程划分为定义概念、模型建立、数量工具的发展、数量工具的测试四个主要阶段。研究的内容主要有影响居民感知的因素、理论视角及分析方法。第二，居民的不同统计学特征对于旅游影响的感知具有比较明显的影响。同时，宏观的社区因素和微观的居民自身的因素也同样会造成居民感知的差异。第三，相关的理论研究包括愤怒指数模型、旅游地生命周期理论、社会交换理论、社会表征理论等。

关于游客对旅游影响的感知与态度研究起始于 20 世纪 80 年代，主要研究者有美国的 Timothy（1982）、英国的 Bruce（1983）和 Brian（1985）等；进入 21 世纪以后，该方面的研究得到较为快速的发展。对于游客感知旅游影响的研究主要从游客对旅游目的地的经济影响（Gyan, Duarte, Lorraine, 2006；Melville, Andrea, 2006；Julian, Angela, 2006）、社会文化影响（Mona, Afshin, Hossein, 2012；Bob, 2008；Pascal, Amanda, 2011）及环境影响的感知和态度（Wiebke, et al, 2004；Lawrence, et al, 2004；Tom, et al, 2005；Colin, Monaghan, 2005；Catherine, et al, 2009；Nole John, 2009；Rachel, et al, 2010）三方面进行。其中，感知环境影响的研究所比重最大，其次是感知经济影响的研究，感知社会文化影响的研究数量较少。第一，游客对旅游影响中的环境感知研究始于 20 世纪 80 年代的 Bruce，90 年代中期以后由于环境问题的日益严峻，对环境影响的研究逐渐增多（Bettina, 1996；Baler, et al），侧重于对旅游单体资源的保护，比如对旅游地野生动物的保护。随后的研究拓展到对整体宏观环境的保护、提高游客环保意识等方面。Rachel（2010）探讨了游客前往岛屿旅游的动机、对环境问题的认识水平、执行环保任务的意愿等感知情况。Tom（2004）研究了游客感知对旅游行为的影响。总之，这一方面的研究目的是倡导旅游环保，提高游客环保意识。第二，关于游客对经济感知的研究集中于 20 世纪 80 年代和 90 年代中期。主要研究游客感知旅游花费、市场营销、游客数量等对居民收入、财政收入等的影响，研究的涉及面比较窄，问题的说明不够充分。第三，关于游客感知社会文化的研究始于21世纪。基于游客自身的特点和游客与居民所处的立场、价值观念、对旅游地的认识等的不同，国外对游客感知视角的旅游影响的研究与居民感知视角的旅游影响研究略有不同，更侧重于对游客满意度和游客体验的研究。

3.1.3 研究方法

国外对旅游影响的相关研究中定量研究的比重在逐步增大，定性研究在相对减少，更倾向于对复杂数学分析方法的应用。可计算一般均衡技术为代表的复杂数学分析方法被广泛运用。如Melville（2006）采用可计算一般均衡技术（Computable General Equilibrium，CGE）和乘数分析方法进行了相关研究；Won Sop等（2003）运用仪式/影响分析技术（Observance/Influence Analysis Technique，O-I 技术）对旅游者感知的目的地影响进行了分析；Rachel等（2010）的研究中运用了主成分分析法、交叉表—纵横列表法、频数分析及回归函数等；Julian等（2006）在研究游客感知的印度尼西亚旅游经济影响时进行了相关性分析。基于游客视角的旅游影响主要运用定性、定量相结合的研究方法，问卷调查法是其常采用的方法，此外还包括电话访谈法、在线观察和测量法、拍照和录像法。使用的统计软件以SPSS为主，同时还包括地理信息系统（GIS）、Arc View3.2 软件、PRIMER V6 软件、S-Plus 软件等。

3.2 国内旅游影响研究现状

3.2.1 整体分析

在中国知网以"旅游影响+居民感知"为主题、篇名和关键词进行高级检索，检索时间设置为：截止到2016年6月29日，分别检索到186篇、25篇和64篇相关文献，以同样的方式检索"旅游影响+游客感知"和"旅游影响+民族地区乡村"，剔除与研究主题不符的文献，共计检索到131篇相关文献。其中52篇硕士研究生，2篇博士论文，77篇期刊论文。居民视角的旅游影响相关文献127篇，包括9篇相关文献综述；游客视角的旅游影响相关文献4篇，包括1篇相关文献综述。文献搜索的结果如表2-1和图2-1所示。

表2-1 文献搜索结果

	主题	篇名	关键词
"旅游影响+居民感知"	186	25	64
"旅游影响+游客感知"	10	5	1
"旅游影响+乡村"	145	40	1
"旅游影响+民族地区乡村"	50	11	3

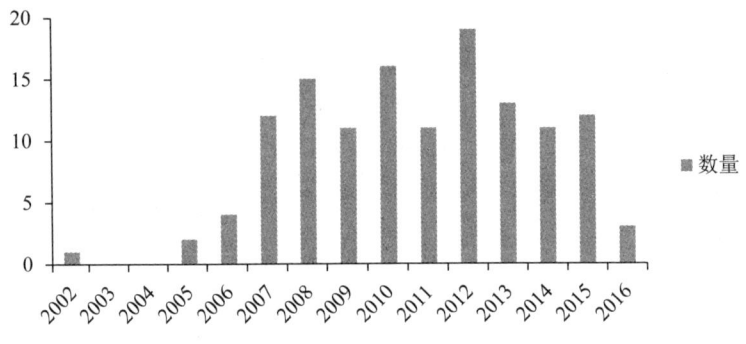

图 2-1 2002—2016 年国内各年份相关文献数量

研究方法上,广泛运用社会学、统计学、经济学及旅游学等的理论与方法,硕博论文以问卷调查和访谈为主,问卷以李克特量表为主。期刊论文以问卷调查为主,常用的研究方法包括李克特问卷调查法、田野调查法、访谈法、对比研究等。部分研究做到了理论研究与实证研究相结合,但总体上仍以实证研究为主,理论研究较少。

研究内容以旅游对经济、社会、环境等方面的综合影响为主,少量涉及社会文化、妇女角色、社会关系、民族文化变迁等单方面的影响研究。其中居民视角的研究占大多数,游客视角的研究数量较少,高质量的论文较少。实证研究大多集中在对特定地区的旅游影响的研究,相关的研究结论不具有普遍意义,针对旅游发展中地区和居民协同发展的策略不足,针对旅游发展中传统文化传承与保护的策略及生态环境保护策略有所欠缺。除文献综述外,有 4 篇理论研究,主要涉及旅游影响的相关理论研究和问卷设计。从研究的旅游类型/目的地类型来看,大部分研究以某一特定的区域或某一旅游景区为例开展旅游影响研究,涉及的旅游类型包括乡村旅游、古村镇旅游、生态旅游、红色旅游、民族地区乡村跨文化旅游、节事旅游、胡同旅游、温泉旅游、海岛旅游、世界遗产地旅游、会展旅游、大型主题公园旅游、农业旅游等,但有关这些特定旅游类型的相关文献较少。

从研究的时间跨度上来看,以某一时间节点的旅游影响研究为主,历时性研究有 3 篇,相关研究有待进一步加强。总体来讲,国内学者较早研究居民感知的旅游影响所运用的定性与定量方法与外国基本接轨;而游客感知的旅游影响较少,与国外有一定差距。有关主客双重感知视角的旅游影响(针对同一地区)的研究极少有学者开展,而这对旅游目的地实现旅游的持续发展又具有十分重要的意义。

3.2.2 研究内容

国内对旅游影响的研究基本开始于 20 世纪 80 年代,与国外相比差距较大,但也取得了一些不菲的成就。关于居民对旅游影响的感知研究主要聚焦于国外相关文献的综述及介绍（王莉、陆林，2005；李德山，2010；卢春天、石金莲，2012）、旅游地居民对旅游影响的感知和态度的个案研究（李东和，2007；史春云，2007；李萍、王倩，2012；旺姆、吴必虎，2012）、居民感知旅游影响的横向和纵向比较（刘葆，2005；卢松，2008；宣国富，2003；卢松，2009；欧阳军，2009）等；国内学者偏重于社会人口统计学特征对居民旅游感知的影响，例如，对旅游知识的了解程度、居住年限、旅游经历、住房距中心旅游地的远近等。而关于游客感知旅游影响的研究较少，相关研究开始于21世纪，尚无统一研究模式，对经济、社会、环境综合影响的感知不足，近些年才逐渐得到学者们的关注及重视，国内少数民族地区乡村的相关研究亟须加强。研究内容主要包括游客感知形象（吴晶、马耀峰，2011；王斌，2011；吴小根、杜莹莹，2011；李玺，2011；罗秋菊、杨云露，2010）、游客感知价值（王朝辉，2011；隋丽娜，2009；张宏梅，2012；李文兵，2011；白凯、马耀峰，2010）、游客感知服务质量（于静静，2009；梁圣蓉，2010）、游客感知危机及安全（唐弘久，2013；陈永昶，2011）等几个方面。

（1）居民视角的研究内容。

研究内容以经济、社会和环境影响的感知研究为主，如表2-2所示。经济影响主要涉及就业、收入、贫富差距、吸引投资等内容；社会影响主要包括传统文化、犯罪率、文化交流、思想观念等内容；环境影响包括环境污染、生态变化等方面（见表2-3）。在研究居民感知的同时，一些学者也对居民对旅游发展的态度进行了研究。除了对经济、社会和环境影响的综合研究，一些学者还专门对某一方面的影响开展研究，如对妇女身份的变化研究、对民俗文化的研究等。居民视角的旅游影响研究以实证研究为主，理论研究较少。

表2-2 居民视角的旅游影响相关理论研究

研究学者及年份	研究内容
董娜（2008）	通过对居民感知视角下的旅游影响研究的问卷进行分析，提出了"问什么"和"怎么问"对于数据收集的重要意义，并提出了居民感知问卷设计的一般方法。
王丽华，俞金国（2009）	通过分析国内外旅游影响居民感知的相关理论，探讨了不同理论对于居民感知相关研究的适用性和局限性的分析。
欧阳润平，覃雪（2010）	居民视角的旅游影响问卷的内容。
覃雪，王小清（2013）	以目的地居民感知的研究量表为研究对象，分析了量表内容的结构和内容等问题，提出了构建居民感知的评价量表的原则和方法。

表 2-3　居民视角的旅游对经济、社会和环境的影响研究

研究学者及年份	研究内容
苗红，陈兴鹏（2007）	以甘肃马蹄寺景区为例，探索了居民对旅游发展对当地产生的经济、社会和自然生态环境三方面的影响感知，分析了不同年龄、不同民族的居民之间的感知差异，并做出了相应的解释。
杨学燕（2008）	通过研究居民对旅游影响的认知，探讨回族民俗文化在旅游开发中应该注意的问题，包括处理好利益相关者的关系，以及文化旅游开发的创新路径等。
黄燕玲，罗盛锋（2008）	研究了少数民族地区乡村居民对农业旅游影响的感知，认为居民的不同民族、不同居住年限及不同受教育程度对于旅游影响的感知有明显的影响。
赵俊远（2009）	通过研究旅游发展对农村社区的影响，发现旅游产生的影响强度具有距离递减规律；经济影响的增加带动社会文化和自然环境影响的同向变化，旅游对经济和文化主要是正面的，对自然环境的影响主要是负面的。
卢彦红（2010）	认为调查居民的旅游影响感知和满意度是发展目的地旅游和开展旅游规划的重要前提和依据。
刘韫（2011）	研究了团队旅游者和自助旅游者对旅游目的地产生的影响的差异，提出游客的行为方式直接影响了居民对旅游影响的感知。
张俊英，马耀峰（2012）	认为要正确认识居民在旅游发展中的重要作用，平衡不同人口学特征居民的需求和利益，促进居民形成对旅游发展的积极态度，有助于推动旅游业的可持续发展。
梁旺兵（2013）	甘南藏族自治州居民总体感知积极，对经济收益的感知明显，对文化影响的感知不明显。不同人口学特征的居民感知存在差异。
刘岩等（2014）	通过研究黑龙江街津口的赫哲族居民对旅游影响的感知，表明居民对经济影响的感知强于对社会文化影响的感知。
秦美玉（2015）	探讨民族地区乡村非物质文化遗产地的居民对旅游影响的感知，认为地缘条件对居民感知的影响较大。
陈鹏（2015）	通过研究台湾居民对大陆游客赴台旅游影响的感知，发现女性中41岁以上、教育水平在高中水平的人群敏感度较高，男性中40岁以下、学历在硕士及以下的人群感知的敏感度低。
孙美玉（2015）	以延边朝鲜族自治州为例，研究了居民对旅游影响感知及态度与居民地方感之间的关系，发现地方感对居民的旅游影响感知有着显著的影响，由此提出了提升居民地方感、改善居民对旅游发展态度等的建议。

文化作为一种独特的旅游资源，尤其是对于民族地区乡村而言，在旅游发展中受到的影响越来越受到重视。相关研究内容比较全面，包括旅游发展过程中对传统文化的保护与传承，对当地妇女地位的影响、对民族文化变迁的影响等。研究视角既有对旅游目的地文化影响的微观表达，又有在旅游发展中保护和传承传统文化的策略与方法的宏观层次的研究。相关研究主要集中于旅游发展过程中对于传统文化的传承与保护的方法和途径。赵良成（2014）探索其在地方感和在地行为模式的形成过程中的重要作用。薛熙明、覃璇、唐雪琼（2012）认为旅游引发的经济增

长提高了民族文化的地位，加深民族认同感，旅游的过度开发会对民族认同产生误导。杜林玲（2011）研究了旅游发展对女性地位的影响，认为旅游业使得女性就业率增高，其经济地位和家庭地位得到提高。陈淑琳（2009）认为民族地区乡村旅游发展对民族文化具有双重影响，一方面民族文化在旅游发展中极易受到破坏，另一方面由于旅游业的发展，当地人民也逐步意识到保护民族文化的重要性，并通过各种方式进行传承。徐新建（2008）通过2005—2007年间对丹巴藏寨的实地考察，探索了民族地区乡村旅游发展对于民族身份的激发作用，并分析了民族身份的新趋势及民族身份所派生的多重影响。杨学燕（2008）研究了宁夏永宁县的纳家户村社区居民对旅游影响的感知，对其民俗文化的旅游开发提出了建议。唐艳、杨傲宇（2008）分析了民俗旅游中影响民族文化变迁的因素，民俗文化在民俗旅游中的变迁途径和表现形式，认为应该开发民俗旅游，正确看待旅游所带来的影响。邹烽（2008）通过分阶段对湘西苗族村寨居民的社会公德、爱情、婚姻、家庭、劳动等民族传统道德的研究，认为当地民族传统道德在旅游发展的不同阶段受到了不同程度的影响，旅游是这些变化发生的催化剂。高红艳（2003）认为民族文化生态旅游对于旅游地有着积极和消极的影响，提出在民族文化生态旅游中要从旅游者、开发与规划方、景区管理方等方面开展联合保护。杨振之（2003）以青藏高原东缘的藏区为研究区域，研究发现旅游对于当地居民的民族文化、日常生活以及传统道德观念等产生了较大的影响。

专门针对旅游发展对目的地生态环境影响的研究相对较少，对于环境影响的研究主要作为研究旅游影响的一个重要组成部分。唐雪琼、薛熙明、王浩（2009）通过综合研究云南藏区旅游发展中文化社会影响和生态环境影响，认为旅游发展引起的生态环境的变迁主要是通过社区文化的影响来实现的，因此关注生态景观的变迁，就需要从规划、经营及社区参与等多个层面展开。程占红、张金屯、上官铁梁（2003）采用旅游影响系数探讨了芦芽山旅游开发与植被环境的关系，研究发现旅游活动对自然环境有显著影响，同时评价了当地自然环境管理水平。

针对居民对旅游影响态度的研究较少，一般将其作为居民感知的一个部分。窦开龙（2009）研究了处于开发建设初期的甘南拉卜楞景区居民对旅游开发对民族文化影响的感知，发现当地居民积极支持民族旅游开发。李湮、李雪松、郭峦（2011）研究发现，西双版纳傣族园村民对旅游发展的态度经历了从最初的支持和喜悦，到中期的冷静，再到近期的冷淡和不满的发展过程。

（2）游客视角的研究内容。

关于游客视角的旅游影响研究内容包含对经济、社会、环境及文化等的感知，如表2-4所示。具体可分为游客对目的地形象的影响感知，游客对目的地环境影响的感知，感知敏感度的计算方法等。关于游客视角的旅游影响研究尚处于起步阶段，研究成果也相对较少。

表 2-4　游客视角的旅游影响研究内容

研究学者及年份	研究内容
王德林，陶艳红（2009）	通过研究游客对山海关森林公园客运索道的满意度，分析客运索道产生的旅游影响。研究表明，游客对直接能够体验的和肉眼可见的影响感知比较明显，对于不能直接感知的，如生态影响等感知不敏感。
朱竑，韩亚林，陈晓亮（2010）	研究表明藏族歌曲有助于帮助旅游者形成对西藏的形象感知，强化对西藏的向往。
王娟云（2012）	通过对桂、黔两省少数民族地区乡村典型案例地游客的调研，发现游客对自身行为给旅游地带来的负面影响意识薄弱，国内游客素质有待提高。
刘永丽，黄燕玲，罗盛锋（2014）	通过实证研究的方法对旅游对西南民族地区乡村旅游影响的感知进行了分析，提出了针对旅游影响的调控建议，包括预警机制、研究检测机制、决策机制、反馈机制和管理协调机制。
罗盛锋，刘永丽，黄燕玲，刘星（2015）	以桂、黔两地的3个少数民族旅游区为例，研究了游客对于旅游影响的感知，并提出了提升正面影响和控制负面影响的相应措施。

3.2.3　研究方法

研究方法主要分为定性和定量两种，定性为主的研究分为描述性分析和概念性分析，定量分析包括简单统计分析，如相关分析、统计检验等，以及复杂统计分析，如 Logistic 回归、因子分析、结构方程、聚类分析等。数据调研方法相对简单，问卷调查是一种最常用的数据收集方法，李克特量表问卷是使用最多的方法，其次是访谈法。数据分析软件以 Spss 为主，其他软件使用较少。主要有粟路军等在使用 Spss 的同时，使用 AMOS7.0 进行验证性因子分析；陆林（2011）、唐文跃（2011）等在研究旅游影响时运用了 Spss 和 PRELIS LISREL8.7 软件进行数据分析。国内使用的统计软件类型相对较少，有待进一步探索。近几年开始探索使用新的统计方法，如我国学者王忠福等（2011）在研究大连市城市居民感知旅游影响时运用了 SEM 软件；张文和何桂培使用 EFA 方法提取六个主要的旅游影响感知的因子；苏勤和林炳耀（2004）通过聚类分析对居民态度进行分类等。

3.3　国内外相关研究评述

3.3.1　国内外相关研究的对比分析

国内起步相对较晚，但基本与国外接轨，国内研究的旅游类型相对于国外更加丰富多样，包含了乡村旅游、古村镇旅游、红色旅游、民族地区乡村跨文化旅游、节事旅游、农业旅游等，但是专门针对某一旅游类型的影响研究不够深入。国内研究中，对少数民族地区的乡村旅游影响的研究仍然较少，对于乡村旅游影响的研究缺乏对乡村旅游自身特点的针对性，在旅游影响感知项的问题设计中不能突出乡村旅游自身所面临的特有问题。因此，针对少数民族地区的乡村旅游影响研究仍需加强。

有关旅游影响的评价指标体系的构建，国内外尚无统一模式，虽然问卷调查法被广泛运用，但是问卷的设计普遍存在一定的问题。除了少数学者在问卷的设计、问卷的预测、问卷的发放、收集过程、最后的数据统计与分析过程中遵循了比较科学的程序和方法外，多数研究者在问卷的设计上缺乏依据。例如，问卷中普遍存在表述模糊，同一问题通过不同方式重复表述；表述内容与居民感知无关；问题带有引导性；最重要的是问题与研究的主题缺乏针对性；针对游客的问卷存在与游客身份不符的问题。紧紧围绕民族地区乡村旅游影响的问卷和访谈有必要进行进一步的深入和完善。

综合国内外旅游影响的相关研究发现，旅游影响研究中从居民感知视角的研究较多，从游客感知视角的研究比较匮乏，而从主客双重感知视角（对同一地区）的研究缺失。就国内而言，民族地区乡村旅游影响的研究对于促进旅游扶贫、推动民族关系发展意义重大。因此，从主客双重感知的视角开展民族地区乡村旅游影响研究是有必要的。

3.3.2 民族地区乡村旅游影响研究方法存在的问题及对策

（1）研究方法方面的问题。

第一，相关研究中对游客感知的调研较少。游客作为旅游活动的主要参与者和旅游服务对象，对旅游产生的影响有一定的话语权，但是国内的研究中对游客感知的研究尚未引起足够的重视。甘南藏族自治州乡村旅游接待的游客，除本地周边市场的游客以外，大都是来自全国各地与甘南藏族地区文化差异较大的群体，相对于当地居民，他们一般眼界比较开阔，有更为客观的视角。甘南藏族自治州乡村旅游的吸引物以近乎原生态的自然景观和民族特色鲜明的人文景观为主，旅游发展势必会对这些旅游吸引物造成不同程度的影响，而旅游的发展是基于满足游客需求从而实现多方获益的一种行为，游客的满意程度决定了甘南藏族自治州乡村旅游发展的可持续与否。另外，游客相对于当地居民，一般有着较高的文化水平，对旅游影响的相关问题具有基本的理解能力和回答能力，获取的信息比较可信，因此有必要对游客开展旅游影响感知的调研。

第二，相关研究中对居民感知的深度访谈较少。当地居民在享受旅游带来的积极影响的同时，还要承受产业结构变化带来的冲击，面临民族传统文化不可修复、民族信仰消磨等问题。在研究民族地区尤其是汉语普及程度相对较低和受教育水平相对较低的少数民族地区时，深度访谈对于居民感知的旅游影响调研是一个重要的组成部分，是对问卷调查的一个重要补充。主要理由如下：首先，由于居民的受教育程度普遍相对较低，问卷的问题设计往往描述简洁，居民对一些问题的理解往往比较片面或产生偏差。访谈能够深入了解现状和居民的内心感受，对问题的回答更加全面和真实。其次，对调研内容真实性和可靠性的控制，访谈要比问卷容易得多。一对一访谈更能建立相对友好和相对信任的氛围，更容易吐露心声，减少戒备心理。问卷填写相对于一对一的访谈要简单得多，花费时间较短，但是在填写过程中被调查者容易隐瞒或者敷衍了事。因此，在开展民族地区乡村旅游影响的研究中，有必要对居民进行深度访谈。

为解决以上两个问题，需要重视多种方法和多重视角的结合。甘南藏族地区乡村旅游影响的研究需要综合问卷、访谈、实地调研等研究方法，从居民和游客甚至更多利益相关者的视角展开调研，从不同的立场和角度出发，更加全面地评价旅游影响。对于同样的变化，从居民的立场看可能是积极的，但从游客的立场看可能是消极的，因此开展多重视角的旅游影响研究，同时通过深入的实地调研获取旅游发展的相关数据，能够更加全面和深入地研究乡村旅游带来的各类影响，在应对消极影响的同时，平衡各方面的利益，实现甘南藏族地区乡村旅游的可持续发展。

选取居民的调研样本时，需要对不同人口学特征的居民数量进行平衡，尤其关注参与和未参与旅游的居民、不同收入水平的居民。选取游客的调研样本时，需要平衡不同年龄段和不同受教育程度游客的数量。

（2）民族地区乡村旅游影响研究结论的推广性问题。

第一，限于时间、资金及研究目的，一般的旅游影响研究多为对某地在某一时间段的旅游影响研究。这类研究对于解决所研究区域当前的旅游影响问题具有一定的指导意义，但是甘南地区的乡村旅游还在继续发展，还会遇到新的问题，并不能直接套用处于其他发展阶段的乡村旅游的研究结论。因此，有必要开展甘南地区乡村旅游的历时性研究，使该研究覆盖甘南地区乡村旅游的各个发展阶段，为甘南地区的乡村旅游发展提供持续的智力支持。

第二，当前关于旅游影响的研究大多希望达到以小见大的效果，将某一地区的旅游影响研究结论推广到全国其他地区，或者从某一类型的旅游中选择一个景区景点开展研究，将研究结论推广到全国该类型的其他旅游影响中。就民族地区而言，所处的自然环境千差万别，将小范围的研究成果推广到全国所有的民族地区未必适用。我国少数民族众多，将某一少数民族地区的研究成果推广到其他民族地区也未必适用。虽然不同地区的旅游和不同类型的旅游，其旅游影响存在一定的共性，但是盲目开展具有普遍推广意义的旅游影响研究既不能解决特定地区的实际问题，也降低了研究成果的实用性。为此，本研究以甘南藏族自治州的扎尕那村这一在该旅游发展阶段具有代表性的景区为研究对象,将研究成果仅推广到甘南藏族自治州中处于该发展阶段的乡村旅游中,以期达到合理限定研究成果推广的区域范围,提升研究成果实用性的目的。

第二节 研究区域背景

1. 案例地选择

案例地的选择坚持三个基本原则:(1)代表性原则。甘南藏族自治州的乡村旅游发展大多处于起步阶段,本研究所选取的扎尕那村其旅游发展处于旅游参与阶段向发展阶段过渡的阶段,满足民族地区、乡村旅游、旅游发展起步阶段等要素。扎尕那的4个自然村里面,东哇村是受旅游影响比较明显的一个村子,104户居民有60户左右在开农家乐和餐厅,其他村民也都通过各种形式参与到了旅游服务中。(2)可行性原则。调查地点在研究者的研究能力范围之内,地点具有可到达性。由于当地旅游的发展,近几年当地居民接触到越来越多的外来人口,汉语的普及率明显提升,被调研的居民具有基本的配合完成调研的能力。同时调研时处在旅游旺季,游客数量较多,具备游客调研的基础条件。(3)实用性原则。本研究的研究内容和研究结果对于被调查地点具有一定的现实意义,能够帮助该地扩大积极影响,减少消极影响。在以上原则的指导下,笔者选取了甘南藏族自治州扎尕那村作为调查地点。

2. 研究区域总体概况

2.1 研究区域概况

甘南藏族自治州位于我国甘肃省西南部,被誉为"人间净土,户外天堂",费孝通先生称甘南为"青藏高原的窗口"和"藏族现代化的跳板",是国家级的生态主体功能区、生态文明先行示范区。境内海拔在1100~4900米,平均海拔在3000米以上。境内森林广布,森林覆盖率达30%,是全国九大林区之一。同时也是甘肃省的主要牧区。

甘南是古丝绸之路唐蕃古道的重要通道,自然风光优美,民族特色鲜明。自治州内有几十处风景独特的自然景区,包括莲花山、冶力关国家森林公园、黄河首曲、沙滩森林公园等。境内还有多座藏传佛教寺院,包括拉卜楞寺、郎木寺、禅定寺等。

除此之外，民俗节庆活动也丰富多彩，有香浪节、采花节、花儿节等。甘南州水资源丰富，流经境内的有黄河、洮河、大夏河、白龙江四条河流及其120多条支流。

甘南州的乡村旅游资源丰富，主要特色有乡村原始气息浓郁、特色明显、民族文化内涵丰富等。甘南州牧民的生活习惯不仅体现了藏区的地域文化，也彰显了藏族的民族文化。牧民喝奶茶、青稞酒，吃糌粑和手抓羊肉，闲暇时穿藏袍在草原上跳舞和赛马，还有独特的农牧劳动，如打酥油、挤牛奶等，体现着原生态的游牧生活的状态，对城市居民有着极大的吸引力。甘南州的特色乡村旅游资源还包括传统的农耕文明、神秘的宗教信仰、浓郁的民族风情等，加之带有高原特征的草原和面积广大的森林，无疑是乡村旅游的重要吸引物。

扎尕那村位于甘肃省甘南藏族自治州迭部县益蛙乡。迭部县海拔2600米，而扎尕那村海拔3000~3300米，最高山峰海拔4500米，高原性气候。"扎尕那"是藏语，意为"石匣子"。扎尕那是一座完整的天然"石城"，俗有"阎王殿"之称。

2.2.1 当地居民

扎尕那村居民主要是藏族，纯朴善良、热情好客，大多信仰佛教。当地居民素来习惯在当地发展，较少外出务工。扎尕那由四个自然村组成，从下到上分别是东哇村、业日村、达日村、代巴村。男子基本会说汉话，女子基本能听懂汉话，但大部分不会说。男子工作时间穿汉服，节假日穿民族服装，女子平时就穿民族服装。

2.2.2 产业结构

牧业和农业是当地的主要产业，扎尕那居民主要从事半农半牧的工作，由传统的游牧生活逐渐转向定居生活。近几年随着游客的陆续到来，东哇村过半居民积极投身到旅游服务中。

2.2.3 地理环境

扎尕那三面是山，苍松翠柏，郁郁葱葱，像城墙一样将扎尕那围在城中。原始的藏族村落、传统的藏式榻板木屋，具有民族特色的嘛呢经幡迎风飘扬。东哇村和拉桑寺院坐落在石城中央。城内左上角还有一道由石山断裂形成的石质狭道可供出城。石城正南方是一道城门，是扎尕那及洮迭古道必经之处。城门外是一条南北走向的峡谷，长约5千米，有"鬼门关"之称。

2.24 传统节日

扎尕那的传统节日是"香浪节"，村民们会到山里搭帐篷，然后喝酒、吃肉、唱歌、跳舞庆祝节日。保护和传承香浪节，对甘南地区的精神文明建设，丰富人民群众生活，具有重要的促进作用。

2.2.5 服装特点

目前扎尕那居民的服装是藏族传统服装和现代服装的结合。节庆日穿着民族传统服装，劳动时一般穿着现代服装。男性服装中的现代服装比重超过女性。他们也习惯于在藏袍外面披上羽绒服或者马甲等。

2.2 旅游发展概况

2.2.1 甘南藏族自治州乡村旅游发展现状

（1）甘南州乡村旅游发展模式。甘南州在探索乡村旅游发展的过程中始终以统筹城乡发展作为一个基本理念。因此甘南州乡村旅游的发展模式可以概括为"轴心"模式，即以著名旅游景点为增长极，借助旅游景点的影响力带动周边乡村旅游的发展，周边乡村指距景点车程在1小时左右的乡村，以地理临近性为原则，建立以一种经营主体为主导的一种或两种经营主体之间的互相合作，经营主体具体包括当地政府、农牧民、企业、村委会等。在此基础上形成以一个或多个著名景点为轴线，逐渐带动一条或多条旅游专线，最终形成集中连片的发展趋势。

（2）甘南州乡村旅游发展过程。在各利益主体的合作层面，农牧民是主要的参与者，根据乡村旅游发展的实际情况通过与另一种或几种经营主体，如当地政府、企业、村委会等开展合作。基于甘南州丰富的、特色突出的乡村旅游资源，乡村旅游发展的一般过程是农牧民作为主要的参与者首先自立门户，通过自己的能力开展小规模的经营服务，如提供餐饮、住宿、向导等服务。随着乡村旅游的规模不断壮大，经营管理混乱、重复建设、资金短缺、各种矛盾逐渐显露、当地原生态自然和人文环境遭受破坏等问题受到多方面的重视，政府、村委会或旅游开发企业开始着手对乡村旅游开展整体规划，进一步规范和促进乡村旅游的发展。甘南州乡村旅游的发展大部分处于农牧民的参与阶段，部分处于政府参与规划的发展阶段，少部分处于巩固和停滞阶段。

（3）甘南州乡村旅游发展的成效。第一，大的交通架构已经形成。甘南州的交通问题是制约乡村旅游发展的主要问题之一，目前临合高速、尕玛、迭宕、夏河县城至机场的二级公路已经建成通车，兰合铁路预计2019年建成通车，西宁经合作至成都的铁路线即将建成，合作至郎木寺的高速公路建设也已开展。同时，甘南州围绕甘青川三省四州藏区的二级公路已开工建设，大的交通环线正在形成，对于推动甘南州的乡村旅游发展作用重大。第二，独特的文化魅力已经展现。历史文化、民族文化、宗教文化等得到挖掘，相应的宣传活动也陆续展开，旅游品牌知名度不断提升。第三，生态保护的共识已经形成。甘南州的乡村旅游发展依托的基础就是生态环境，原生态的森林草原、高山峡谷、高原湖泊、生态湿地等是最重要的旅游吸引物。保护好原生态的自然环境是乡村旅游可持续发展的基础和保证，这一生态环保的共识在农牧民、政府、企业等利益相关者中已经达成。

（4）甘南州乡村旅游发展的问题。第一，投资主体量小且单一，市场运作困难。融资渠道单一和投入不足是困扰甘南州乡村旅游发展的一个难题。长期以来甘肃省在旅游方面的投入过少,只能对乡村旅游项目进行小修小补,但是乡村旅游发展具有特殊性,在前期市场开拓、品牌打造、基础设施建设、景区规划和建设等方面需要大量资金,这些资金很难通过银行贷款获得,融资存在障碍。同时由于旅游业投入成本高、风险大,民间资金的引进存在困难。因此甘南州有相当一些乡村景区景点处于探索阶段和参与阶段。第二,管理混乱,资源开发参差不齐。当前甘南州一些乡村景区景点的管理存在体制不顺、隶属关系复杂等问题,影响了景区的开发。第三,品牌宣传力度不够,客源渠道未得到充分拓展。当前甘南州的乡村旅游宣传方面缺乏有效的市场营销手段,在活动策划、品牌宣传等方面力度不够。甘南州的游客市场主要是省内和周边地区的游客,对远距离游客的吸引力仍然不足。第四,基础设施和服务水平有待提升。乡村旅游接待条件多是农牧民自发提供的,接待条件不完善,缺少星际宾馆、娱乐场所等,服务人员的服务水平和服务态度有待提升。

2.2.2 扎尕那地区乡村旅游发展现状

(1)旅游发展阶段。扎尕那村的旅游发展处于参与阶段向发展阶段的过渡阶段,约10年以前陆续开始有游客到达该地,这时候的游客还不是完全意义上的游客,多半是采风的学生、徒步爱好者、地质勘察的人员和一些摄影爱好者。通过一些知名作家的一些文章在网络上的传播,如杨显惠先生的一些文章以及《甘南记事》一书等,加上政府的大力宣传,扎尕那这个地方的知名度逐渐提升。

(2)游客数量。从2013年开始,游客数量激增。旅游旺季一般从6月份开始,以7、8月份的暑假期间游客最为集中,一直到"十一"黄金周属于旅游旺季,节假日游客数量明显较多。十一黄金周以后由于气温下降以及节假日减少的原因,游客数量锐减,开始进入旅游淡季。由于交通不便,游客以自驾和跟团为主。

(3)旅游接待设施。东哇村由于特殊的地理位置,在扎尕那四个自然村中发展旅游最具地理优势的村子,也是率先开展旅游服务的村子。全村104户居民,有60户左右在开农家乐和餐厅,没有开农家乐和餐厅的居民参与旅游的主要形式是牵马和清理垃圾等。旅游旺季由于游客数量较大,村子的游客接待能力远远不能满足游客需求,一部分游客会住在迭部县,甚至有游客搭帐篷住宿。由于旅游需求在短短两三年内的激增,加上旅游接待带来的巨大利益刺激,居民开展旅游服务的热情高涨,农家乐和餐厅的规模还在不断扩大。

(4)旅游发展模式。扎尕那的旅游业目前处于"社区+农户"的经营管理模式,政府尚未参与管理。景区没有门票,对于进入景区的游客每人收取10元的垃圾清理费。农家乐和餐厅属于农户自己出资建设,资金来源主要是自家的存款、售卖牛羊和牧场的收入及部分贷款，经营收入归农户自己所有，尚未有相关税收。旅游接待服务中心有骑马和旅游向导等服务，加上垃圾清理的工作，这些属于社区统一管理，每家每户轮流开展。所有村民分成三个组，牵马和垃圾清理每三天轮流一次。由于游客的需求和支付能力的不同，牵马获得的报酬各不相同，清理垃圾每户每年能够获得三千元左右的收入。目前由村民出资建有一个停车场，一个公共厕所。

（5）旅游产品。当前的旅游产品以餐饮和住宿为主，游览的过程中提供骑马和向导的服务。关于民族和民俗的相关旅游产品尚未推出，没有人组织从事旅游产品的加工、设计和销售工作。游客购物主要是购买当地的土特产，藏香猪肉、牛羊肉、虫草、雪莲花等。当地的娱乐活动以"香浪节"和"锅庄舞"为主，数量和种类都很少。

（6）旅游规划。从2015年3月开始，迭部县政府开始着手进行扎尕那旅游景区的规划编制工作，并计划2015年3月31日前完成《扎尕那旅游景区规划大纲》；2015年5月31日前完成《扎尕那旅游景区总体规划》和《扎尕那旅游景区重点区域修建性详细规划》初稿，并于2015年7月15日前完成以上评审稿，供县上组织进行评审。2015年9月，国家旅游局下发通知，迭部县益哇乡扎尕那村被评为"中国乡村旅游模范村"之一。目前已经着手开展扎尕那景区的道路修建工程，景区大门已经修建完成，并在建设旅游栈道。景区规划建设和景区经营模式及当地居民的意愿等相关问题正在协商当中。

（7）客源地。游客的来源以甘肃和周边地区为主，同时东部沿海地区包括上海、广州、杭州及山东等也是重要的客源地，另外也有来自韩国和日本的海外游客。

（8）旅游管理。由村委会牵头成立了扎尕那旅游开发有限公司，当前主要职能是制定旅游区的管理制度，包括马匹管理、垃圾清理、游客安全、游客与居民的冲突等，并负责旅游相关设施的修理等，管理人员主要是村里的干部。

第三节　数据来源与统计分析

1. 问卷和访谈的设计与调研

本研究之所以要对旅游目的地居民和游客影响感知进行测评和调查，是因为居民最能直接感知旅游带来的影响，同时居民视角的旅游影响研究已经颇为成熟。而游客作为旅游目的地的直接服务对象，是旅游目的地发展的主动影响者，也是主动受影响者，国内外一些学者也开始对游客感知视角的旅游影响研究进行探索。因此本文从居民和游客的双重视角开展旅游影响的调研，以期获得更加全面的旅游影响感知认识。

借鉴国内外学者关于居民和游客感知的旅游影响的问卷设计经验，在充分了解扎尕那旅游发展的基础上设计了调查问卷。居民感知的调查问卷主要分为三大部分：第一部分是被调查者的人口学特征，包括性别、年龄、职业、收入、参与旅游的形式等。第二部分是对旅游影响的整体感知。第三部分是问卷的主体部分，包括旅游对当地经济、环境及社会文化的影响三个方面。运用 Likert 量表进行测量。题型设置为 Likert 五分量表，选项有"非常同意""同意""不明显""不同意"和"非常不同意"，分值从 5 分到 1 分。各问项进行计分时，所获分数越高，表示赞同问题内容的程度越高。游客感知的调查问卷主要分为三大部分：第一部分是被调查者的人口学特征，包括性别、年龄、职业、收入、所在城市等。第二部分是对旅游影响的整体感知。第三部分是问卷的主体部分，同样包含对经济、环境及社会文化的影响三个方面，根据游客的对旅游影响的感知范围，设置的问题与居民的问题有所差异，同样运用 Likert 量表进行测量。

2016 年 9 月 28 日，调研组一行 9 人从兰州前往扎尕那村开展调研，历时 4 天。首先开展的是居民感知的民族地区乡村旅游影响的入户调研，由于部分居民受文化水平的限制不认识汉字，调研组成员进行了一对一的解说，以确保调研结果的准确性。然后前往景区对游客开展调研，在此过程中，对其中的一些居民和游客开展了访谈。

排除不合格问卷，调研获取居民的有效问卷 119 份，游客有效问卷 167 份，对有效样本分别进行编号，并按照统计问卷的编号录入 Excel，进行统计分析。

在调研中，游客的文化水平和理解能力普遍较高，对问卷内容的理解较好，因此未针对游客开展深度访谈。鉴于民族地区乡村居民的文化水平可能影响问卷效果，因此对部分居民开展了深入访谈，以对问卷结果做进一步的探讨和补充。在实地调研中，获取到了扎尕那村 4 个自然村之一的东哇村的 39 户农家乐的联系方式。随后，在 2016 年 11 月 7 日~17 日，通过电话访问的形式对这些居民进行了电话访谈，排除沟通困难和不配合的居民，获取 29 份有效访谈问卷。并通过这些居民获取到 10 个未开农家乐和未开餐厅的居民的联系方式，这些居民具备一定的汉语沟通能力，获取到 7 份有效访谈问卷。至此，居民的有效访谈共获取了 36 份。对访谈结果进行编号，开农家乐或餐厅的居民访谈结果从 1-1~1-29，未开农家乐或餐厅的居民访谈结果从 2-1~2-7。调研结果如表 2-5。

表 2-5 调研结果

类别	调研日期	有效问卷数量（份）
居民问卷	2016年9月28日~10月1日	119
游客问卷	2016年9月28日~10月1日	167
居民访谈	2016年11月7日~17日	36

2. 研究过程

首先，对所有数据进行信度分析，对量表的稳定性和一致性进行检验。本文采用独立样本 t 检验与单因素方差变量分析法，分别对居民和游客的人口统计学特征和感知项进行相关性分析。以居民的人口统计学特征（性别、年龄、民族、来源地、受教育程度、职业、职业性质、收入）为自变量，以 34 项居民感知项为因变量；以游客的年龄、受教育程度、职业、年收入、民族、居住地这 6 个人口学特征为自变量，以 29 项游客感知项为因变量，分别进行相关性分析。采取这种分析方法可以显著地检验总体的均值与指定检测值之间存在的差异程度，以及控制变量对观测变量影响的差异程度和变动。其次，将对居民调研的指标均值和对游客调研的指标均值进行独立样本 t 检验，选取的是居民和游客共同包含的 23 个指标，以判断居民和游客视角旅游影响感知的差别，并针对具有显著性的感知影响指标进行具体分析，探究居民和游客感知视角的民族地区乡村旅游影响现状。然后对居民和游客的调研指标分别进行分析，尤其深入探讨针对居民和游客各自的专门指标，结合深度访谈的内容，深入分析当前扎尕那地区的乡村旅游所产生的影响和面临的问题。

3. 数据整理

3.1 样本人口学特征

如表 2-6 所示，参与调查的对象以男性为主，主要原因是在藏族地区汉语的普及率尚未达到百分之百，男性的汉语水平普遍高于女性，大部分女性的汉语沟通存在困难；参与调查者以中青年为主；当地居民的受教育程度普遍较低，参与调查的居民中有过半的居民学历在小学及以下；职业以农牧民和学生为主；收入水平呈现明显的两极分化；民族主要是藏族；家庭收入来源中，牧业和旅游业占据了家庭收入的主要部分；有 1/3 的调查对象开家庭旅馆、餐厅和进行马队管理，参与旅游活动的时间以 1~2 年为主，其次是 1 年以内和 3~4 年。

表 2-6　被调查居民的人口学特征

人口统计学特征	项目	频数	百分比（%）
性别	男	80	67.2
	女	39	32.8
年龄	18岁以下	27	22.7
	18~29岁	26	21.8
	30~44岁	36	30.3
	45~59岁	16	13.4
	60岁以上	14	11.8
受教育程度	本科及以上	13	10.9
	专科/高职	7	5.9
	中专/高中	13	10.9
	初中	19	16
	小学及以下	67	56.3
职业	教师	4	3.4
	农牧民	60	50.4
	学生	34	28.6
	自由职业者	21	17.6
年收入	2000元及以下	32	26.9
	2001~5000元	9	7.6
	5001~10000元	12	10.1
	10001~15000元	18	15.1
	15001~20000元	16	13.4
	20000元以上	32	26.9
民族	藏族	110	92.4
	汉族	9	7.6
	其他	0	0
家庭收入的主要来源	农业	20	16.8
	牧业	45	42
	旅游业	40	40.3
	其他	14	11.8
是否参与旅游经营活动	是	90	75.6
	否	29	24.4

续表

人口统计学特征	项目	频数	百分比（%）
参与旅游的具体工作	开家庭旅馆	65	54.6
	开餐厅	19	20.2
	餐厅服务员	5	4.2
	旅馆/酒店服务员	3	2.5
	民族歌舞表演	3	2.5
	旅游向导	4	3.4
	马队管理	18	15.1
	其他	2	1.7
从事旅游业工作的年限	1年以内	25	17.6
	1~2年	49	30.3
	3~4年	32	18.5
	5~6年	11	9.2
	7年及以上	2	1.7

如表2-7所示，参与调查的游客中，男女比例较为均衡；年龄以中青年为主，18~29岁的游客近半，18岁以下的游客最少；受教育程度普遍较高，64.1%的游客学历在本科及以上；职业以企业员工和自由职业者为主；收入分布比较均衡，各个收入水平的游客比例相差不大；民族以汉族为主，其他民族的游客极少；游客到该地旅游的次数以一次为主，占比86.2%，9.6%的游客是第二次到该地，多次到该地的游客目前比较少；参与调查的游客来自20个省份和地区，其中以甘肃省居多，占比31.7%，其次是来自上海和广东的游客。

表2-7 参与调查的游客的人口统计学特征

人口统计学特征	项目	频数	百分比（%）
性别	男	85	50.9
	女	82	49.1
年龄	18岁以下	1	0.6
	18~29岁	80	47.9
	30~44岁	49	29.3
	45~59岁	26	15.6
	60岁以上	11	6.6

续表

人口统计学特征	项目	频数	百分比（%）
受教育程度	本科及以上	107	64.1
	专科/高职	27	16.2
	中专/高中	31	18.6
	初中及以下	2	1.2
职业	政府工作人员	25	15
	教师	10	6
	农牧民	1	0.6
	企业员工	62	37.1
	学生	23	13.8
	自由职业者	46	27.5
年收入	20000元及以下	50	29.9
	20001~40000元	19	11.4
	40001~60000元	28	16.8
	60001~80000元	19	11.4
	80001~100000元	20	12
	100000元以上	31	18.6
民族	汉族	155	92.8
	回族	1	0.6
	藏族	7	4.2
	其他	4	2.4
到该地的旅游次数	第1次	144	86.2
	第2次	16	9.6
	第3次	3	1.8
	第4次	3	1.8
	第5次及以上	1	0.6
居住地	甘肃	108	31.7
	上海	25	15
	广东	19	11.4
	四川	15	9

3.2 信度检验

信度代表量表的一致性与稳定性，分为内部信度和外部信度，内部信度的分析常以 Cronbach's α 系数来估计，Cronbach's α 系数越大，表示该变量各个题项的相关性越大，内部一致性程度越高。如表 2-8，根据罗纳德·D·约克奇在《SPSS 其实很简单》一书中的内容对 α 系数进行判断。

表 2-8　对不同 α 系数值的内部一致可靠性估计的正确性

α 系数	正确性
0.9 及以上	优秀
0.8~0.89	好
0.7~0.79	一般
0.6~0.69	边缘
0.59 及以下	糟糕

居民的问卷分析结果显示（见表 2-9），问卷的 Cronbach's α 系数为 0.825，一般认为问卷的 Cronbach's α 系数值大于 0.7，问卷调查才满足内部量表的一致性。因此，表中的 α 值 0.825，表明问卷的信度较好，满足内部一致性要求。

表 2-9　居民问卷调查信度统计表

问卷构成	α 系数	项数
旅游环境、经济、社会文化影响感知和态度	0.825	34

游客的问卷分析结果显示（见表 2-10），问卷的 Cronabach's α 系数为 0.818，表明问卷的信度良好，满足内部的一致性要求。

表 2-10　游客问卷调查信度统计表

问卷构成	α 系数	项数
旅游环境、经济、社会文化影响感知和态度	0.818	29

3.3 样本齐性和显著性检验

3.3.1 居民感知的问卷结果

分别对性别、是否参与旅游这两个人口统计学特征选项进行独立样本 t 检验，对年龄、受教育程度、职业、年收入和民族这五项人口学统计特征选项进行单因素方差分析。检验是否有显著相关性的前提条件是检测变量具有独立性，符合正态或偏正态分布，满足方差齐性。检测结果详见表 2-11，带 * 说明检测项目满足显著性大于 0.05 的同时满足方差齐性；表 2-12 为自变量与因变量的显著性差异检验，独立样本 t 采用 sig 双侧检验，单因素方差分析采用组间检验结果，满足 sig（双侧）或显著性小于 0.05 则拒绝原假设，说明自变量与因变量之间存在显著差异，用 * 标出。

结果显示，在满足独立性、正态或偏正态分布、方差齐性的同时，居民的人口统计学特征在旅游影响感知的评价中影响并不十分明显，性别、是否参与旅游、年龄、受教育程度、职业、年收入、民族分别对 1 项、12 项、8 项、7 项、5 项、16 项、5 项旅游影响感知有显著性差异，是否参与旅游和年收入对居民的旅游影响感知有一定的显著性影响，被统计的其他人口统计特征对居民的旅游影响感知显著性影响较弱。因此，在居民视角的旅游影响感知调研中，有必要对参与和未参与旅游的居民、不同收入水平的居民的数量进行均衡，以保证居民感知的全面性。

表 2-11 居民视角下的样本方差齐性检验结果

检验项目	性别	是否参与旅游	年龄	受教育程度	职业	年收入	民族
	Sig.	Sig.	显著性	显著性	显著性	显著性	显著性
发展旅游	0.413*	0.198*	0.296*	0.196*	0.752*	0.231*	0.498*
外来游客	0.231*	0.863*	0.886*	0.283*	0.431*	0.034	0.638*
经济影响	0.997*	0.182*	0.976*	0.664*	0.891*	0.551*	0.459*
社会影响	0.874*	0.12*	0.133*	0.143*	0.187*	0.728*	0.506*
环境影响	0.5*	0.26*	0.16*	0.074*	0.416*	0.243*	0.867*
最重要因素	0.461*	0.454*	0.222*	0.111*	0.129*	0.65*	0.525*
相关产业	0.841*	0.703*	0.008	0.002	0.772*	0.047	0.911*
基础设施	0.194*	0.66*	0.306*	0.068*	0.129*	0.001	0.038
贫富差距	0.691*	0.128*	0.005	0.788*	0.004	0	0.001
外来投资	0.049	0.155*	0.014	0.115*	0.003	0.126*	0.053*
政策支持	0.011	0.007	0.543*	0.002	0.008	0.009	0.743*
生活质量	0.905*	0.243*	0	0.002	0.017	0.187*	0.392*
就业机会	0.202*	0	0	0.095*	0.013	0.006	0.471*
生活成本	0.001	0.001	0.108*	0.011	0.041	0.198*	0.296*
民族关系	0.445*	0.565*	0.052*	0.039	0.009	0.112*	0.664*
宗教氛围	0.754*	0.872*	0.009	0.595*	0	0.001	0.713*

续表

检验项目	性别 Sig.	是否参与旅游 Sig.	年龄 显著性	受教育程度 显著性	职业 显著性	年收入 显著性	民族 显著性
妇女地位	0.371*	0.719*	0.009	0.011	0	0.701*	0.022
年轻发展	0.506*	0.071*	0.001	0.059*	0.02	0.864*	0.37*
文化保护和传承	0.382*	0.761*	0.051*	0	0	0	0.546*
文化的商业化和庸俗化	0.413*	0.232*	0.135*	0.259*	0.157*	0.174*	0
文化交流	0.159*	0	0.001	0.001	0.01	0	0.234*
文化流失	0.026	0.189*	0.362*	0.149*	0.001	0.008	0.339*
文化冲突	0.397*	0.372*	0.163*	0.145*	0.005	0.004	0.962*
民居保护	0.035	0.007	0.168*	0	0.006	0.017	0.769*
居民态度	0.081*	0.029	0.202*	0.002	0.006	0	0
传统观念	0.012	0.801*	0.027	0.002	0.086*	0.001	0.516*
传统习惯	0.379*	0.586*	0.581*	0.001	0.011	0.255*	0.004
人际关系	0.723*	0.395*	0.416*	0.015	0.007	0.013	0.092*
环境保护	0.194*	0.398*	0.02	0.001	0.223*	0.021	0.754*
环境美化	0.87*	0.25*	0.299*	0.119*	0.034	0.363*	0.237*
生活垃圾	0.389*	0.001	0.04	0.347*	0	0	0.758*
商业广告、旅游设施	0.978*	0.16*	0.098*	0.024	0.001	0	0.543*
环保意识	0.637*	0.937*	0.001	0	0	0	0.011
民居风貌	0.239*	0.3*	0.16*	0.002	0	0	0.017

注：sig ≥ 0.05 用 * 标出；限于表格大小，将检验项目的名称进行简化（下同）。

表 2-12 居民视角下的变量显著差异检验结果

检验项目	性别 Sig.(双侧)	是否参与旅游 Sig.(双侧)	年龄 显著性	受教育程度 显著性	职业 显著性	年收入 显著性	民族 显著性
外来游客	0.942	0.935	0.323	0.811	0.56	0.73	0.518
经济影响	0.78	0.987	0.189	0.099	0.3	0.912	0.622
社会影响	0.976	0.452	0.775	0.443	1.478	0.203	0.165
环境影响	0.487	0.552	0.303	0.078	0.711	0.617	0.744
最重要因素	0.702	0.292	0.37	0.12	0.633	0.675	0.363

续表

检验项目	性别 Sig.(双侧)	是否参与旅游 Sig.(双侧)	年龄 显著性	受教育程度 显著性	职业 显著性	年收入 显著性	民族 显著性
相关产业	0.513	0.529	0.642	0.372	1.918	0.097	0.041*
基础设施	0.334	0.701	0.193	0.219	2.712	0.024*	0.042*
贫富差距	0.199	0.355	0.03*	0.218	1.616	0.161	0.561
外来投资	0.439	0.009*	0.154	0.35	2.71	0.024*	0.092
政策支持	0.146	0.152	0.082	0.062	2.726	0.023*	0.373
生活质量	0.609	0.138	0.189	0.09	0.629	0.678	0.041*
就业机会	0.075	0.296	0.588	0.205	1.625	0.159	0.186
生活成本	0.132	0.426	0.206	0.897	1.583	0.171	0.008*
民族关系	0.569	0.821	0.477	0.3	1.704	0.139	0.969
宗教氛围	0.878	0.773	0.225	0.067	0.404	0.845	0.082
妇女地位	0.243	0.005*	0.59	0.841	2.976	0.015*	0.95
年轻发展	0.21	0*	0.373	0.083	1.747	0.13	0.433
文化保护和传承	0.735	0.041*	0.323	0.002*	2.668	0.026*	0.546
文化的商业化和庸俗化	0.247	0.762	0.484	0.627	0.454	0.81	0.003*
文化交流	0.638	0*	0*	0*	8.287	0*	0.427
文化流失	0.244	0.038*	0.041*	0.073	1.308	0.265	0.051
文化冲突	0.807	0.011*	0.003*	0.1	2.486	0.036*	0.198
民居保护	0.192	0*	0.071	0.47	4.726	0.001*	0.88
居民态度	0.994	0.001*	0.014*	0.116	3.481	0.006*	0.322
传统观念	0.325	0.08	0.001*	0.013*	3.204	0.01*	0.232
传统习惯	0.512	0.001*	0.931	0.003*	3.46	0.006*	0.07
人际关系	0.095	0.002*	0.717	0.646	3.677	0.004*	0.831
环境保护	0.165	0*	0.323	0.005*	2.227	0.056	0.768
环境美化	0.574	0.496	0.051	0.155	6.614	0*	0.056
生活垃圾	0.012*	0.22	0.291	0.143	3.713	0.004*	0.624
商业广告、旅游设施	0.367	0.514	0.214	0.078	0.926	0.467	0.854

续表

检验项目	性别	是否参与旅游	年龄	受教育程度	职业	年收入	民族
	Sig.(双侧)	Sig.(双侧)	显著性	显著性	显著性	显著性	显著性
环保意识	0.965	0.952	0.019*	0.022*	4.298	0.001*	0.078
民居风貌	0.171	0.365	0.004*	0.023*	3.488	0.006*	0.202

注：sig < 0.05 用 * 标出。

3.3.2 游客感知的问卷结果

分别对性别、到该地旅游次数这两个社会学人口统计特征选项进行独立样本 t 检验，对年龄、受教育程度、职业、年收入、民族、居住地这 6 个人口学统计特征选项进行单因素方差分析。同时检验自变量和因变量的显著性差异。

由表 2-13 和表 2-14 可知，在满足独立性、正态或偏正态分布、方差齐性的同时，居民的人口统计学特征选项对居民的旅游影响感知显著性不十分明显，性别、到该地旅游次数、年龄、受教育程度、职业、年收入、民族、居住地分别对 3 项、7 项、10 项、13 项、5 项、5 项、13 项旅游影响感知有明显差异性，受教育程度和年龄对游客的旅游影响感知有一定的显著性影响，被统计的其他人口统计特征对游客的旅游影响感知显著性影响较弱。因此，在游客视角的旅游影响感知调研中，有必要调研不同年龄段和不同受教育程度的游客，以保证游客感知的全面性。

表 2-13 游客视角下的样本方差齐性检验结果

检测项目	性别	到该地旅游次数	年龄	受教育程度	职业	年收入	民族	居住地
	Sig.	Sig.	显著性	显著性	显著性	显著性	显著性	显著性
民族特色	0.35*	0.125*	0.105*	0.036	0.558*	0.049	0.006	0.045
热情好客	0.122*	0.361*	0.035	0.612*	0.516*	0.002	0.016	0.093*
符合认识和想象	0.339*	0.063*	0.931*	0.189*	0.244*	0.476*	0.622*	0.672*
对旅游开发满意	0.672*	0.119*	0.027	0.012	0.008	0.008	0.047	0.01
经济影响	0.373*	0.318*	0.402*	0.993*	0.116*	0.572*	0	0.025
社会影响	0.179*	0.506*	0.029	0.62*	0	0.002	0.831*	0.04
生态影响	0.04	0	0.022	0	0	0.167*	0	0.002
最重要的因素	0.857*	0.146*	0.007	0	0	0.026	0.462*	0
相关产业	0.912*	0.159*	0.285*	0.791*	0.361*	0.644*	0.041	0.104*
基础设施	0.915*	0.007	0.075*	0.071*	0.58*	0.899*	0.416*	0.4*

续表

检测项目	性别	到该地旅游次数	年龄	受教育程度	职业	年收入	民族	居住地
	Sig.	Sig.	显著性	显著性	显著性	显著性	显著性	显著性
贫富差距	0.767*	0.005	0	0.059*	0.025	0.079*	0.244*	0
旅游动机	0.939*	0.348*	0.113*	0.075*	0.529*	0.263*	0.385*	0.01
民族关系	0.338*	0.151*	0.743*	0.619*	0.014	0	0.802*	0.026
宗教氛围	0.515*	0.938*	0.145*	0.012	0.229*	0.872*	0.153*	0.25*
妇女地位	0.62*	0.754*	0.433*	0.173*	0.005	0.274*	0.052*	0.012
青年发展	0.408*	0.871*	0.02	0.013	0	0.033	0.923*	0.296*
文化传承	0.995*	0.01	0.463*	0.1*	0.004	0.003	0.417*	0.004
文化的商业化和庸俗化	0.389*	0.941*	0.614*	0.089*	0.001	0.22*	0.298*	0.272*
文化交流	0.788*	0.309*	0.45*	0.541*	0	0.011	0.137*	0.003
文化流失	0.567*	0.675*	0.883*	0.005	0.825*	0.194*	0.316*	0.001
文化冲突	0.256*	0.847*	0.029	0.272*	0.062*	0.225*	0.292*	0.494*
传统民居	0.546*	0.313*	0.551*	0.01	0.018	0.007	0.151*	0.022
环境保护	0.254*	0.083*	0.69*	0.069*	0.381*	0.032	0.538*	0.152*
环境美化	0.447*	0.001	0.608*	0.505*	0.033	0.143*	0.003	0
生活垃圾	0.677*	0.303*	0.033	0.224*	0.003	0	0.271*	0.125*
商业广告、旅游设施	0.081*	0.021	0	0	0	0.006	0.406*	0
环保意识	0.141*	0.585*	0.023	0	0.242*	0.027	0.035	0.601*
现代化建筑	0.436*	0.001	0	0	0	0.15*	0.12*	0
重游意愿	0.614*	0.891*	0.03	0.179*	0.002	0	0.442*	0.05*

表2-14 游客视角下的变量显著差异检验结果

检测项目	性别	到该地旅游次数	年龄	受教育程度	职业	年收入	民族	居住地
	Sig.（双侧）	Sig.（双侧）	显著性	显著性	显著性	显著性	显著性	显著性
民族特色	0.331	0.286	0.675	0.731	0.161	0.646	0.001*	0.09
热情好客	0.707	0.789	0.638	0.281	0.237	0.697	0.003*	0.036*
符合认识和想象	0.257	0.286	0.162	0.379	0.929	0.315	0.222	0.74

续表

检测项目	性别 Sig.（双侧）	到该地旅游次数 Sig.（双侧）	年龄 显著性	受教育程度 显著性	职业 显著性	年收入 显著性	民族 显著性	居住地 显著性
对旅游开发满意	0.987	0.371	0.149	0.234	0.24	0.452	0.67	0.194
经济影响	0.03*	0.413	0.329	0.669	0.135	0.468	0.311	0.372
社会影响	0.582	0.824	0.729	0.966	0.028*	0.017*	0.455	0.007*
生态影响	0.274	0.065	0.374	0.004*	0.213	0.092	0.479	0.002*
最重要的因素	0.65	0.506	0.45	0.039*	0.005*	0.413	0.457	0.005*
相关产业	0.614	0.332	0.822	0.879	0.338	0.142	0.725	0.132
基础设施	0.028*	0.872	0.027*	0.161	0.233	0.649	0.324	0.09
贫富差距	0.75	0.001*	0.045*	0.002*	0.015*	0.782	0.982	0*
旅游动机	0.732	0.54	0.007*	0.001*	0.008*	0.123	0.428	0.079
民族关系	0.418	0.566	0.331	0.001*	0.012*	0.139	0.02*	0.968
宗教氛围	0.34	0.018*	0.084	0.039*	0.386	0.46	0.007*	0.067
妇女地位	0.997	0.079	0.098	0.919	0.584	0.054	0.005*	0.551
青年发展	0.712	0.82	0.171	0.054	0.001*	0.027*	0.571	0.933
文化传承	0.148	0.032*	0.43	0.03*	0.001*	0.038*	0.871	0.694
文化的商业化和庸俗化	0.211	0.574	0.477	0.303	0.002*	0.569	0.429	0.038*
文化交流	0.183	0.564	0.253	0.015*	0*	0.139	0.889	0.064
文化流失	0.286	0.526	0.019*	0.061	0.144	0.242	0.985	0.017*
文化冲突	0.091	0.02*	0.011*	0.093	0.032*	0.712	0.815	0.019*
传统民居	0.029*	0.023*	0.026*	0.036*	0.033*	0*	0.423	0.149
环境保护	0.208	0.044*	0.29	0.05	0.67	0.083	0.456	0.016*
环境美化	0.936	0.117	0.613	0.055	0.235	0.022*	0.491	0.001*
生活垃圾	0.885	0.169	0.034*	0.004*	0.071	0.867	0.156	0.006*
商业广告、旅游设施	0.975	0.016*	0.001*	0.002*	0.272	0.463	0.461	0*
环保意识	0.474	0.676	0.5	0.159	0.626	0.1	0.301	0.555
现代化建筑	0.805	0.197	0.006*	0.007*	0.025*	0.744	0.645	0*
重游意愿	0.742	0.182	0.018*	0.849	0.042*	0.252	0.723	0.404

第四节 主客双重感知视角的扎尕那村旅游影响实证研究

1. 居民感知的旅游影响分析

1.1 居民对旅游影响的整体感知和态度（见表2-15）

表2-15 居民对旅游影响的整体感知和态度描述分析

感知项	均值	标准差	不赞同率（%）	赞同率（%）
对发展旅游的态度	4.13	0.724	5	92.4
对外来游客的态度	4.06	0.784	3.4	89
对当地经济发展的影响	3.97	0.911	4.2	68.1
对社会文化发展的影响	3.23	0.987	23.6	40.3
对生态环境保护的影响	2.98	1.214	44.5	38.7

注：不赞同率是不赞同和非常不赞同比重之和，赞同率是赞同和非常赞同之和。

1.1.1 对发展旅游的态度

问卷中，感知均值4.13，说明居民对旅游发展表示支持，且意见分歧较小。访谈中，居民的态度主要分为支持、不支持、有条件的支持、有支持的部分也有反对的部分，同时居民对自己的态度给出了较为详细的理由。对于支持旅游发展的居民，理由主要是经济收入增加且相对稳定和轻松，能够接触外面的世界。对于不支持的居民，他们的理由包括影响了原来正常的农牧生活，对环境造成了不良影响，金钱对于村民关系、价值观念和原来的生活状态产生了较大冲击。对于有条件的支持的居民，他们的条件包括国家政策和景区规划对居民利益的考虑，旅游发展的同时保护好环境，旅游发展最好能实现居民的共同致富等。部分支持部分不支持的居民，这类居民的态度主要是旅游既能增加经济收入，提高了生活水平，但同时也造成了环境的破坏和原来生活状态的丧失。旅游增加收入的同时现代化的房屋建设过于迅速，安静的生活状态被打破了，环境变化明显。下面是比较有代表性的一些访谈内容。

（1）表示支持的居民的访谈内容。

1-1 旅游发展对我们这边经济有很大的帮助，我们的生活现在都好着呢。

第二章 主客双重感知视角的甘南藏族乡村旅游影响研究

1-3 我还是支持嘛，我们家开了三年农家乐了。以前放牧的收入就是两三万，现在旅游收入一年四万块钱。弟弟放牧，我管家里，家里人口多，忙得过来。

1-8 支持旅游。游客来得多，我们的收入就比以前多，而且比放牧和种田容易一些。

1-9 支持发展旅游。我们比以前的收入都高了嘛，以前放牛和搬木头收入不稳定，时好时坏。

1-18 大家是支持旅游的，因为赚钱比以前容易得多。以前放牧比较辛苦也比较危险，要翻山越岭的，人和牲畜死在路上的都有。现在就等着家里来客人，这种生活方式比较好。

1-23 喜欢发展旅游，因为接触的人多，知道外面的世界。

1-25 我喜欢发展旅游嘛，村民靠这些比以前好。以前放牛，一年收入不到三万，现在一年收入三万多。家里人少，放的牛羊也比以前少了，主要去忙游客接待工作了。

2-1 支持发展旅游，外面的人到我们这里来，我们也能见到不一样的东西，跟他们学习。

（2）表示不支持的居民访谈内容。

1-4 说不清楚支持还是反对，感觉还是喜欢原来的生活。村民之间的关系跟以前有很大变化，大家现在非常忙，都忙着修房子，忙着接待游客。现在环境也不太好，游客多了放牛也不方便，但是我们没有办法。

1-6 不太支持，人和人对钱的理解不太一样。我感觉钱够用就好了，重要的是大家在一起关系好，生活不要太忙碌。现在大家因为旅游挣了钱，也因为旅游村民之间的关系不如以前好了。旅游旺季的时候大家都急急忙忙的不打招呼，感情都变了。

2-2 不太支持，我们家也盖不起房子挣不到钱，也没有人帮助我们，游客多了特别吵。

2-4 不支持，但是没办法。垃圾太多了，人多的时候特别吵。现在一些人因为旅游挣了很多钱，村子里面大家的关系也不如以前好了。

（3）有条件支持的居民访谈内容。

1-2 如果门票和住宿由当地村民做主，支持发展旅游。如果交由国家管理，农家乐不让住人，就不支持。游客来了也是带来很多问题，大家都开农家乐，争客人，关系越来越差，我觉得没任何意义，如果这个问题能解决就好了。

1-3 现在挺好的，很喜欢，担心以后再发展可能人会越来越多，原生态的风景就被破坏了，但是我们现在也没有办法。

1-7 现在在沟口修了大门，听说要收门票，游客的汽车就不让开进景区了，游客来了像看电影一样看完就走，也不住宿也不吃饭，对我们没有什么好处。如果游客还能住在村里，我们家准备盖新房子，现在也不敢盖了。

1-16 旅游现在的发展一年比一年好。但是听说要收门票，不让人住在景区里面，这样我们建的房子就没法挣钱了。建房子的钱都是卖牧场、贷款来的，如果这样我们就很麻烦。如果国家不插手，我们自己开农家乐，我们就支持。

1-20 现在政府修了大门要收门票，可能对我们不太好。我家今年刚修了大房子，准备明年接待客人。如果不让游客住在村子里面，我家的房子就白盖了。而且我们很多人把牧场和牛羊都卖了，传统的产业已经没有了。但是现在游客特别多，需要政府出面管理，所以我们很矛盾。现在就是政府不征求我们的同意，我们不同意也没有办法，这就是我们的意见。

1-23 支持还是不支持说不好，我们家想盖楼房，但是没有钱盖不了，现在这样收入差别比较大。如果能贷款盖房子，或者政府支持一下就好了。

2-6 我们盖不起房子挣不到钱，说支持也没有用。希望政府或者村子里面能帮我们盖房子，这样就比较支持旅游。

（4）部分支持、部分不支持的居民访谈内容。

1-5 这个问题自己比较矛盾。一方面，在家里开旅馆接待人比以前放牧和种地要轻松，而且没有那么危险，收入也高。我觉得这种生活方式比较安全和稳定。另一方面，旅游也有不好的，首先是一些传统的房子变成楼房了，大家的生活状态也变得非常忙碌，这跟以前都不一样了。

1-11 一方面支持，一方面不支持。好处是收入比以前多了，而且比以前轻松。坏处是现在盖的房子都是楼房，而且大家互相攀比，游客多了会比较吵，环境卫生也差了一些。

1-12 对发展旅游多半是支持。

2-7 支持是因为可以知道外面的世界，也能增加收入。不支持是因为垃圾变多了，也担心小孩子跟游客学一些不好的行为。

1.1.2 对外来游客的态度

问卷中，居民对外来游客的态度均值为4.06，说明居民欢迎外来游客。

访谈中，对于外来游客的态度与对旅游发展的态度并非完全一致。居民一方面欢迎游客到来能够使他们增加收入，另一方面对游客的一些行为颇有微词。

1-1 我们欢迎游客来，不觉得游客多了会打扰我们。

1-2 对游客欢迎。以前觉得打扰，旺季的时候人太多了，淡季的时候还可以。

1-6 对于大多数游客是欢迎的，但是也有一些游客不太好说话，还会提出各种要求。因为我们农村和城市条件不一样,游客的一些要求我们达不到。

1-12 对游客,多半是欢迎的。老人不太喜欢。年轻人百分之七八十都是欢迎的。

1-13 素质高的游客比较好,不乱扔垃圾。有些游客素质比较差,又扔垃圾,又提出各种比较难满足的要求。

1-14 村里的老人一般不太喜欢游客,年轻人因为追求金钱,所以还是比较喜欢游客来。

1-17 游客多了乱扔垃圾会破坏环境,不太喜欢。

1.2 居民对旅游经济影响的感知(见表 2-16)

表 2-16 居民感知的旅游对经济影响的描述分析

感知项	均值	标准差	不赞同率(%)	赞同率(%)
带动相关产业发展	3.92	0.809	7.6	83.1
促进基础设施的改善	3.66	1.027	17.6	68.1
参与和不参与旅游服务的居民贫富差距明显	3.71	0.931	14.3	67.2
吸引了更多外来投资	3.08	1.286	38.7	42.9
为促进旅游发展,政府增加了在政策上的支持	3.26	1.029	26.9	47
收入增加明显,生活质量和水平得到明显改善	3.71	0.960	13.4	69.7
当地人的就业机会增多	3.81	0.716	7.6	78.2
游客的到来使得生活用品价格上涨,生活成本明显增加	3.33	1.059	26.1	50.5

居民对"带动相关产业发展""促进基础设施的改善""参与和不参与旅游服务的居民贫富差距明显""收入增加明显,生活质量和水平得到明显改善""当地人的就业机会增多"这 5 项旅游影响的感知项,居民的平均感知超过 3.5,说明居民持赞同态度。对"吸引更多外来投资""为促进旅游发展政府增加了在政策上的支持""游客的到来使得生活用品价格上涨,生活成本明显增加"的感知均值低于3.5,说明居民持中立态度。

1.2.1 带动相关产业发展

问卷分析显示,居民的感知均值为 3.92,标准差 0.809,说明居民持赞同态度,且意见分歧较小。根据调研结果,旅游带动了住宿和餐饮产业的快速发展,目前东哇村已经有过半居民开展餐饮和住宿,并且这个规模正在扩大。

但是旅游业发展对于其他产业如农牧业产生的是比较消极的影响。由于大量劳动力投入到旅游业中，同时旅游发展的资金支持往往来自出卖牛羊和牧场，这对传统的农牧业有一定程度的冲击。

1-17 现在大部分人都开农家乐，放牧的数量比以前少了。

1-20 现在开农家乐的比较多，大大小小的应该有五六十家吧。

1-26 旅游发展对住宿和餐厅有促进作用，现在很多家庭都靠旅游。但是农业和牧业都受到影响了，整体是减少了。

2-3 现在旅游发展的比较好，旅游旺季村里的人都比较忙碌，农家乐和餐厅也越来越多。对于放牧和种田的影响也有，有些人卖了牧场和牛羊，但是对我家来说影响不大。

1.2.2 促进基础设施的改善

问卷分析显示，居民的感知均值是 3.66，说明居民持赞同态度，标准差为 1.027，意见分歧相对较大。

访谈结果显示，旅游促进了水电和互联网等的方便使用，但是对道路交通方面表示不满意。

1-2 基础设施变化比较大，用水用电比较方便，现在也有互联网。

1-7 基础设施没有太大变化，道路问题依然没有解决，遇到雨天就不能通车，游客的意见比较大。

1-18 现在去县城和省上的道路比以前好一些。医疗卫生条件几乎没有任何变化，村里面只有一个赤脚医生。

1-19 道路还是三十几年前修的路，有的游客到这里车都翻了，政府计划要修，但是现在还没有。水电和互联网现在比较方便。

2-2 基础设施现在还不太好，道路很危险，最近两年政府也在修路。

1.2.3 参与和不参与旅游服务的居民贫富差距明显

问卷分析显示，67.2% 的居民认为旅游导致贫富差距明显，14.3% 的居民认为旅游对贫富差距的影响不明显。居民感知的均值是 3.71，说明居民持赞同态度。标准差为 0.931，意见分歧相对较大。

访谈结果显示，绝大部分居民认为旅游发展加大了村民之间的贫富差距，主要原因是头脑灵活并且家中有些积蓄的村民率先开展旅游服务，挣到了钱，然后又投入到房屋建设中，进一步扩大经营。而后起步的居民，尤其是没有能力建房屋的居民收入增加不明显。以前半农半牧的生产方式下产生的收入差距因为旅游的介入变得明显。

1-2 贫富差距现在还不是太大，但是趋势是越来越大。有钱的开农家乐越开越大，没钱的现在开不了农家乐，以后更开不了。

1-8 贫富差距现在有点大，村里80%的家庭都在开农家乐，其余有放牛的，也有五保户条件不好的。收入差距可能会越来越大。

1-12 我们藏族比较团结，都会互相帮助，所以贫富差距不明显。

1-13 以前家庭收入就不一样，有养几百头牛的，有养二三十头牛的，放牧的收入也不是很稳定。现在村里对旅游实行集体管理，差别不大。

1-14 贫富差距以前不明显，现在差距比较大。就交通工具来说，有骑马的，有骑摩托的，还有开汽车的，差别比较明显。

1-18 贫富差距应该会越来越明显，毕竟旅游发展时间不长。头脑灵活的人率先搞旅游挣到了钱，其他家庭没有搞旅游，主要原因是没有钱建房子，所以这样发展下去收入差距会越来越明显。我家也没有钱盖房子，所以就把牧场卖了。

1-19 以前放牧差别不太大，承包责任制，按照劳动力分配牛羊，当然会有干得好的和干得差一些的。现在发展旅游以后，条件好一点的能贷款盖房子，收入高。条件差一点的不能贷款盖房子，收入差别自然就越来越大。

1-20 虽然最初是包产到户分牛羊，但收入差距是一直都有的。现在更大的原因是靠旅游挣钱比较快，条件好一些的能盖大房子挣更多的钱，条件差一些的就比较难挣到钱，差距就越来越明显了。

1-21 没有发展旅游之前，每家每户的收入差距也有。有的家庭两百多头牛，有的二三十头牛。现在收入差距比以前更大了，农家乐规模大的收入高，规模小的收入低。

1-22 以前半农半牧的收入差别也有，但是现在搞旅游以后，每家每户收入差别挺大的。

1-25 以前大家的收入差不多，现在收入差别明显了，条件差的挣不到钱，条件好的越来越富。现在村民关系也有变化了。

2-1 贫富差距可能会越来越大，因为搞旅游挣钱比较快，条件好的有大房子能挣更多的钱，条件差一些的没有办法搞旅游。

2-2 收入差距是比较大的，旅游比放牧挣钱容易一些。但是家里牧场太大忙不过来，没办法开酒店接待游客。

2-3 我们家里老人不同意接待游客，所以房子也没有改为游客要求的标准间，收入差距我们不太清楚，标准间多的家庭应该收入比较多。

2-4 收入差距是很明显的，应该说有一小部分开农家乐的家庭收入非常高，大部分开农家乐的家庭收入也有明显的提高。家里老人因为看到收入差距越来越明显，比较着急了，所以强烈要求盖新房子。

2-7 贫富差距应该说正在扩大，比以前放牧种田的时候更大了。我没有文化也没有很多钱，所以盖房子比较困难，如果再没有办法开农家乐，可能以后的差距就更明显了。

1.2.4 吸引了更多外来投资

问卷调查显示，居民对吸引更多的外来投资这一项感知赞同和反对的比例差别不大，赞同的占比42.9%，反对的占比38.7%，标准差1.286，居民意见分散。

访谈结果显示，扎尕那目前没有外来资金的注入，餐饮、住宿、景区管理等一系列工作都由村民自主完成。2014年12月18日，甘肃省甘南藏族自治州迭部县招商局、旅游局发布《甘肃省甘南藏族自治州迭部县扎尕那景区综合开发建设项目招商公告》，目前的招商引资工作进展尚不清楚。对于问卷中出现的情况，可能是部分村民对政府招商工作有所了解，但招商工作进展并不为所有村民所知。

1.2.5 为促进旅游发展，政府增加了在政策上的支持

问卷分析显示，47%的居民赞同旅游发展促进政府政策的支持，26.9%的居民不赞同。标准差1.029，意见比较分散。可见，居民对于政府政策的了解并不深入。

这和实地调研结果比较吻合，国家对旅游发展的相关政策于2015年刚刚开始对扎尕那地区的旅游进行规划，但是相关的政策尚不明确，大部分村民对此知之甚少。

访谈结果显示，居民认为政府在旅游发展方面没有帮助和支持。从目前的景区建设以及村民的认知范围来看，居民具体所指的是建造房屋和餐厅所需要的资金都是自己筹措，政府对于村民贷款没有特殊的支持。修建道路这样的不能依靠村民力量开展的工作，政府的动作也比较缓慢。

1-2 政府没有给我们任何支持。我们自己盖房子，没有接受过培训，所以很多地方不成熟。

1-4 政府暂时没有帮助和支持。

1-7 政府暂时没有给我们帮助，现在出台了对房屋建设和改造的政策，要求保护原生态的老房子，新建的房屋不能超过两层。现在只有要求，没有帮助。

1-14 政府没有给一点支持，也没有给我们培训，我们的服务水平也不高，服务项目也比较单一。

1-18 政府有规划，但是行动非常缓慢。基础设施建设和保护性的开发都需要政府来做，这些还都没有做好。政府的一些规划和政策缺乏跟群众的沟通，涉及群众利益的问题也缺乏跟群众的商讨，群众处于弱势地位。当前政府的规划是建设景区大门，禁止游客的车辆进入，游客的吃住不在村里。这个事情带来的问题一个是很多家庭卖牧场、卖牛羊、贷款来盖房子，但不能接待游客对村民损失很严重。另一个是旅游常态化的问题，我们藏族的很多文化不能得到很好的挖掘和传承，尤其是晚上的一些娱乐活动不能开展。

1-21 国家政策跟我们的关系不大。今年国家修了一个索道，道路也正在修，修得比较慢。其他的帮助我们没有感受到。

1-24 盖房子是自己的钱和跟朋友借的钱，政府也不给贷款。

2-3 政府对扎尕那的旅游有规划，但是对我们的帮助没听说，也没看到。

2-7 政府没给我们帮助，现在听说要规划，要保护老房子，其他的不知道。

1.2.6 收入增加明显，生活质量和水平得到明显改善

问卷结果显示，69.7%的居民认为旅游促使收入明显增加，生活质量和水平得到明显改善。13.4%的居民反对这一旅游影响。平均感知是3.71，标准差是0.960，居民意见较为集中，绝大部分表示赞同。

访谈结果显示，开农家乐和餐厅的居民收入普遍明显增加，但是大部分收入又继续投入改建房屋中，其他参与牵马和清理垃圾的居民收入增加不明显。由于部分居民参与旅游服务后减少了农牧业的生产，传统农牧业的高强度体力投入减少，生活质量得到提高。

1-2 以前生活比较艰难，现在没有以前那么累了。游客增多了以后，收入增加比较明显，以前放牧一年收入十几万，现在有二十多万，但从长期来看，收入差不多，因为旅游挣的钱又拿去建新房子了。

1-3 生活是一年比一年好，但是现在的收入主要都盖房子了，有的家庭还要借钱。

1-4 以前放牧和种田一年收入十几万，现在又加上接待游客，但是收入增加不明显。

1-6 收入和以前放牧差不多，但是现在的收入又都投到修建房子上，以及修标准间上了。

1-7 接待游客以后的收入跟以前一样，但是现在的生活水平比以前好一点。

1-8 旅游收入也比较多，但是基本都花到修房子、装修房子上了。

1-9 吃饭穿衣比以前好多了，生活条件提高比较明显。

1-12 收入提高了一些，以前放牧收入不稳定，一般的家庭一年收入七八万，现在搞旅游一年10万以上。

1-14 旅游带来的收入可以说好得不可思议，我家开农家乐一年收入七八十万，在以前扎尕那是从来没有过的。以前主要放牛放羊，家里条件好一点的出去做个生意。以前收入也比较好，但是有钱没地方花，现在大家消费需求也比以前多了。

1-21 以前放牧收入不太稳定，差的时候5万多，好的时候20万。现在靠旅游的收入一年有五六万，加上放牛放羊的收入，现在生活更好一些。

1-25 现在吃的和穿的比以前条件好，搞旅游以后就越来越好了，为了接待游客也要穿得好一点。

2-4 因为没开农家乐，只能牵马和清理垃圾，这样每年增加三四千元的收入，变化不大。生活水平是一年比一年要好，但是我们家跟旅游关系不大。

2-5 因为没开酒店收入和以前一样，生活跟以前也差不多。

1.2.7 当地人的就业机会增多

问卷结果显示，78.2%的居民赞同旅游使得当地人的就业机会增多，7.6%的居民不赞同这一观点。居民感知的平均值是3.81，标准差是0.716，意见比较集中。

访谈结果显示，藏族本身是愿意固守乡土的民族，加之当地传统的农牧业收入能够满足生活需要，一般藏族人民不原意外出务工。有少部分人外出做生意。旅游发展以后，外出人员也陆续回到家乡发展旅游，男女老少都积极投入到旅游服务中，因此居民认为就业机会增多。

1-2 以前老人们喜欢在一起聊天晒太阳，年轻人有空的时候也会在一起打球。现在游客多了以后，男女老少都很忙。

2-4 旅游需要很多人，现在村里面很少有闲人，一些在外面做生意的人也愿意回来。

1.2.8 游客的到来使得生活用品价格上涨，生活成本明显增加

从问卷结果来看，50.5%的居民赞同游客的到来使得生活用品价格上涨，生活成本明显增加，26.1%的游客不赞同，另有23.4%的居民认为不明显。居民感知的均值是3.33，说明居民对该项感知持中立态度，标准差是1.059，意见较分散。

访谈结果显示，居民认为旅游没有造成生活用品物价上涨明显。

1-4 变化不明显，我们都是去县城买东西，也有开车送到村子里的，价格没有很高。现在吃的、穿的比以前好一些，花钱自然要多一些，也不算太多。

2-7 买东西比以前更方便了，包括吃的、穿的、用的，花费可以接受。

1.3 居民对旅游社会文化影响的感知（见表2-17）

表2-17 居民感知的旅游对社会文化影响的描述分析

感知项	均值	标准差	不赞同率（%）	赞同率（%）
促进了各民族关系的发展	3.57	1.266	25.2	65.5
旅游破坏了宁静的生活氛围和宗教氛围	3.29	1.083	29.4	44.5
旅游促使妇女的地位得到提升	3.20	1.022	28.6	41.2
旅游促进更多的年轻人留在当地	3.80	0.798	8.4	73.1
旅游促进了民族文化和传统民俗文化的保护和传承	3.48	0.964	21.8	58

续表

感知项	均值	标准差	不赞同率（%）	赞同率（%）
传统文化的商业化和庸俗化越来越明显	2.92	1.018	43.7	39.5
旅游促进与外来文化的交流和学习	3.77	0.887	13.4	73.9
旅游使传统文化不同程度流失	3.00	1.066	42	40.4
游客与当地居民的文化冲突明显	2.99	1.054	42	32.8
旅游促进了传统民居的保护	3.50	1.057	23.5	58.9
旅游使居民更加热情好客和文明礼貌	3.56	1.022	20.2	57.1
旅游促进了居民传统观念的改变	3.29	0.969	27.7	48.7
旅游促使居民的传统习惯改变	3.17	1.052	33.6	41.2
旅游发展促进了居民之间的人际关系的改善	3.38	0.965	22.7	48.8

1.3.1 促进了各民族关系的发展

问卷结果显示，65.5%的居民赞同旅游促进了各民族关系的发展，25.2%的居民表示反对。居民的平均感知是3.57，标准差是1.266，意见比较分散。

1.3.2 旅游破坏了宁静的生活氛围和宗教氛围

问卷结果显示，44.5%的居民赞同旅游破坏了宁静的生活氛围和宗教氛围，29.4%的居民不赞同，居民的平均感知是3.29，标准差是1.083，意见分歧较大。

访谈结果显示，居民普遍认为旅游发展导致生活变得忙碌，生活环境变得吵闹，对传统的慢节奏牧业生产也产生了影响。

1-3 现在家家户户开宾馆办餐厅，大家都特别忙。

1-4 人多了以后放牧也不太方便了，也比较吵。我比较喜欢以前的生活，但是没有办法。

1-6 村里面一天到晚见不到人影，急急忙忙，没有时间打招呼。

1-13 以前村子里面比较安静，出去一两个月就比较想回家待一段时间，现在游客多的时候特别吵，也不想回去了。

1-18 我在外面上学，以往我回来的时候村子里的老人都闲着，我会跟他们去学习一些民俗文化的东西，也为他们做一些检查、发一些药。老人们都非常喜欢到我家里去。但是最近两年变化非常明显，回家以后老人都很忙，路上遇到人也忙得不打招呼就走。这个变化是非常明显的。

1-21 七八月份游客多的时候要做饭，要搞卫生，大家都比较忙，以前不是这样。

1-25 七八月份游客非常多，我们也比较忙，但是并没有觉得游客打扰我们，觉得这样也很好。

2-1 以前村子里面还是很安静的，现在游客多的时候有点吵。

2-5 现在的生活跟以前不太一样，一个是大家比较忙，没有时间在一起唱歌聊天，另一个是游客多了比较吵，我们也要给游客牵马和清理垃圾。

1.3.3 旅游促使妇女的地位得到提升

问卷结果显示，41.2%的居民赞同旅游促使妇女的地位得到提升，28.6%的居民不赞同。居民的感知均值是3.20，标准差是1.022，意见比较分散。

访谈结果显示，在传统的藏族社会里面，男主外女主内是一个比较固定的模式，男性除了对家庭的一些重大问题做决定，还承担比较繁重的体力劳动，女性除了承担家务外，还承担一部分农牧业的工作。谈到女性的地位，藏族人民自己认为在一个男主外女主内的模式下，男女是平等的。

1-5 我们藏族男主外女主内，男女都是平等的，只是分工不同。发展旅游以后，家庭妇女都会参与，负责打扫卫生、收拾房间、做饭这些事情。男的比较大胆，跟客人聊得比较多，负责接待游客。

1-6 男人和女人的分工不同，女人做家里的工作，男人干重活。家里的重要事情一般是男人做主，女人不插嘴。游客来了以后也跟以前差不多。

1-25 男人和女人都要劳动，只要能干得动的都要干，地位都是一样的。

2-1 我们藏族跟汉族不一样，汉族好多是女人当家，我们藏族是男人当家，男人干重活，女人做家务，男人拿主意，女人听男人的，一直都这样。现在接待游客的工作男女都要做。

2-4 妇女的地位没有太大的变化，我们男女都挺平等的。女人还是比较害羞，汉话学得也不太好，游客来了以后主要是男人和游客接触。

1.3.4 旅游促进更多的年轻人留在当地

问卷结果显示，73.1%的居民赞同旅游促使更多的年轻人留在当地，8.4%的居民不赞同，另有18.5%的居民认为不明显。居民的平均感知是3.8，标准差是0.798，意见较为集中。

问卷结果显示，近几年旅游发展促使年轻人更愿意留在当地发展。

1-11 我们藏族大部分年轻人都不外出，有少数外出打工、做生意、开大巴车。现在觉得发展旅游业挣钱容易一些，很多人都回来了。

2-7 年轻人现在很愿意在村里，因为旅游挣钱比外面容易得多，我们藏族人本身也喜欢在自己的地方生活。

1.3.5 旅游促进了民族文化和传统民俗文化的保护和传承

问卷结果显示，58%的居民赞同旅游促进了民族文化和传统民俗文化的保护和传承，21.8%的居民不赞同，另有20.2%的居民认为不明显。居民的平均感知是3.48，标准差是0.964，意见差别较大。

访谈结果显示，旅游一方面促进了民族文化的传承，另一方面造成了民族文化的流失。旅游造成居民的生活节奏加快，并不断接触新鲜事物，对传统文化的学习造成消极影响。当前的旅游发展还未深入挖掘传统民俗文化。

1-3 旅游发展对促进年轻人学习民族传统是有帮助的。

1-5 游客比较喜欢我们传统的文化，包括吃的、穿的、民俗方面的东西，应该说文化还是得到传承和发扬的。现在家人沟通用藏语，和游客沟通用汉语，汉语水平提高比较明显。

1-13 年轻人尤其是学生不太愿意学习民族文化，更愿意学习外面的文化。

1-18 应该这么说，旅游对传统文化学习的影响主要是旅游让人太忙碌了。以往传统文化的学习并不是专门教小孩，而是在参与一些事情中慢慢学会的。比如哪家盖房子村里每家都会有人去帮忙，建房子的整个过程中会有长辈说唱，关于木头的来源、房屋的结构等，建造土墙的时候会说唱土的形成、开天辟地的故事等，就这样口口相传。收割庄稼的时候也会有说唱，关于青稞的来源、种植的方法、用青稞制作糌粑和酿酒的过程等。村子里有6个部落，过年的时候部落之间轮流到家里吃饭，吃饭就离不开酒，喝酒的时候也离不开传统的说唱，比如地球的起源、迭部的起源、藏族的起源等，年轻人就这样慢慢学会了。现在建钢筋水泥房子用的是外面来的工程队，这个是有影响的。虽然游客对传统文化是感兴趣的，但是目前扎尕那以原生态的自然风光和传统民居为主要吸引物，传统文化和民族文化这方面挖掘得不深，也没有形成特色的旅游产品。政府对传统文化也没有足够的重视，这个靠群众是不行的，群众的思想觉悟没有那么高，意识不到传统文化的重要性。

2-3 文化跟以前一样，没感觉有什么影响。

2-7 传统的文化现在跟以前是有变化的，年轻人学习不太积极，原因有很多，但是跟旅游的关系不太大。

1.3.6 旅游使传统文化不同程度流失

问卷分析显示，40.4%的居民赞同旅游使传统文化不同程度流失，42%的居民不赞同，另有17.6%的游客认为不明显。居民的平均感知是3，标准差是1.066，意见分歧较大，赞同和不赞同的居民比例相当。

访谈结果显示，旅游造成的汉语的学习影响到了小孩对传统语言的学习。服装的变化经历的时间比较长，旅游产生的影响不大，比较明显的影响是为了接待游客，居民会注意着装的整洁。

1-12 文化流失不太明显，感受不到。虽然我们学普通话，但是在家里说藏语，语言上没有什么流失。

1-17 穿衣服的习惯有变化，半藏半汉，但是跟旅游发展的关系不大，很久以前就有了。比较担心汉话的学习影响小孩子学藏语，他们在学校的时间长，都说汉话，比较担心。

1-19 没感觉文化上有什么太大的变化，旅游发展时间不长，我们都还是以前的生活方式。

1-18 文化流失现在还不明显，但是在今后的旅游发展中文化的挖掘和传承可能会受到影响。主要是政府部门对当地的文化不了解，也没有开展专门的文化产品的开发，当地的一些传说和故事都是以口口相传的方式在传播，可能对以后不太好。

1.3.7 传统文化的商业化和庸俗化越来越明显

问卷结果显示，39.5%的居民赞同传统文化的商业化和庸俗化越来越明显，43.7%的居民不赞同，另有16.8%的居民认为不明显。居民的平均感知为2.92，标准差为1.018，意见分歧比较明显。

访谈结果显示，传统文化在旅游中的体现并不是很明显，依托传统文化的旅游产品也尚未开发，因此该问题尚不明显。

1-18 传统文化还没有正式进入商业化的阶段，所以商业化和庸俗化还谈不上。我们迭部是民族文化之乡，歌舞非常丰富，晚上有锅庄舞晚会招待游客，但是游客参与进来以后就成了他们随意跳自己的舞了，我们的传统文化就体现不出来。

2-3 这个没有，游客来了以后主要是吃饭和住宿，跟文化有关的活动基本上没有。

2-5 游客主要对风景和我们的老房子感兴趣，喜欢拍照。我们的文化他们不了解。

1.3.8 旅游促进与外来文化的交流和学习

问卷结果显示，旅游促进与外来文化的交流和学习的赞同率为73.9%，不赞同率为13.4%。居民的平均感知为3.77，标准差为0.887，意见比较集中。

访谈结果显示，与外来文化的学习主要体现在汉语的学习上。在饮食上，由于受游客饮食习惯的影响，也逐渐增加了蔬菜和饮料的种类。

1-4 和汉人学的比较多的应该是说汉话和建标准间。游客有需要必须要满足。在吃饭和穿衣上也有变化，但是这些变化一直都有，我现在三十岁，我知道的时候就是这样的，跟旅游的关系不大。

1-7 吃的有点变化，以前吃酥油茶和糌粑，自己种菜，吃野菜，现在也吃米、吃面。因为退耕还林，加上海拔高不适合耕种，这些年慢慢就有这些变化了，跟旅游的关系不太大，跟游客学习也没有学太多。

1-11 跟游客学的不是太多，吃的穿的影响也不是很大。就是接待游客的时候要穿得干净一些。

1-13 跟游客学的比较多的是说汉话，男人基本都能说，只是不太标准。在饮食上游客吃他们喜欢的，我们还是吃糌粑。

1-18 应该说游客多了以后在饮食上是有变化的。游客喜欢吃蔬菜，旺季的时候我们除了给游客做菜，我们自己也会吃。在喝的方面，以往我们喝大茶，就是砖茶的一种，雅安那边做的，也喝青稞黄酒、青稞白酒。现在喝的跟游客差不多，红茶、绿茶之类的，这些饮料其实不适合我们高海拔地区。现在馒头米饭也吃，都是外面运过来的，游客要吃我们也跟着吃。

1-19 现在的学生出门的时候穿汉族的衣裳，回到家里穿我们藏族的衣裳，汉话说得很好，这都是因为在外面上学。村里的人现在学说汉话。跟游客学习的不太多，游客穿的衣服很多我们都不能接受。

1-21 会说汉话的人比以前多了，因为要和游客聊天。吃的穿的也在向游客学习。

1-24 学习的也不多，主要是学说汉话。受游客的影响，在饮食上有一些变化，但还是以藏族的传统饮食为主。穿着方面影响不大，穿汉族的衣服时间也比较长了，因为干活方便，不是因为旅游这几年才穿的。

2-1 跟游客没怎么打交道，没学什么。游客跟我们不太一样，吃的穿的都不一样，我们不习惯。

2-3 没有什么交流，不知道。

2-7 不太多，这个也不太清楚，应该不太明显。

1.3.9 游客与当地居民的文化冲突明显

问卷结果显示，居民对游客与当地居民的文化冲突明显的赞同率为32.8%，不赞同率为42%，另有25.2%的居民认为不明显。居民的平均感知为2.99，标准差为1.054，意见分歧较大。

访谈结果显示，居民普遍认为文化冲突不明显。游客在穿着上的习惯有的居民不适应，另外有些游客出于好奇对居民家里的各种物品随手触摸让居民不满意。

1-3 游客们和当地人没什么冲突，游客都特别好。

1-4 有些游客的做法会让我们不满意，比如在佛堂里抽烟，到处乱扔垃圾。大部分游客素质都很好的，他们会问我们藏族的习惯，问有什么事情是他们不能做的。

1-5 文化冲突可能谈不上，主要是一些游客不太考虑我们的感受，太好奇了，乱拍照、翻东西，摸东西，老年人比较不喜欢。现在游客住的和我们家里住的不在一起就好多了。

1-13 文化冲突好像没有，主要是有些游客素质比较差，乱扔垃圾，我们都不扔垃圾的。

1-16 文化冲突没有，百分之八九十的游客都高高兴兴地来高高兴兴地回去，他们都说这里的风景特别好。

1-18 游客素质一般都比较高，来了以后会问我们当地的习惯和禁忌。除了一些游客的素质比较差，大部分游客都很好，游客和群众没有冲突。

1-19 游客吃法和穿衣的习惯一些老年人不能接受，比如女孩穿短裙短裤，染五颜六色的头发，没有礼貌，老年人比较担心自己的孩子跟这些游客学。

1-24 游客没有做法让我们不喜欢。

1-25 喜欢游客来玩，各民族都团结，没有什么冲突和不满意的。

2-1 没什么冲突，这个没见过。

2-3 没有冲突，游客素质挺高的，都是大城市的人，就是跟我们的习惯有的不一样。

2-5 我们不接待游客，没见过，应该没有。

1.3.10 旅游促进了传统民居的保护

问卷结果显示，不赞同率为 23.5%，赞同率为 58.9%，居民的感知均值为 3.5，标准差为 1.057，说明居民持赞同态度，意见分歧较大。

访谈结果显示，居民表示游客喜欢住标准间，但是喜欢对传统的木屋进行拍照。虽然新建的楼房破坏了村子原生态的景观，但是为了挣钱，有能力的还是想继续建房子。

1-4 木屋现在少了，因为游客住不习惯。

1-9 因为游客喜欢标准间，所以现在水泥房更多一些，所以原生态的房屋破坏的比较多，游客觉得没有看头。我个人觉得政府如果支持的话，我们村子集体盖一个大酒店，对传统房屋的破坏就小一些。现在各家各户盖房子都想挣钱，破坏比较大。

1-19 政府现在对村民建房子是有规划的，大家都在盖房子把原生态的样子破坏了，高的高，低的低，政府要求按照规划只能盖二层楼，超过的部分如果拆迁不给补偿。

2-3 很多房子都拆了盖楼房，现在村子特别不好看。

2-4 新房子和老房子我们都好看，游客喜欢住新房子，但是我们盖不起没办法。

2-7 有钱的都在盖新房子，游客住不惯木屋，政府现在已经开始管这件事了，新房子不能有第三层，房子太高有很多问题。

1.3.11 旅游使居民更加热情好客和文明礼貌

问卷结果显示，居民对旅游使居民更加热情好客和文明礼貌的赞同率为57.1%，不赞同率为20.2%，另有22.7%的居民认为不明显。居民的平均感知为3.56，标准差为1.022，意见比较分散。

1.3.12 旅游促进了居民传统观念的改变

问卷结果显示，居民对旅游促进了居民传统挂念的改变的赞同率为48.7%，不赞同率为27.7%。居民的平均感知为3.29，标准差为0.969，感知不明显，意见较分散。

访谈结果显示，由于受金钱和外来文化的冲击，居民的思想观念不如以前淳朴了，主要体现在：更看重金钱而忽视了村民的关系和传统的节日，对民族信仰也有一定的冲击。

1-8 思想观念是有变化的，外面的人来多了以后，村里的人就跟以前不一样了。

1-14 以前大家比较纯朴，现在旅游业一开发，当地人的观念不太好了，失去了民族性格。大家为了赚钱抛弃了身边很多的东西，我们藏族信仰佛教，相信因果关系，但是有的人就失去了自己的本性，为了钱不择手段，比如欺诈游客。以前没有开发旅游的时候我们大家的关系都特别好，节日都很隆重，大家聚到一起唱歌跳舞，现在忙着挣钱很多节日也不过了，消费观念变化也很大，以前放牧的收入也很好，但是大家挣了钱没地方花，现在消费攀比现象比较严重。这种情况是从2013年开始的。

2-1 大家都忙着挣钱，跟以前不太一样了。我们藏族是有信仰的民族，对钱看得没有那么重，以前也挣钱，但没有现在这么疯狂。

2-4 观念变化不大，现在看不出来，我家还是那样。

1.3.13 旅游促使居民的传统习惯改变

问卷结果显示，居民对旅游促使居民的传统习惯改变的赞同率为41.2%，不赞同率为33.6%。居民的平均感知为3.17，标准差为1.052，意见较分散。

访谈结果显示，旅游旺季繁忙的接待工作使得居民的传统习惯受到一定的影响，但是当地居民的传统节日和传统风俗依然得到了延续和保留。

1.3.14 旅游发展促进了居民之间的人际关系的改善

问卷结果显示，居民对旅游发展促进了居民之间的人际关系的改善赞同率为48.8%，不赞同率为22.7%。居民的平均感知为3.38，标准差为0.965，意见分歧较大。

访谈结果显示，旅游发展对居民关系的负面影响明显。一是忙碌的旅游接待减少了居民在一起交流的时间；二是房屋修建引起邻里之间的矛盾；三是贫富差距的加大造成居民之间产生隔阂；四是旅游接待的竞争也影响了居民关系的发展。

1-3 现在家家户户开客栈拉客人，为了挣钱都不太团结了。

1-4 村民之间的关系有变化，现在一直忙着，修房子，不忙的时候是冬天。

1-5 旅游旺季的几个月里男女老少都在忙，平时见了面也没时间好好打招呼，坐下来喝茶聊天就更少了。一家人在一起吃饭的时候也比较少，轮流吃饭，有时候忙到一天只吃一顿饭，这个让我们很痛苦。我们藏民是比较单纯的，但是现在为了赚钱，为了拉生意，最好的邻居也会吵架，在管理上还需不断完善。

1-7 我们藏族人民很团结。但是旅游发展以后有了变化。主要是新建的三层四层的酒店遮挡邻居家的光线，有的人家抢占公路，抢占邻居家的土地，很影响团结。而且现在的房屋对环境破坏很大，很不整齐。

1-9 跟钱打交道多了以后人的变化是很大的，相互之间的关系也没有那么好了。

1-11 以前空闲时间比较多，我们会一起打篮球，一起唱歌跳舞。现在发展旅游业了，把钱放在第一位，在一起休息的时间越来越少。

1-13 没出过门的人不会和别人抢客人，在外面上学的学生就会去别人家抢客人，这样不太好。

1-14 对村民关系的负面影响很大，邻居之间抢客人，村子之间抢客人都有，关系慢慢就淡了。

1-16 村民关系可能有影响。这两年在挣钱的事上小矛盾是有的。

1-18 各个村子之间的矛盾都非常明显，都是因为游客带来的金钱诱惑太大了，跟以前比，这是村民面对的一个从来没有过的挑战。

1-19 村民关系有点变化，存在争抢游客的事情，如果这样下去的话不合适，村民对这样的事情意见很大。

1-24 大家的关系和以前一样，但是人人都为了钱，我觉得以后会不一样。

1-25 这两年帮忙盖房子的也少了，关系相比以前不那么好了。

2-3 人跟人的关系是有变化的,太忙不好,影响大家的关系。

2-4 大家的关系没什么变化,还是互相帮助,都挺好的。

1.4 居民对旅游自然环境影响的感知(见表 2-18)

表 2-18 居民感知的旅游对环境影响的描述分析

感知项	均值	标准差	不赞同率(%)	赞同率(%)
促进当地自然环境的保护	3.34	1.137	32.8	51.3
促进旅游地环境美化和景观塑造	3.55	0.909	16.8	60.5
旅游产生更多的生活垃圾	3.96	0.969	11.8	79.8
商业广告、旅游设施破坏了乡村形象	3.18	1.102	31.9	41.2
当地居民和政府的环保意识提升	3.67	0.975	20.2	71.5
现代化建筑破坏了传统民居风貌	3.55	1.087	20.2	59.6

1.4.1 促进当地自然环境的保护

问卷分析显示,居民对促进当地自然环境的保护的赞同率为 51.3%,不赞同率为 32.8%。居民的平均感知为 3.34,标准差为 1.137。意见分歧较大。

访谈结果显示,居民的意见差别较大,有的居民认为旅游减少了农牧业的生产,对环境保护有一定的作用,有的居民认为游客的随意踩踏对于村子周围的环境影响较大,一些基础建设工程也破坏了环境。

1-5 我发现村子周围的绿色失去得特别快,污染现在还不明显,我们不用煤,垃圾清理也比较容易。但是修房子、建停车场,到处挖地对环境影响很不好,但是寨子里面的人不是特别清楚,我们作为学生对这些问题有自己的看法。

1-7 以前山和泉水都保护起来了,现在修基础设施到处开挖,环境破坏比较明显。

1-13 游客的车辆停在停车场,峡谷也不通车,所以对环境的影响不大。

1-14 主要是垃圾比较多。一些家庭把牛羊都卖出去了,盖房子用钢筋水泥代替木材,其实对草原和森林是有一定保护作用的。

1-25 我们自己保护环境,所以对环境没有影响。骑马对草地有一些影响。

2-1 对环境是有影响的,垃圾比较多。

2-3 对环境不好,这个大家都不喜欢。

2-4 现在环境不好,垃圾也多,脏水也多。

1.4.2 促进旅游地环境美化和景观塑造

问卷结果显示,居民对促进旅游地环境美化和景观塑造的赞同率为 60.5%,不赞同率为 16.8%，另有 22.7% 的居民认为不明显。居民的平均感知为 3.55，标准差为 0.909，意见分歧较小。

访谈结果显示，居民对政府最近在建的一个栈道意见较大，认为破坏了原生态的风景。

1-21 游客觉得马牛猪不卫生，破坏风景。四川九寨沟那边卫生比较好，我们这边卫生比较差。环境不好来的游客就会少。

2-4 没什么变化，没影响。

2-5 环境还是一样，就是政府建的栈道实在是太不好看了，但我们也没办法。

1.4.3 旅游产生更多的生活垃圾

问卷结果显示，79.8% 的居民赞同旅游产生了更多的生活垃圾，不赞同率为 11.8%。居民的平均感知是 3.96，标准差是 0.969，意见比较集中。

访谈结果显示，居民对于游客产生的大量垃圾感知明显。

1-2 变化太大了，以前没有任何垃圾，现在越来越多。我们也担心游客会带来疾病，因为我们不知道他们身体是不是健康。

1-12 旅游破坏环境，现在垃圾特别多，所以每一两天就要清理垃圾。

1-16 对自然环境影响很大，以前是草地，哪里都特别干净，走到哪里一张纸都没有，现在去哪里都是垃圾。

2-3 垃圾是有的，以前只有牛粪羊粪，现在有矿泉水瓶子，游客多了村子里面生活污水也多了。

1.4.4 商业广告、旅游设施破坏了乡村形象

问卷结果显示，居民对商业广告、旅游设施破坏了乡村形象的赞同率为 41.2%，不赞同率为 31.9%，另有 26.9% 的居民认为不明显。居民的平均感知为 3.18，标准差为 1.102，意见比较分散。

访谈结果显示，居民对于当地政府正在修建的栈道不太满意，认为破坏了原生态的风景。

1-3 去年没有大影响，今年影响大。现在进行开发修建的栈道，破坏了草地和原生态的风景。

1-6 最坏的影响就是那边修了一个栈道，游客表示不喜欢，对自然风貌的影响很大。

1-18 政府修栈道使原生态的感觉没有了，我们觉得不合适。栈道这个东西有的地方适合，有的地方不适合。现在把大峡谷的木头桥拆了，要建造钢筋水泥桥，这也是对原生态的破坏。

2-1 旅游设施非常少，刚开始建设，大家和游客都觉得不满意，和我们的环境不相符。

2-7 这个不太清楚，不知道。

1.4.5 当地居民和政府的环保意识提升

问卷结果显示，居民对当地居民和政府的环保意识提升的赞同率为71.5%，不赞同率为20.2%。居民的平均感知为3.67，标准差为0.975，意见比较集中。

访谈结果显示，村民的环保意识都比较强，发展旅游之前，传统的农牧业产生很少的垃圾，游客大量涌入以后，在草原和山地地区缺乏垃圾回收设施，垃圾数量增加明显。当地村民自发组织每家每户轮流清理垃圾，环保意识提升。

1.4.6 现代化建筑破坏了传统民居风貌

问卷结果显示，居民对现代化的建筑破坏了传统的民居风貌赞同率为59.6%，不赞同率为20.2%，另有20.2%的居民认为不明显。居民的平均感知为3.55，标准差为1.087，意见比较分散。

访谈结果显示，居民认为当前大家正在积极建造的钢筋水泥房正在破坏村子的原生态的风貌，农村不像农村，城市不像城市。

1-13 村子里面主要是木屋，楼房对村子的景观影响比较大，不如以前好看了。

1-14 现在属于乱开发、乱建设。村子的地方小，盖了楼房以后特别乱，扎尕那旅游主要看原生态的寨子，现在原生态的建筑景观没有了。

1-18 我们的房屋和西藏的房屋不同，我们属于定居的牧区，房屋很有特色，是古羌族的代表建筑。现在陆续建造的钢筋水泥房和当地的景观融合得不好，失去了地地道道的乡村感觉。主要是当地群众的思想境界不高，政府工作也没跟上，但是群众还是希望保持原来的样子。

1-19 砖房糟蹋风景，房子盖高太拥挤，现在是四不像，城市不像城市，农村不像农村，原生态的味道没有了。

1-20 楼房占少数，但是原生态的样子没有了，村民不喜欢，游客也不喜欢。

1-21 游客对楼房不太满意，觉得老房子好看。

1-24 我家是木屋，我觉得楼房太多不好，游客来了没什么可看的。

1-25 游客有的喜欢原生态的房子，有的喜欢标准间，大部分游客认为这里的建设破坏了原生态，没有吸引力了。

2-1 楼房也好看，木屋也好看，但是搭配在一起就破坏了村子原来的样子。

2-4 木屋是好看的，楼房改变了寨子的样子，但是楼房能挣钱，有能力的还是想要盖楼房。

2. 游客感知的旅游影响研究

2.1 游客对旅游影响的整体感知和态度（见表2-19）

表2-19 游客整体感知和态度的描述分析

感知项	均值	标准差	不赞同率（%）	赞同率（%）
当地的实际情况符合您对藏区旅游的认识和想象	3.92	1.006	12.6	74.2
当地的旅游开发让您感到满意	3.43	1.305	31.2	59.3
感知项	均值	标准差	消极影响（%）	积极影响（%）
旅游对当地经济发展的影响	4.49	0.590	1.8	98.2
旅游对社会文化发展的影响	4.10	0.801	5.4	86.8
旅游对生态环境保护的影响	3.53	1.298	34.7	63.4

2.1.1 当地的实际情况符合您对藏区旅游的认识和想象

对于该项感知，74.2%的游客表示赞同，12.6%的游客表示不赞同，另有13.2%的游客认为不明显。游客的平均感知为3.92，标准差为1.006，说明游客持赞同态度，意见分歧较小。

2.1.2 当地的旅游开发让您感到满意

对于该项感知，59.3%的游客表示赞同，31.2%的游客表示不赞同。游客的平均感知为3.43，标准差为1.305，说明游客持中立态度，意见分歧较大。

2.1.3 旅游对当地经济发展的影响

对于该项感知，98.2%的游客认为旅游对当地经济发展具有积极影响，而有1.8%的游客持相反态度，认为旅游对当地经济发展有着消极的影响。游客的平均感知为4.49，标准差为0.590，说明游客对于该项感知持赞成态度，意见分歧较小。

2.1.4 旅游对社会文化发展的影响

对于该项感知，86.8%的游客认为旅游对社会文化发展具有积极影响，而5.4%的游客持否定态度，认为旅游对社会文化发展具有消极影响。游客的平均感知为4.10，标准差为0.801，说明游客对于该项感知持赞成态度，意见分歧较小。

2.1.5 旅游对生态环境保护的影响

对于该项感知，63.4%的游客认为旅游对生态环境保护具有积极影响，而34.7%的游客则认为旅游对生态环境保护具有消极影响。游客的平均感知为3.53，标准差为1.298，说明游客对于该项感知持中立态度，意见分歧较大。

2.2 游客对旅游经济影响的感知（见表 2-20）

表 2-20 游客感知的旅游对经济影响的描述分析

感知项	均值	标准差	不赞同率（%）	赞同率（%）
带动相关产业发展	4.14	0.852	3.6	82.6
促进基础设施的改善	4.29	0.815	2.4	85.6
参与和不参与旅游服务的居民贫富差距明显	3.87	1.062	7.8	68.2

2.2.1 带动相关产业发展

对于该项感知，82.6%的游客表示赞同，3.6%的游客表示不赞同，另有13.8%的游客认为不明显。游客的平均感知为4.14，标准差为0.852，说明游客的赞同度较高，意见分歧较小。

2.2.2 促进基础设施的改善

对于该项感知，85.6%的游客表示赞同，2.4%的游客表示不赞同，另有12%的游客认为不明显。游客的平均感知为4.29，标准差为0.815，说明游客的赞同度较高，意见分歧较小。

2.2.3 参与和不参与旅游服务的居民贫富差距明显

对于该项感知，68.2%的游客表示赞同，7.8%的游客表示不赞同，另有24%的游客认为不明显。游客的平均感知为3.87，标准差为1.062，说明游客持赞同态度，感知不明显的游客比重较高，意见分歧较大。

2.3 游客对旅游社会文化影响的感知（见表 2-21）

表 2-21 游客感知的旅游对社会文化影响的描述分析

感知项	均值	标准差	不赞同率（%）	赞同率（%）
到民族地区旅游的动机更加强烈	3.88	0.820	4.2	70.1
促进各民族关系发展	3.95	0.873	9	79
游客的到来破坏了宁静的生活氛围和宗教氛围	3.62	1.063	13.8	53.9
大量妇女参与旅游服务	3.68	0.858	7.8	63.5
大量青年参与旅游服务	3.96	0.813	4.2	80.9
旅游促进民族文化的发掘、保护和传承	3.77	0.998	9.6	66.5
传统民俗文化的商业化和庸俗化越来越明显	3.89	0.947	7.2	70.6
旅游促进与外来文化的交流和学习	4.08	0.857	3.6	79.6

续表

感知项	均值	标准差	不赞同率（%）	赞同率（%）
旅游使传统文化不同程度流失	3.43	1.138	18.6	49.1
游客与当地居民的文化冲突明显	3.15	1.123	27.6	35.4
旅游促进了传统民居的保护	3.45	1.057	18	52.1

2.3.1 到民族地区旅游的动机更加强烈

对于该项感知，70.1%的游客表示赞同，4.2%的游客表示不赞同，另有25.7%的游客认为不明显。游客的平均感知为3.88，标准差为0.820，说明游客持赞同态度，感知不明显的游客比重较高，意见分歧较小。

2.3.2 促进各民族关系发展

对于该项感知，79%的游客表示赞同，9%的游客表示不赞同，另有12%的游客认为不明显。游客的平均感知为3.95，标准差为0.873，说明游客持赞同态度，意见分歧较小。

2.3.3 游客的到来破坏了宁静的生活氛围和宗教氛围

对于该项感知，53.9%的游客表示赞同，13.8%的游客表示不赞同，另有32.3%的游客认为不明显。游客的平均感知为3.62，标准差为1.063，说明游客持赞同态度，感知不明显的游客比重较高，意见分歧较大。

2.3.4 大量的妇女参与旅游服务

对于该项感知，63.5%的游客表示赞同，7.8%的游客表示不赞同，另有28.7%的游客认为不明显。游客的平均感知为3.68，标准差为0.858，说明游客持赞同态度，感知不明显的游客的比重较高，意见分歧较小。

2.3.5 大量青年参与旅游服务

对于该项感知，80.9%的游客表示赞同，4.2%的游客表示不赞同，另有14.9%的游客认为不明显。游客的平均感知为3.96，标准差为0.813，说明游客持赞同态度，意见分歧较小。

2.3.6 旅游促进民族文化的发掘、保护和传承

对于该项感知，66.5%的游客表示赞同，9.6%的游客表示不赞同，另有23.9%的游客认为不明显。游客的平均感知为3.77，标准差为0.998，说明游客持赞同态度，感知不明显的游客占比较高，意见分歧较大。

2.3.7 传统民俗文化的商业化和庸俗化越来越明显

对于该项感知，70.6%的游客表示赞同，7.2%的游客表示不赞同，另有22.2%的游客认为不明显。游客的平均感知为3.89，标准差为0.947，说明游客持赞同态

度,感知不明显的游客占比较高,意见分歧较大。

2.3.8 旅游促进与外来文化的交流和学习

对于该项感知,79.6%的游客表示赞同,3.6%的游客表示不赞同,另有16.8%的游客认为不明显。游客的平均感知为4.08,标准差为0.857,说明游客的赞同度高,意见分歧较小。

2.3.9 旅游使传统文化不同程度流失

对于该项感知,49.1%的游客表示赞同,18.6%的游客表示不赞同,另有32.3%的游客认为不明显。游客的平均感知为3.43,标准差为1.138,说明游客持中立态度,感知不明显的游客占比较高,意见分歧较小。主要原因是扎尕那尚未开展民族民俗产品的开发工作,游客对此缺乏深入了解。

2.3.10 游客与当地居民的文化冲突明显

对于该项感知,35.4%的游客表示赞同,27.6%的游客表示不赞同,另有37%的游客认为不明显。游客的平均感知为3.15,标准差为1.123,说明游客持中立态度,感知不明显的游客占比较高,意见分歧较大。

2.3.11 旅游促进了传统民居的保护

对于该项感知,52.1%的游客表示赞同,18%的游客表示不赞同,另有29.9%的游客认为不明显。游客的平均感知为3.45,标准差为1.057,说明游客持中立态度,感知不明显的游客占比较高,意见分歧较大。

2.4 游客对旅游环境影响的感知(见表2-22)

表2-22 游客感知的旅游对环境影响的描述分析

感知项	均值	标准差	不赞同率(%)	赞同率(%)
促进当地自然环境	3.47	1.129	18.6	53.3
促进旅游地环境美化和景观塑造	3.70	1.050	13.8	67.7
旅游产生更多的生活垃圾	4.04	1.005	9	76.6
商业广告、旅游设施等破坏了旅游地的原始风貌	3.84	1.162	12	73
当地居民和政府的环保意识提升	3.86	0.907	6.6	67.6
现代化的建筑破坏了传统的乡村风貌	3.72	1.197	16.2	66.4

2.4.1 促进当地自然环境

对于该项感知,53.3%的游客表示赞同,18.6%的游客表示不赞同,另有28.1%的游客认为不明显。游客的平均感知为3.47,标准差为1.129,说明游客持中立态度,感知不明显的游客占比较高,意见分歧较大。

2.4.2 促进旅游地环境美化和景观塑造

对于该项感知，67.7%的游客表示赞同，13.8%的游客表示不赞同，另有18.5%的游客认为不明显。游客的平均感知为3.70，标准差为1.050，说明游客持赞同态度，感知不明显的游客比重较大，意见分歧较大。

2.4.3 旅游产生更多的生活垃圾

对于该项感知，76.6%的游客表示赞同，9%的游客表示不赞同，另有14.4%的游客认为不明显。游客的平均感知为4.04，标准差为1.005，说明游客的赞同度较高，意见分歧较小。

2.4.4 商业广告、旅游设施等破坏了旅游地的原始风貌

对于该项感知，73%的游客表示赞同，12%的游客表示不赞同，另有15%的游客认为不明显。游客的平均感知为3.84，标准差为1.162，说明游客的赞同度较高，意见分歧较小。

2.4.5 当地居民和政府的环保意识提升

对于该项感知，67.6%的游客表示赞同，6.6%的游客表示不赞同，另有25.8%的游客认为不明显。游客的平均感知为3.86，标准差为0.907，说明游客的赞同度较高，感知不明显的游客比重较高，意见分歧较大。

2.4.6 现代化的建筑破坏了传统的乡村风貌

对于该项感知，66.4%的游客表示赞同，16.2%的游客表示不赞同，另有17.4%的游客认为不明显。游客的平均感知为3.72，标准差为1.197，说明游客的赞同度较高，意见分歧较大。

对于"您愿意下次再来该地"的感知，74.2%的游客表示赞同，23.4%的游客表示不赞同，另有2.4%的游客未明确表态，如图2-2所示。说明游客的赞同度较高，意见分歧较大。

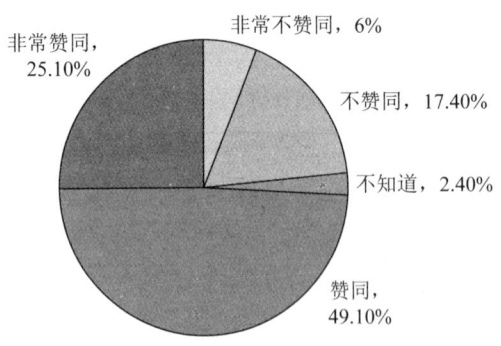

图 2-2 "您愿意下次再来该地"游客意愿统计

3. 主客双重感知视角的扎尕那村旅游影响对比研究

3.1 居民和游客整体感知对比

根据李克特量表等级评分划分标准：1＜均值＜2.5为反对，2.5≤均值≤3.5为中立，3.5＜均值≤5为赞成。

如表 2-23 所示，整体上游客的整体感知比居民的整体感知明显积极，感知差异显著（sig≤0.05）。居民的积极感知低于游客的积极感知，而居民的消极感知明显高于游客的消极感知。

表 2-23　居民和游客整体感知的对比描述分析

感知项	均值		增减	标准差		消极影响感知率（%）		积极影响感知率（%）		t	df	Sig.（双侧）
	居民	游客		居民	游客	居民	游客	居民	游客			
对当地经济发展的影响	3.97	4.49	+0.52	0.911	0.59	4.2	1.8	68.1	98.2	−5.451	187.153	0*
对社会文化发展的影响	3.23	4.1	+0.87	0.987	0.801	23.6	5.4	40.3	86.8	−7.925	220.288	0*
对生态环境保护的影响	2.98	3.53	+0.55	1.214	1.298	44.5	34.7	38.7	63.4	−3.587	284	0*

注：消极影响感知率是有一定消极影响和有明显消极影响的占比之和，积极影响感知率是有一定积极影响和有明显积极影响占比之和；sig≤0.05 用 * 标注

旅游对经济发展的影响感知中，居民和游客的感知比较积极，均表示赞成；旅游对社会文化的影响感知中，居民持中立态度，游客持赞成态度，积极影响感知率分别为 40.3%、86.8%；旅游对生态环境保护的影响感知中，居民持中立态度，其消极影响感知率高于积极影响感知率，游客持赞同态度，积极影响的感知率明显超过消极影响的感知率。

如图 2-3 所示，整体来看，居民和游客认为民族地区旅游发展过程中生态、文化和经济按照重要性排序应该是"生态环境的保护""民族民俗文化的传承与发展""经济效益"，居民和游客的态度基本达成一致。

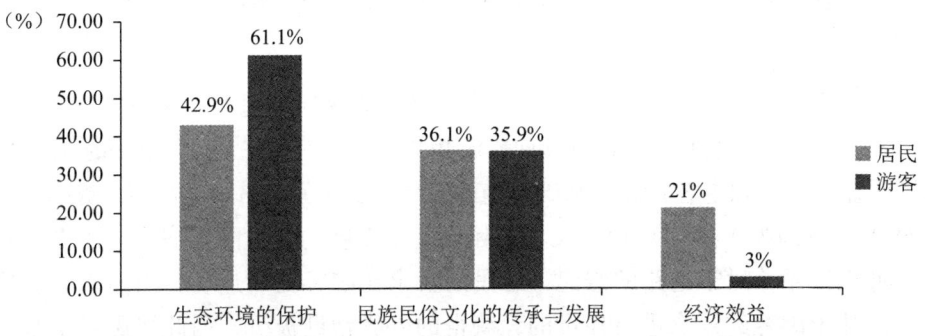

图 2-3 "您认为在民族地区旅游发展过程中下列哪项最重要（生态，文化，经济）"居民和游客感知对比

认为"生态环境的保护"最重要的居民占比 42.9%，游客占比 61.1%，游客比居民更重视对生态环境的保护。居民和游客对"民族民俗文化的传承与发展"的关注程度基本一致。居民和游客对"经济效益"的关注度都比较低，但是居民的比重明显高于游客的比重，分别占比 21% 和 3%。

从居民和游客的态度差异中不难理解，居民和游客作为旅游活动中截然不同的利益群体，他们的态度与自身利益有着明显的关联。游客作为消费者，最关注的是生态环境的保护，对于经济效益的感知不明显。居民作为旅游活动的参与者，既有保护自己生活环境的需求，又对经济效益有着较强的诉求。

3.2 居民和游客感知的旅游对经济影响的对比

如表 2-24 所示，居民和游客对于旅游对经济影响的感知项都持赞成态度，感知均值超过 3.5，游客的感知均值整体高于居民的感知均值。对于带动相关产业发展和促进基础设施的改善两个感知项，居民和游客的感知有显著性差异。

表 2-24　居民和游客感知的旅游对经济影响的对比描述分析

感知项	均值		增减	标准差		不赞同率（%）		赞同率（%）		t	df	Sig.（双侧）
	居民	游客		居民	游客	居民	游客	居民	游客			
带动相关产业发展	3.92	4.14	+0.22	0.809	0.852	7.6	3.6	83.1	82.6	-2.295	262.019	0.022*
促进基础设施的改善	3.66	4.29	+0.63	1.027	0.815	17.6	2.4	68.1	85.6	-5.502	216.55	0*
参与和不参与旅游服务的居民贫富差距明显	3.71	3.87	+0.16	0.931	1.062	14.3	7.8	67.2	68.2	-1.272	284	0.205

注：不赞同率是不赞同和非常不赞同比重之和，赞同率是赞同和非常赞同之和；sig ≤ 0.05 用 * 标注（下同）。

当前扎尕那村的旅游发展正处于参与阶段向发展阶段过渡，居民自发的建设房屋，开展民宿和餐饮服务，提供其他旅游相关服务，对这一因素居民和游客的感知比较明显；居民和游客在促进基础设施改善（均值分别为 3.66、4.29，赞同率分别为 68.1%、85.6%）感知差别较大。实际上基础设施的建设除了房屋、水电、互联网等可供使用，对于道路的修建，居民的要求比游客更为迫切，当前基础设施多是居民基于游客的需求进行建设的，获得的外界帮助极少，因此居民对于基础设施的改善感知不强烈；对于旅游造成的贫富差距，居民和游客的感知差异不显著

（sig≥0.05），旅游已经开始影响贫富差距，但该影响目前不是非常明显。

3.3 居民和游客感知的旅游对社会文化影响的对比

如表2-25所示，居民和游客对于旅游对社会文化的影响的感知中，游客的平均感知高于居民的平均感知。10项社会文化感知项中，居民对6项感知项持中立态度，游客对3项感知项持中立态度，对其他感知项持赞同态度。对于"旅游促进更多的年轻人留在当地""游客与当地居民的文化冲突明显""旅游促进了传统民居的保护"三项感知项，居民和游客的感知差异不明显，对其余7项存在明显的感知差异。

表2-25 居民和游客感知的旅游对社会文化影响的对比描述分析

感知项	均值		增减	标准差		不赞同率（%）		赞同率（%）		t	df	Sig.（双侧）
	居民	游客		居民	游客	居民	游客	居民	游客			
促进了各民族关系的发展	3.57	3.95	+0.38	1.266	0.873	25.2	9	65.5	79	-2.79	195.548	0.006*
旅游破坏了宁静的生活氛围和宗教氛围	3.29	3.62	+0.33	1.083	1.063	29.4	13.8	44.5	53.9	-2.577	284	0.01*
旅游促使妇女的地位得到提升	3.2	3.68	+0.48	1.022	0.858	28.6	7.8	41.2	63.5	-4.19	225.848	0*
旅游促进更多的年轻人留在当地	3.8	3.96	+0.16	0.798	0.813	8.4	4.2	73.1	80.9	-1.712	284	0.088
旅游促进了民族文化和传统民俗文化的保护和传承	3.48	3.77	+0.29	0.964	0.998	21.8	9.6	58	66.5	-2.486	284	0.014*
传统文化的商业化和庸俗化越来越明显	2.92	3.89	+0.97	1.018	0.947	43.7	7.2	39.5	70.6	-8.106	242.736	0*
旅游促进与外来文化的交流和学习	3.77	4.08	+0.31	0.887	0.857	13.4	3.6	73.9	79.6	-2.904	248.923	0.004*

续表

感知项	均值		增减	标准差		不赞同率（%）		赞同率（%）		t	df	Sig.（双侧）
	居民	游客		居民	游客	居民	游客	居民	游客			
旅游使传统文化不同程度流失	3	3.43	+0.43	1.066	1.138	42	18.6	40.4	49.1	−3.198	284	0.002*
游客与当地居民的文化冲突明显	2.99	3.15	+0.16	1.054	1.123	42	27.6	32.8	35.4	−1.204	284	0.23
旅游促进了传统民居的保护	3.5	3.45	−0.05	1.057	1.057	23.5	18	58.9	52.1	0.368	284	0.713

对于"旅游破坏了宁静的生活氛围和宗教氛围",居民持中立态度,游客持赞同态度。在访谈中居民普遍认为旅游旺季游客数量大,居民非常忙碌,但是多数居民表示并不觉得被打扰,并且欢迎游客到来。游客比较能够直观地感受到旅游旺季熙熙攘攘的人群带来的拥挤与吵闹,并对这一现象感受敏感。

对于"旅游促使妇女的地位得到提升",居民持中立态度,游客持赞同态度。居民对该项的赞同率明显低于游客的赞同率。分析这一问题首先要明确居民和游客对于民族地区妇女地位的认识和理解。在对居民的访谈中了解到,男主外女主内是一个普遍的家庭分工模式,在一些重大家庭决策上男性的决定权高于女性,但是居民自身认为,即便在这样的分工条件下,男女地位依然是平等的。旅游发展以后,男女老少都积极参与旅游活动,也是男女平等的表现。因此居民普遍认为男女地位并没有发生明显变化。而游客普遍对民族地区的男女地位有或多或少的误解,加之游客多来自城市,在对女性地位的认识上与当地居民有所不同,因此感知与居民有较明显的差别。但是从游客的视角出发我们也能看出,民族地区乡村旅游发展能够促使妇女参与更加丰富的活动,对于促进妇女地位的提升是有积极作用的。

对于"旅游促进了民族文化和传统民俗文化的保护和传承",居民持中立态度,游客持赞同态度,居民的赞同率(58%)低于游客的赞同率(66.5%),居民的不赞同率(21.8%)高于游客的不赞同率(9.6%)。调查发现,居民认为由于生产生活方式的改变,一些传统民族文化在年轻人群体中的传承受到了比较明显的影响。例如,饮食文化中,糌粑的制作有一套传统的流程,主要通过人力加工。这一制作过程逐渐被机器取代,且制作流程也发生了变化,这一变化比较符合逐渐加快的生活节奏。在着装方面,虽然现代服装由于穿着方便的特点被藏民接受已经有比较长的时间，但是旅游的发展使这一现象更加明显。

对于"传统文化的商业化和庸俗化越来越明显"，居民持中立态度，游客持赞同态度，居民的不赞同率（43.7%）超过赞同率（39.5%），而游客的赞同率（70.6%）占绝对优势。该差异的出现与居民和游客的观察视角有关。在调研中发现，传统文化在旅游中的作用尚未被重视和发掘，有关传统文化的旅游活动，除了居民富有民族特色的衣食住行方式能够被游客感受到，将传统文化作为专门的旅游产品目前开展极少。以当地特色的"锅庄舞"为例，"锅庄舞"是目前用来招待游客的一项传统娱乐活动，当地居民在晚饭后生起篝火，围在一起跳当地的民族舞蹈，然而游客的加入往往将该活动演变成以游客自己的方式自娱自乐，失去了传统的活动特色。游客赞同的理由来自对物质需求和文化需求上的矛盾。以传统民居为例，游客既有欣赏当地定居牧民的特色民居的文化需求，又有对标准化的住宿和餐饮设施的物质需求。为满足游客的物质需求，当地居民大面积地将传统民居拆除，建设成为配备标准化设施的低层楼房，而从游客的视角，这一行为便是商业化的行为。

对于"旅游促进与外来文化的交流和学习"，居民和游客都持赞同态度，游客比居民的感知更积极。调查发现，对于外来文化的学习，居民感知比较明显的是汉话的学习，以往只有学校的学生和极少数外出务工人员学习汉话，现在由于接待游客的需要，大部分居民都能说汉话，年轻人比年长者善于学习，男性比女性善于学习。

对于"旅游使传统文化不同程度流失"和"游客与当地居民的文化冲突明显"，并且居民和游客的不赞同率均低于赞同率，居民和游客都持中立态度，但游客比居民认同度更高，说明在文化交流方面消极因素尚不明显。

对于"旅游促进了传统民居的保护"，居民表示赞同，游客表示中立，但两者的平均感知差别较小。通过调查发现，游客对住宿和餐饮的需求在近几年急剧膨胀，促使当地一部分经济条件允许的居民修建低层楼房或改建传统民居，客观上使得传统民居受到一定程度的破坏。当前居民也意识到这一点，但是面对经济利益的冲击，这一问题没有得到足够的重视。随着政府的介入，如政府颁布了一系列保护传统民居的政策，包括新建楼房不得超过两层，不允许拆除传统民居等。居民面对当前经济利益的诱惑，对于该项政策颇有微词。

居民和游客对于旅游影响在社会文化方面的体现感知差异比较明显，主要原因是居民和游客的社会背景、立场和出发点不同。一方面，对居民而言，在乡村旅游发展处于参与阶段向发展阶段过渡的时期，游客需求的急剧增加，配套服务严重不足，在经济利益的驱动下，居民忙于提供满足游客基本需求的服务，在此时旅游对社会文化的影响也初露端倪,但是居民对此的感受并不明显。另一方面,社会文化中,非物质的组成成分占有较大比重,居民受限于自身的文化水平,在理解社会文化所包含的内容时存在一定的局限和偏差。对于游客而言,游客与居民感知差异的原因主要有三点,一是游客尤其是非民族地区的游客对于民族地区社会文化的认识存在较强的主观性;二是游客在思想观念上与当地居民有一定的差异,对同一问题的认识和理解不同;三是民族地区的人文景观是重要的旅游资源,游客对原生态人文景观的有一定的要求和期待。

3.4 居民和游客感知的旅游对环境影响的对比

如表2-26所示,居民和游客对旅游对环境影响的感知度较高,居民对其中4项感知明显,游客对其中5项感知明显。居民和游客的感知差异不明显,除"商业广告、旅游设施破坏了乡村形象"这一项感知差异明显,对其他5项的感知差异不大,说明居民和游客在旅游对环境的影响感知方面认同度较高。整体而言,游客的感知度比居民明显。

表2-26 居民和游客感知的旅游对环境影响的对比描述分析

感知项	均值		增减	标准差		不赞同率(%)		赞同率(%)		t	df	Sig.(双侧)
	居民	游客		居民	游客	居民	游客	居民	游客			
商业广告、旅游设施破坏了乡村形象	3.18	3.84	+0.66	1.102	1.162	31.9	12	41.2	73	-4.896	284	0*
促进当地自然环境的保护	3.34	3.47	+0.13	1.137	1.129	32.8	18.6	51.3	53.3	-1.008	284	0.314
促进旅游地环境美化和景观塑造	3.55	3.7	+0.15	0.909	1.05	16.8	13.8	60.5	67.7	-1.225	284	0.222
当地居民和政府的环保意识提升	3.67	3.86	+0.19	0.975	0.907	20.2	6.6	71.5	67.6	-1.639	284	0.102
旅游产生更多的生活垃圾	3.96	4.04	+0.08	0.969	1.005	11.8	9	79.8	76.6	-0.656	284	0.512
现代化建筑破坏了传统民居风貌	3.55	3.72	+0.17	1.087	1.197	20.2	16.2	59.6	66.4	-1.186	284	0.237

对于"商业广告、旅游设施破坏了乡村形象",居民持中立态度,游客持赞同态度。居民意见分歧较大(不赞同率31.9%,赞同率41.2%)。游客意见分歧较小

(不赞同率12%，赞同率73%)。根据现场调查，当前扎尕那的商业广告和旅游设施包括农家乐广告牌、景区大门、旅游栈道、停车场等。居民和游客普遍对正在修建的栈道等游览设施表示不满，认为破坏了景区原生态的景观。对于居民而言，一方面商业广告源自居民宣传的现实需要，在当前阶段对乡村形象的影响还没有给予太多的重视；另一方面居民对于乡村形象的理解与游客可能有所差别。游客对于商业类的因素比较敏感，游客对乡村形象的要求和期望比当地居民更高。

对于"促进当地自然环境的保护"，居民和游客都持中立态度，主要原因是当前居民和政府采取的措施只是应对旅游对自然环境的不利影响，并没有进一步保护和提升自然环境。因此当前的旅游尚未起到促进自然环境保护的作用。

对于"当地居民和政府的环保意识提升"，游客的赞同度高于居民的赞同度，调查中发现，居民对自然环境保护的意识较强，旅游发展以前，传统的放牧和少量的农耕活动，以及传统木屋的建设等对自然环境的影响不明显，而伴随大量游客的到来，垃圾问题随之明显，居民感受强烈，自发组织开展垃圾清理工作，当地政府也划分出垃圾填埋的场地。景区目前以每人10元的垃圾清理费代替门票，也让游客感受到居民的环保意识。

对于"旅游产生更多的生活垃圾"，居民和游客的感知度最高。根据调查显示，由于旅游旺季游客数量大，住宿和餐饮产生了比以往更多的生活垃圾和废水，扎尕那地区近乎原生态的草原和山地内几乎没有垃圾收集和处理的设施，游客随手扔垃圾的现象明显。

对于"现代化建筑破坏了传统民居风貌"，居民和游客都深表赞同，但游客感知比居民感知更为强烈。主要原因是居民虽然有延续传统民居的愿望，但是对经济利益的需求是当前最为明显的需求，对于拆除或改建传统民居，居民存在一定的矛盾心理。此外，低层楼房目前只是一少部分比较富裕的居民修建的，一部分居民正在筹备修建，而更多居民无力修建，在这样的情况下，没有修建楼房的居民对于楼房对传统村落景观的影响更能直接表达感受。游客有欣赏传统民居和传统村落的需求，而又没有居民的矛盾心理，不论是对于传统民居景观、传统村落景观，楼房等建筑出现在相对原生态的环境中，使得游客对于影响景观的因素感知更为明显和直接。

4. 研究小结

4.1 旅游对扎尕那地区产生的影响

对经济的影响以积极影响为主。积极影响包括：扎尕那地区的旅游发展对促进居民收入有比较明显的影响，居民的生活水平得到一定程度的提升，但是由于旅游收入又被用来修建房屋或进行装修,因此居民的生活水平提升有限。旅游促进住宿、餐饮和旅游向导等的发展,丰富了当地的产业内容。但是由于大量的劳动力和资本涌向旅游,因此传统的农牧业发展受到了一定程度的影响,有些居民为发展旅游,会售卖一部分或全部的牛羊和牧场。乡村旅游的快速发展引起政府重视,开始出台相关政策促进旅游发展,外来投资将会随之而来。消极影响包括:贫富差距加大。贫富差距一直以来都是存在的,旅游的发展进一步加大了这一差距。有一定资本并且头脑灵活的居民率先提供旅游服务,因此获得了进一步扩大旅游服务规模的能力。而原本就缺乏资本或者对旅游接纳程度不高的居民无力提供旅游服务,难以在旅游中获得明显的收益。旅游对当地物价水平的影响尚不明显。

对社会文化的积极影响和消极影响都不可忽视。积极影响主要包括:促进文化交流,很多居民表示愿意从事旅游服务的原因除了增加收入,更重要的是能够认识外面的世界。促使年轻人留在当地,这对于民族文化的传承与发展有一定的积极影响。消极影响主要包括:旅游使得居民之间的关系受到影响,不正当的竞争手段破坏了邻里关系、忙碌的旅游接待影响了村民之间的正常情感交流等。

对环境的影响当前以消极影响为主。虽然居民和当地政府的环保意识不断提升,但是相应的措施并未有效地阻止环境问题的发展。一方面旅游产生更多的垃圾,另一方面旅游相关设施的建设破坏了当地的原始风貌,包括居民建设的楼房、政府正在修建的相关旅游设施等。

旅游对当地产生的影响首先来自游客,游客带来了不同的文化、产生了更多的垃圾、为居民带来了更多的收入等;其次来自当地居民,居民为接待游客修建新的房屋或者对原来的房屋进行装修和改建、修建停车场、采取环保措施、争抢游客等;最后来自政府和相关的开发企业,加强基础设施建设、对景区景点进行规划建设、对居民的行为做出规定和限制等。

逐渐被汉化可能是我国众多少数民族面临的一个不可避免的趋势。在服装、饮食习惯、行为习惯、节庆习惯、生活方式、民居等方面,少数民族或多或少地受到汉族的影响。旅游这一在文化交流方面具有巨大推动力的社会现象,如何能够成为民族文化的保护者,保护民族地区的传统文化,保护民族地区居民的生产生活,保护作为游客的需求,而不是破坏者,是当前少数民族地区发展旅游时需要慎重思考的问题。

4.2 居民和游客对旅游影响感知的对比

总体来讲,游客的平均感知高于居民的平均感知。对于旅游对经济的影响和对社会文化的影响方面,居民和游客的感知有较明显的差异,在旅游对环境影响方面除"商业广告、旅游设施破坏了乡村形象"这一感知项居民和游客的感知存在显著差异,其他旅游对环境的影响感知差异不明显。居民和游客从自身立场出发对旅游影响进行评价,体现了居民和游客不同的利益诉求、价值观念和审美视角,居民和游客感知对于旅游影响的评价而言并非绝对客观,但是对于从利益相关者的角度分析旅游影响有重要意义。

扎尕那居民对当地旅游影响的感知中既体现出保护自身家园和延续传统民族民俗文化的要求,又体现出提升生活水平和接触外界新鲜事物的迫切需求。例如,居民认为楼房的建设破坏了传统村貌,但同时有能力的居民在建设新的楼房,没有能力的居民期望建设楼房接待游客。居民一方面认为接待游客可以帮助他们认识外面的世界,另一方面担心游客的穿着习惯、行为方式会对当地的年轻人造成不良影响。一方面认为旅游接待相对于农牧业生产更轻松、更安全,另一方面由于旅游接待的忙碌工作状态影响了居民之间的感情联系等。处于该发展阶段的居民对于金钱的追求是非常迫切的,但是作为一个有信仰的民族,对当前人们之间关系的变化、对人们信仰的变化及环境问题等又表现出担忧,也因为追求经济利益,将这些问题的解决寄希望于政府,而不能从自身寻找解决问题的途径。

游客在民族地区的乡村旅游中,既体现出对自然景观和传统人文景观的审美需求、对标准化的住宿和餐饮服务的需求,同时又表现出对当地居民和政府为满足这些需求而产生的一系列变化的不满。例如,为提供标准间而修建的楼房破坏了传统民居景观;为提供安全的游览设施而修建旅游栈道破坏了原生态的自然环境;因接待游客造成的忙碌的生活打破了民族地区乡村宁静的慢节奏生活状态等。

居民和游客普遍对"旅游促进基础设施的改善""带动相关产业发展"这两项积极影响因素感知明显,同时居民认为旅游促进更多的年轻人留在当地,游客认为旅游促进与外来文化的交流学习。居民和游客普遍对"居民和游客的文化冲突明显""旅游使传统文化不同程度流失"感知不明显,同时居民并不十分认同"传统文化的商业化和庸俗化越来越明显",游客对"旅游促进了传统民居的保护"并不十分认同(见表2-27)。

表2-27 居民和游客平均感知的前三项和后三项

	居民感知旅游影响	游客感知旅游影响
感知均值的前三项	促进基础设施的改善 带动相关产业发展 促进更多的年轻人留在当地	促进基础设施的改善 带动相关产业发展 促进与外来文化的交流和学习
感知均值的后三项	传统文化的商业化和庸俗化越来越明显 文化冲突明显 使传统文化不同程度流失	文化冲突明显 使传统文化不同程度流失 促进了传统民居的保护

另外，居民在问卷中的回答和在访谈中的回答有一定的差异，这一现象的原因在访谈中能够找到答案。对于直接抛出的问题，居民往往给出积极方面的回答。例如，旅游对居民关系是否有影响，居民的回答往往是"没有影响，大家关系都很好。"但是通过进一步的访谈，居民会对当前的一些现状表示失望和担忧，大家都忙着挣钱，路上见了面都没有时间打招呼，一家人轮流吃饭，有的年轻人跑到别人家里抢客人。居民习惯通过描述一些具体的事件或现象对问题做出解释，但是最直接的回答往往表现得很积极。可能的原因是居民对一些问题的回答存在一些顾虑，同时也和居民自身的文化水平和对问题的理解能力有关系。而游客往往在问卷的填写中表现出对问题清楚的认识和理解，因此通过问卷便能获取比较准确的游客的感知。

第五节 扎尕那村旅游发展存在问题及解决对策

通过实地调研，在主客双重感知对比的基础上，发现目前扎尕那乡村旅游发展在可持续、居民自发开展旅游服务和自主管理等方面还存在较多不足，针对这些不足我们提出相应的解决对策，以期对扎尕那乡村旅游发展提供一定的参考与借鉴。

1. 扎尕那旅游发展中存在的问题

1.1 可持续发展的问题

民族地区乡村旅游发展面临一个困境：旅游促使当地经济得到快速发展，对越来越多的方面产生影响，包括穿着、饮食、出行方式、生产方式、行为方式、思想观念、民族习惯、民族信仰等，当地居民也对现代化的生活产生越来越强烈的向往。但是，民族地区乡村旅游的发展不仅需要近乎原生态的自然风光，更需要当地居民传统的民族文化风貌。当旅游发展到一定阶段，当地居民通过与外来文化的交流使文化差异越来越小，那么当地的传统文化就逐渐失去了旅游吸引力，因此对旅游发展的促进作用会越来越小。扎尕那地区的旅游发展处于参与阶段向发展阶段转变的过渡，旅游造成的各类影响尚不突出，但已初见端倪，随着当地旅游的进一步开发，旅游对当地产生的影响不断加强，这类问题将不可避免。为此，从可持续发展的角度，扎尕那地区的民族乡村旅游需要采取一定的预防措施，尽量避免这一困境的出现。

1.2 居民自发开展旅游服务和自主管理中存在的问题

居民为接待游客而自发修建楼房、改建或装修传统民居、修建停车场、公共厕所等旅游服务设施，但是缺乏系统规划，对村子的整体形象造成不良影响。有的居民修建三层或四层楼房而遮挡了邻居家传统木屋的采光通风等，造成邻里矛盾。目前村子里的房屋以木屋为主，中间穿插着楼房，高低错落，既没有现代化城镇的整齐明亮，又没有传统村落的古朴特色。同时，越来越多的居民正在筹备修建楼房，这对传统民居景观的保护十分不利。扎尕那村的旅游通过村民自主管理，村委会成立了旅游公司，处理游客投诉、对清洁工作进行分工、管理马匹、修补道路等工作。在招商引资、整体规划、解决居民因游客产生的纠纷、对贫困人口的帮助方面并未起到明显的积极作用。

1.3 当地政府在规划和开发中存在的问题

国家颁布现行的《旅游规划通则》（GB/T 1897—2003）提出"要征求当地居民的意见"的要求。当地政府的规划建设目标尚未系统地传达给当地居民，当地居民缺乏起码的知情权。当前政府对扎尕那村旅游发展的相关规划尚未公示，居民只知道政府将会对景区进行修建，但并不知道具体的建设计划和建设目标。当地居民在政治地位和利益表达的能力和渠道方面处于弱势，没有机会参与制定相关规划。

居民对当前已经开展的旅游设施建设表示不满，但是由于力量薄弱，缺乏沟通的渠道和沟通的力量。从居民口中了解到，当地政府对村民的房屋建设的高度提出了要求，对传统民居进行保护，不得私自拆除建造楼房。进一步的规划是，今后游客的车辆不得开进景区，而是由专门的观光车将游客带至景区，参观游览结束后再由观光车带出景区，游客将不会在景区内住宿和吃饭，因此居民修建的旅馆和餐厅将不能在旅游接待中发挥作用。构建类似于九寨沟的观光游览模式，开展对自然环境的保护，但是对于民族民俗文化的展示将起不到积极的促进作用。对于村民的安置，可能采取集体搬迁的方式将村民搬迁至城镇，将传统的村子保护起来，而具体内容尚在商讨阶段。对此，居民表示担忧。关于当前景区的建设进度，景区大门已经修建完毕，游览栈道引起了居民和游客的强烈不满，对于传统桥梁的修建正在进行，但并未获得居民的认可。

当前旅游发展所产生的各类影响尚未得到有效的把控，政府对该地区的旅游开发建设势必将产生更加明显的影响，而这些影响主要是对原生态自然景观的开发与保护、对社区居民利益的保障、对传统民族文化的开发与传承。因此，当地政府在旅游规划方面考虑尚不周全。

2. 解决对策

2.1 可持续发展的对策

可持续发展的实质是平衡开发利用与保护的关系。首先自然环境的保护需要当地政府采取积极措施，虽然居民有一定的环保意识，但是存在一定的局限。政府需要进一步帮助居民和游客提升环境保护意识，制定一系列环境保护的政策，进一步对森林和草原等进行保护，加强对垃圾和污水的处理。其次是人文资源的保护，通过深入挖掘民族文化和民俗文化，开发相关的旅游产品，培育文化传承和发展的有效机制，鼓励年轻人传承传统文化并将其融入旅游发展中，使民族文化通过旅游发展向游客传播。

2.2 针对经营管理中问题的对策

从居民自身来讲，进一步完善集体管理的规章制度，在原先以村委会为核心的基础上，成立村民自主管理委员会，吸纳在旅游行业中参与程度不同的居民。例如，开农家乐的居民，以及没有开农家乐的居民，同时吸纳不同受教育程度的居民，对当前旅游经营管理中存在的问题开展积极的讨论，寻求解决途径，村委会要在中间起积极的引导作用，尽可能实现旅游经营的村民自治，避免矛盾激化。

从政府部门的角度来讲，主要是迭部县政府应针对该地区乡村旅游管理中存在的问题积极提供相关的帮助。比如，提供相关培训，包括旅游接待、餐饮住宿、宣传营销等，帮助居民提升整体的管理和服务水平，以保护居民感情和利益为前提，帮助居民建立有序的竞争规则。

2.3 针对政府规划与开发中问题的对策

首先，扎尕那当前的规划与建设还处在初期，整体规划内容应该征求居民和游客的建议，有必要对于居民和游客十分不满意的相关规划进行讨论修改。扎尕那的乡村旅游要保留文化内涵，需要依靠当地居民来传承和发展民族文化，以继续发挥民族文化对游客的吸引力。其次，有必要对居民安置问题与居民和开发商进行协商，保障居民的权益，避免引起较大的冲突。针对部分居民通过变卖牛羊或牧场而建造楼房或改建民居的现状，通过斩断居民希望依靠接待游客获取收入的途径是不合理的，严重损害了居民的利益和感情，同时也损害了游客选择民居的权利，容易引起冲突和造成旅游体验的降低。最后，在传统文化保护和开发中，政府应当发挥主导作用，在当地居民中选取对当地文化有深入认识并对文化开发与保护有独立见解的居民，保障传统文化传承与发展的真实性。

第六节　甘南藏族地区乡村旅游发展建议

1. 重视居民和游客的旅游发展诉求

1.1 满足居民对经济收益的诉求

社区居民在乡村旅游中的地位不言而喻，社区居民是乡村旅游中重要的人文景观，是民族文化和传统文化的重要载体，是乡村旅游可持续发展的重要影响因素。居民对旅游发展的诉求是尽量保护原有的自然风貌，保障居民继续享受旅游发展带来的收益，深入挖掘当地的传统文化，进一步完善当地的旅游管理，避免因管理不善影响村民之间的感情等。其中经济收益为主要诉求，同时要求居民获取的经济收益能够达到相对均衡，避免贫富差距的进一步扩大导致居民关系的疏远，以维持藏族居民之间相互帮助、相亲相爱的民族传统。为此，从政府的角度，应通过积极开展旅游扶贫，帮助居民尤其是贫困居民有能力参与旅游发展从而获取收益。从居民自身角度，村集体应积极开展村民自治管理，合理分配村集体在旅游发展中的收益，保障全体居民的基本收益。

1.2 满足游客对原生态环境的诉求

对游客而言，甘南藏族地区乡村旅游的旅游吸引物是原生态的自然景观和民族特色鲜明的人文景观。旅游发展如果不能较好地满足游客的诉求，将很难保障游客数量的稳定增长。针对甘南藏族自治州的特点，要以保护为主、建设为辅。在聘请规划团队时，避免迷信具有高等级规划资质的单位，避免甘南地区各地乡村旅游规划的无差别、无特色，避免各种旅游设施的重复建设和随意套用，避免与当地自然景观和人文景观不相符的人为景点的随意建设。在规划团队的组成上，需要当地对自然和人文资源有深入了解的居民的参与。在居民和游客意见的采集上，需要注意平衡不同人口学特征的居民和游客，尤其需要平衡不同收入水平、参与和不参与旅游的居民数量，平衡不同受教育水平和收入水平的游客数量。

2. 强化旅游收益的合理分配

2.1　积极开展旅游精准扶贫工作

社区居民在甘南藏族地区乡村旅游的发展中有参与的权利，也有分享旅游收益的权利。为响应国家新农村建设的号召，以及旅游扶贫的政策，乡村旅游势必要将社区居民的利益放到重要的位置。响应国家号召，积极开展旅游精准扶贫工作，对缺乏资金和技术的居民提供技术和资金方面的支持，对没有能力参与旅游服务的居民以土地、牧场、马匹等入股的形式参与分红，确保人人享受旅游收益。最大限度地让当地居民参与旅游服务，保障居民利益，提升居民的满意度。不能因为旅游开发要满足政府的财政需求，要满足企业的效益需求，要满足游客的旅游服务需求，而牺牲当地原住民的利益，这是非人性化的，也是不可持续的。甘南藏族地区乡村旅游需要着重关注这一问题。

2.2 避免对当前资源的过度消费

旅游收益的合理分配不仅体现在居民与企业之间、居民与居民之间，更体现在当今与未来之间。当前的旅游发展如果过度关注当前利益的获取，过度消费旅游资源，将难以实现旅游发展的可持续，难以实现收益的可持续。因此，有必要对一些游客数量达到饱和甚至过度饱和的乡村旅游目的地进行适当的干预，对游客数量进行适当的控制，不盲目地为了当前的旅游收益而破坏了旅游的可持续发展。一方面是出于保护自然环境的需要，另一方面是保护当地的宗教氛围和居民的正常生活，保护甘南藏族地区的民族文化特色，为民族地区的乡村旅游营造神秘感，避免过度消费而加快甘南地区的乡村旅游迅速进入衰退期。

3. 加强民族文化的保护性开发

3.1 关注人在民族文化中的重要意义

旅游的核心是文化，甘南藏族地区的乡村旅游尤其如此，民族文化和民俗文化是甘南地区重要的旅游吸引物。在旅游发展中能否做好对民族民俗文化的保护、开发和传承，是甘南藏族地区乡村旅游发展的重要影响因素。

首先，文化是通过人进行传承和发展的，因此，乡村旅游的规划不可以忽视人的存在。对于以九寨沟为代表的对当地村民进行异地搬迁从而保护自然环境的旅游规划行为，并不值得甘南藏族地区效仿。有人的地方才有鲜活的文化，保障居民正常的生产生活是进一步保护和传承民族民俗文化的基础。没有鲜活文化的旅游是没有生命力的，是不能可持续发展的。

其次，积极开展对民族民俗文化的开发与传承，注重培养年轻人对传统文化的热爱，对传统文化的收集与整理方面，做到实事求是，不随意编造神话故事，防止传统文化过度的商业化和庸俗化。在此过程中要充分发挥当地居民对民族民俗文化深入了解的优势，借助专业团队打造特色鲜明的旅游文化产品。积极开发当地特色的旅游产品，从土特产、手工艺产品、民族服饰等物质产品入手，打造完整的具有当地特色的乡村旅游产品，同时避免甘南州内部的同质化竞争。

3.2 关注民族文化中物质文化的保护

民族文化当中的物质文化包括传统民居、民族服饰、传统的生产生活方式和用品等，这些都是重要的旅游吸引物，并能够给游客直观的视觉冲击。以传统民居的保护为例，传统民居是当地文化的一个重要表现形式，对于传统民居的保护、游客住宿需求及居民收益等多个因素之间的矛盾，应该以保护为主，综合考虑游客住宿需求和居民收益。以扎尕那村为例，当前居民自发的对传统房屋进行改造或者拆除传统房屋建设楼房的行为，是需要一定政策干预的，但是干预的前提是能够找出帮助村民参与旅游获得收益的更合理途径，否则仅仅是简单地制止对民居的改建和重建，或者不考虑居民的现实需求从根本上断绝居民通过餐饮和住宿获得收益的途径，不能够有效地保护传统民居特色。

4. 注重旅游与生态的协调发展

4.1 保护生态环境和生态景观

充分考虑旅游对自然环境的影响，采取措施减少污染和破坏。采取有效的垃圾收集和处理方式，对游客游览区域进行界定，对游客数量进行合理控制，对甘南藏族的牧区进行科学管理，既要避免过度放牧造成的草场退化，又要保障牧业的健康发展，避免因旅游的冲击而逐渐衰退，因为农牧业是甘南地区乡村旅游的一个重要景观。同时，全面提升居民、当地政府及游客的环保意识，持续加强对环保意识和环保方法的宣传和普及，减少环境污染，降低环境破坏。

4.2 建设和营销与环境相融合

对于旅游基础设施和游览设施的建设要尽量不突出现代化的特色，相关建设要与周围的自然环境有较好的融合。例如，扎尕那地区正在修建的游览栈道是全国多个景区都在建设使用的游览设施，对当地的自然景观破坏明显，居民和游客普遍不赞同。同时，根据这一发展阶段的特点，商业广告将会无处不在，但是商业广告对于游客而言是对自然环境的极大破坏，因此，商业广告的投放最好借助网络和新媒体等现代化的传播途径，尽量减少大规模的户外广告。

5. 建立健全乡村旅游管理机制

5.1 构建旅游人才体系

尽可能为居民提供各类旅游相关的培训，一方面提升居民的服务意识和服务能力，另一方面塑造甘南藏族乡村旅游良好的服务形象。尤其针对在经营管理中存在较大困难的居民，应帮助他们尽快提升旅游管理水平。同时，政府需要加强对居民环境保护和文化保护的宣传教育，减少由居民造成的文化流失和环境破坏。居民由于受自身立场、受教育程度等多方面的影响，在文化保护和环境保护方面没有树立较高的标准和要求，对一些关键性问题缺乏足够的认识。政府部门需要尽可能多地与居民进行沟通交流，获得居民的认可和支持。

5.2 完善居民自治机制

居民自发进行乡村旅游管理存在诸多问题，其中的一些问题居民已经意识到，但是无力解决，因此寄希望于政府的帮助和支持。这就要求政府能够帮助居民建立一套合理有序的管理方式和竞争制度，减少矛盾的产生。针对当前比较混乱的竞争秩序损害居民关系的问题，合理的竞争秩序有利于开展旅游精准扶贫，避免更多社会问题的产生。

第七节 研究结论与展望

1. 研究结论

首先，随着甘南藏族自治州的乡村旅游的逐渐兴起，旅游发展所带来的社会、经济、环境等方面的影响日益显露，尤其对初步发展阶段的乡村旅游而言，旅游影响已经被当地居民和游客比较明显地感知到。居民和游客基于各自的利益和视角，提出了对乡村旅游影响的感知，其中既有共同的方面，也有差异的方面。总的来说该阶段的乡村旅游影响积极方面大于消极方面。居民和游客对乡村旅游影响的感知对于接下来指导乡村旅游的发展具有重要意义。

其次，旅游所带来的一系列影响已经超出了当地居民的掌控范围，不仅是游客的到来所引发的变化，同时包括当地居民自身在应对旅游发展的过程中对当地方方面面所带来的改变，其中既有居民积极主动进行的改变，也有受利益驱动带着矛盾心理进行的改变。此时需要政府采取适当相应的措施进行规范管理，控制旅游影响。从旅游发展的初期阶段采取措施，避免造成不可弥补的损失。

最后，从政府规划和企业开发的行为来看，广大居民和游客对当地乡村旅游规划缺乏必要的话语权，居民和游客与当地政府和旅游开发企业之间缺乏有效的沟通渠道。当地居民的利益诉求在旅游规划和开发中难以保障，居民和游客关于保持社会文化原生态和自然环境原生态的诉求也难以传达和保证。对于甘南藏族自治州的乡村旅游发展而言，社会文化的保护与自然环境的保护同样重要，应努力保护好当地的社会文化。

2. 研究展望

居民和游客对该发展阶段的旅游影响感知对该地进一步规划和开发乡村旅游具有重要的参考意义。接下来对该地的长期跟踪研究有必要继续开展，研究应覆盖扎尕那乡村旅游的各个旅游发展阶段，分析不同发展阶段乡村旅游影响的特点，为甘南藏族自治州乡村旅游发展中处理旅游影响和旅游规划等方面的问题提供参考和借鉴。

第三部分

旅游规划质量研究

第三章　居民感知视角下的某旅游规划质量评价研究

第一节　旅游规划质量研究概述

1. 研究背景

旅游业的飞速发展与旅游规划的质量密不可分。国内外关于旅游规划质量的研究主要集中于旅游规划质量管理方法、影响旅游规划质量的因素，以及如何提升旅游规划质量等方面，对于旅游规划的质量评价研究较少。杨敏（2004）等应用模糊数学构建了旅游规划综合评价的模型，主要评价旅游规划的设计、整体性能及实际应用等方面，对于评价主体未做界定；廖培（2010）通过对旅游规划中的各个利益相关者进行界定，分析不同利益相关者如何从各自的角度对旅游规划进行评价，探索旅游规划评价的方法；鲁小波（2014）等分析了影响旅游规划质量评价的因素并提出了提升旅游规划质量的方法，指出社区居民作为旅游规划的重要利益相关者，有必要成为旅游规划团队的组成部分。由于旅游规划的复杂性，当前尚缺乏一套规范的、具有普遍适用意义的旅游规划质量量化评价指标体系，在实际操作中主要采用专家评议的方法进行定性评价，其科学性有待考证。社区居民作为旅游规划的重要利益相关者近年来得到越来越多国内外专家学者的关注，他们对于社区居民参与旅游规划的重要性和必要性进行了深入探讨，但相关的实证研究还处于起步阶段。因此有必要从居民的视角对旅游规划质量进行量化评价。

2. 研究目的

笔者以已经通过评审的某甲级资质旅游规划公司为某区域编制的某旅游规划为调查对象，选取社区居民为调查实体，通过文献研究和专家评议等方法设计旅游规划质量量化评价指标体系，采用调查问卷与访谈的方式，主要研究社区居民对旅游规划质量的评价，以及不同人口学特征居民的评价特点，旨在为旅游规划质量评价提供参考，说明旅游规划吸纳社区居民意见的重要性与必要性。

3. 研究方法与研究过程

3.1 研究方法

本研究主要分为3个阶段：首先是制定旅游规划评价指标。在深入研究国内外专家学者对旅游规划评价的研究及旅游规划的相关原则的基础上，结合某区域旅游规划的文本，形成评价旅游规划的调查问卷，并通过专家评议的方法对指标体系进行完善和修改。其次是确定调查对象，最后是开展实地调研。

3.2 研究过程

2014年5月，课题组到达该规划建址所属镇，先后到达当地镇政府、当地所有中小学及镇上各个村庄，其中包含规划中需要拆迁的村庄，采用问卷调查和访谈的方法（对调查对象进行一对一或一对二发放规划文本和调查问卷，并进行相关问题的解释，同时记录被调查对象提出的建议和看法）对该规划所在地居民进行调研。经过为期4天的调研，共收到当地居民的问卷254份，有效问卷242份，其中政府部门工作人员问卷47份，有效问卷44份；教师问卷58份，有效问卷54份，村镇其他居民问卷149份，有效问卷144份。之后对调查结果进行了系统的整理、分析与比较。

第二节 当地居民对旅游规划质量的总体评价

被调查的社区居民的人口统计学特征如表3-1所示。女性比例略高于男性；年龄主要集中在26~35岁和45岁以上两个年龄段；年收入差距明显，主要集中于15000元以下和25000元以上；职业主要分为4类，农民占比50.8%，教师占比22.3%，政府部门工作人员占比18.2%，其他职业人员占比8.7%；在本地居住年限以21年及以上居多，占比64%；学历上分层明显，主要集中在初中及以下和本科及以上。

第三章 居民感知视角下的某旅游规划质量评价研究

表 3-1 被调查居民的人口统计学特征

项目	类别	频数	有效百分比（%）	项目	类别	频数	有效百分比（%）
性别	男	113	46.7	职业	教师	54	22.3
	女	129	53.3		干部	44	18.2
年龄	25岁及以下	10	4.1		其他	21	8.7
	26~35岁	88	36.4	在本地居住年限	4年以下	30	12.4
	36~45岁	43	17.8		4~10年	31	12.8
	45岁以上	101	41.7		11~20年	26	10.7
年收入	15000元以下	97	40.1		21年及以上	155	64
	15000~20000元	31	12.8	学历	初中及以下	87	36
	20001~25000元	22	9.1		高中/中专	55	22.7
	25000元以上	92	38		大专	17	7
职业	农民	123	50.8		本科及以上	83	34.3

当地居民对该旅游规划质量的总体统计结果如表 3-2 所示。评价等级采用"优""良""中""及格""差" 5 个等级；评价指标分为 3 类：一是主要内容评价，C_1-C_{13} 共 13 项；二是整体评价，C_{14}-C_{17} 共 4 项；三是开放性问题，"本地区旅游开发中您最关注的问题是____，该旅游总体规划中该问题的解决程度（按上述五级分类判定）为____。"为方便计算变异系数，将统计结果中的"优、良、中、及格、差"分别用"5、4、3、2、1"代替。

表 3-2 当地居民对该旅游规划质量评价结果

编号	评价指标	评价等级					变异系数
		优（%）	良（%）	中（%）	及格（%）	差（%）	
C_1	规划背景优缺点的利用与回避分析	50	33.5	14	1.7	0.8	0.19
C_2	旅游资源总量的分析与评价	43.4	35.1	17.4	2.9	1.2	0.22
C_3	稀缺性与独特性旅游资源的把握及利用	31.8	35.5	25.6	3.3	3.7	0.26
C_4	旅游规划与上位规划的衔接分析	43	29.8	20.2	5	2.1	0.25
C_5	战略目标与战略方向的确定	53.7	30.2	11.6	2.1	2.5	0.22
C_6	主题形象与宣传口号的设计与分析	50.4	31.4	12	3.7	2.5	0.23
C_7	旅游市场的定位分析及准确程度	47.9	29.3	16.1	5.4	1.2	0.23
C_8	产品策划中独创性项目的设计	31.4	33.9	25.2	5	4.5	0.28
C_9	产品策划中借鉴的成功性项目分析	32.2	30.2	26	9.5	2.1	0.28

续表

编号	评价指标	评价等级					变异系数
		优(%)	良(%)	中(%)	及格(%)	差(%)	
C_{10}	功能分区的策划与布局	52.1	28.9	11.6	4.5	2.9	0.24
C_{11}	旅游要素系统的设计与分析	38	35.5	19.8	5.8	0.8	0.23
C_{12}	规划实施中分阶段突破点的把握	30.2	34.3	20.2	9.1	6.2	0.31
C_{13}	旅游规划中投资效益评估分析	25.2	31	25.6	11.6	6.6	0.33
C_{14}	规范性	58.3	28.1	10.3	2.9	0.4	0.19
C_{15}	可靠性	40.1	36.8	17.8	2.5	2.9	0.24
C_{16}	先进性	45.9	29.8	19.4	3.3	1.7	0.23
C_{17}	可操作性	24.4	29.8	29.3	12	4.5	0.31

1. 总体评价

从表 3-2 可以看出居民对各评价指标的评价等级占比，有 12 项评价指标的"优"等级占比相对于其他评价等级占比最高，其余 5 项评价指标的"良"相对于其他评价等级占比最高。从图 3-1 可以看出有 15 项指标的"优"和"良"的占比之和超过了 60%，说明社区居民整体上对于该规划持肯定态度。其中 5 项评级指标"优"和"良"的占比超过 80%，说明居民对"规划背景优缺点的利用与回避分析""战略目标与战略方向的确定""主题形象与宣传口号的设计与分析""功能分区的策划与布局"和"规范性"的设计与规划十分认可；有 2 项指标"旅游规划中投资效益评估分析"与"可操作性"低于 60%，说明居民对"旅游规划中投资效益评估分析"和"可操作性"的认可程度一般。

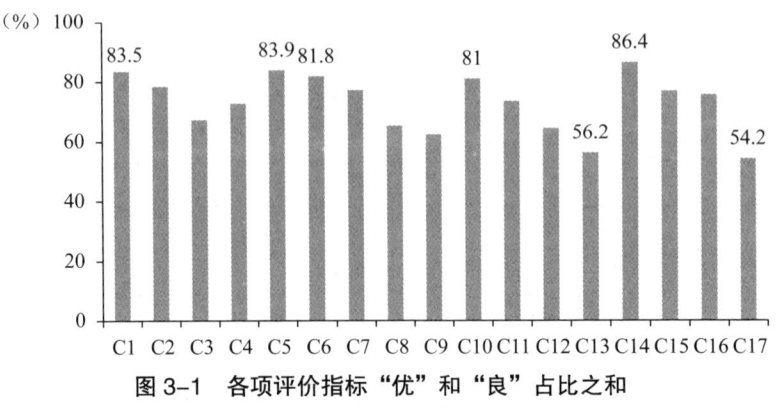

图 3-1　各项评价指标"优"和"良"占比之和

从变异系数来看，居民对不同指标的评价存在明显分歧。C_1 "规划背景优缺点的利用与回避"和 C_{14} "规范性"的变异系数是 0.19，分歧最小；C_{12}、C_{13}、C_{17} 的变异系数在 0.31~0.33，即居民对于"规划实施中分阶段突破点的把握""投资效益评估分析"和"可操作性"的评价分歧相对最大。

2. 居民对于该旅游规划最关注的问题

统计居民最关注的问题如表 3-3，约有 73.2% 的被调查居民回答了对该项目最关注的问题，将所有问题整理为以上 6 大类，从中可以看出，36.8% 的居民最关注的问题是当地居民的受益问题，在所有问题中占比最高，其次是工程的进度问题。

表 3-3 居民最关注的问题

编号	居民最关注的问题	占比（%）
Q_1	当地居民受益问题（主要包括项目对当地经济发展的促进带动作用，以及对当地居民收入和休闲娱乐水平的提升、居民参与该旅游的方式、拆迁居民的拆迁安置和今后的发展等）	36.8
Q_2	基础设施建设（包括基础服务设施的建设，重点是内部和外部的交通问题及美丽乡村卫生建设等）	9.5
Q_3	环境问题（主要指在开发过程中保护生态环境和耕地的措施）	6.6
Q_4	景区设计（主要包括因地制宜地进行旅游项目的设计，充分利用当地资源，突出特色，增加独创性的项目，建设综合性的旅游地）	5
Q_5	战略定位（指根据项目所在地及周边市场的经济发展状况恰当定位，不宜过分追求高大上）	3.3
Q_6	工程进度	12

第三节 居民对旅游规划质量评价的差异分析

为了能更清楚地分析区域居民人口学特征与该旅游规划质量评价之间的关系，依次统计、计算得到不同人口学特征居民评价的"优"和"良"占比之和（表 3-4）、不同人口学特征居民评价的变异系数（表 3-5）、不同人口学特征居民最关注的问题来开展居民对旅游规划质量评价的差异分析。

表3-4 不同人口学特征居民评价的"优"和"良"占比之和

编号	职业				性别		年龄段					学历					在当地居住年限				年收入				
	农民(%)	教师(%)	干部(%)	其他(%)	男(%)	女(%)	25岁及以下(%)	26-35岁(%)	36-45岁(%)	45岁以上(%)	初中及以下(%)	高中/中专(%)	大专(%)	本科及以上(%)	4年以下(%)	4~10年(%)	11~20年(%)	21年及以上(%)	15000元以下(%)	15000~20000元(%)	20001~25000元(%)	25000元以上(%)
C₁	82.9	77.8	90.9	85.7	87.6	79.8	90	87.5	74.4	83.2	82.8	85.5	76.5	84.3	93.3	77.4	84.6	82.6	80.4	83.9	86.4	85.9
C₂	78.0	70.4	88.6	81.0	81.4	76	80	83	67.4	79.2	77	76.4	76.5	81.9	90	71	80.8	77.4	80.4	71	81.8	78.3
C₃	64.2	63.0	81.8	66.7	72.6	62.8	80	72.7	62.8	63.4	64.4	63.6	82.4	69.9	86.7	64.5	76.9	62.6	63.9	58.1	81.8	70.7
C₄	72.4	64.8	79.5	81.0	76.1	69.8	70	75	72.1	71.3	74.7	72.7	70.6	71.1	86.7	61.3	73.1	72.3	72.2	71	68.2	72.8
C₅	88.6	68.5	88.6	85.7	85	82.9	90	85.2	74.4	86.1	85.1	89.1	88.2	78.3	93.3	77.4	76.9	84.5	87.6	87.1	68.2	78.3
C₆	86.2	66.7	88.6	81.0	85.8	78.3	90	81.8	81.4	81.2	86.2	83.6	82.4	75.9	93.3	71	80.8	81.9	82.5	80.6	72.7	83.7
C₇	82.1	57.4	86.4	81.0	81.4	73.6	60	81.8	72.1	76.2	80.5	80	64.7	73.5	90	67.7	80.8	75.5	81.4	80.6	77.3	70.7
C₈	65.9	59.3	77.3	52.4	66.4	64.3	70	65.9	69.8	62.4	60.9	65.5	82.4	66.3	76.7	64.5	61.5	60.6	62.9	67.7	72.7	65.2
C₉	59.3	59.3	81.8	47.6	60.2	64.3	70	65.9	53.5	62.4	60.9	58.2	52.9	68.7	76.7	41.9	63.9	63.9	58.8	58.1	63.6	67.4
C₁₀	77.2	64.8	84.1	85.7	84.1	78.3	90	83	72.1	82.2	83.9	85.5	76.5	75.9	90	77.4	80.8	80	80.4	87	81.8	79.3
C₁₁	77.2	63.0	77.3	71.4	69.9	76.7	70	77.3	65.1	74.3	77	74.5	70.6	69.5	76.7	67.7	80.8	72.9	72.2	83.9	77.3	70.7
C₁₂	65.0	59.3	75.0	52.4	63.7	65.1	60	68.2	55.8	65.3	65.5	60	58.8	67.5	63.3	58.1	61.5	63.9	69.1	48.4	63.6	65.2
C₁₃	56.9	51.9	63.6	47.6	60.2	52.7	40	63.6	51.2	53.5	55.2	54.5	41.2	61.4	63.3	48.4	65.4	54.8	55.7	51.6	54.5	58.7
C₁₄	92.7	70.4	90.9	81.0	88.5	84.5	90	89.8	76.7	87.1	92	85.5	70.6	84.3	96.7	77.4	76.9	87.7	88.7	93.5	90.9	80.4
C₁₅	80.5	66.7	81.8	71.4	73.5	79.8	100	77.3	72.1	76.2	79.3	80	52.9	77.1	93.3	64.5	73.1	76.8	79.4	87.1	72.7	71.7
C₁₆	86.2	44.4	84.1	76.2	71.7	79.1	100	77.3	58.1	79.2	85.1	80	47.1	68.7	80	61.3	80.8	76.8	80.4	87.1	68.2	68.5
C₁₇	52.0	51.9	63.6	52.4	57.5	51.2	60	61.4	51.2	48.5	48.3	54.5	41.2	62.7	63.3	45.2	53.8	54.2	58.8	45.2	50	53.3

第三章 居民感知视角下的某旅游规划质量评价研究

表 3-5 不同人口学特征居民评价的变异系数

编号	职业			性别		年龄段					学历				在当地居住年限				年收入			
	农民(%)	教师(%)	干部(%)	其他(%)	男(%)	女(%)	25岁及以下(%)	26~35岁(%)	36~45岁(%)	45岁以上(%)	初中及以下(%)	高中/中专(%)	大专(%)	本科及以上(%)	4年以下(%)	4~10年(%)	11~20年(%)	21年及以上(%)	15000元以下(%)	15000~20000元(%)	20001~25000元(%)	25000元以上(%)
C_1	0.19	0.19	0.19	0.19	0.19	0.19	0.19	0.19	0.18	0.19	0.19	0.19	0.19	0.19	0.19	0.19	0.19	0.19	0.19	0.19	0.19	0.19
C_2	0.22	0.21	0.2	0.22	0.21	0.22	0.21	0.21	0.2	0.21	0.21	0.21	0.21	0.22	0.22	0.22	0.21	0.22	0.21	0.21	0.21	0.22
C_3	0.26	0.26	0.24	0.26	0.26	0.26	0.26	0.26	0.21	0.25	0.26	0.25	0.25	0.26	0.26	0.26	0.25	0.26	0.26	0.26	0.26	0.26
C_4	0.25	0.24	0.24	0.24	0.24	0.25	0.24	0.24	0.22	0.25	0.24	0.25	0.24	0.24	0.24	0.24	0.25	0.25	0.24	0.24	0.24	0.25
C_5	0.22	0.22	0.23	0.22	0.22	0.22	0.21	0.22	0.21	0.22	0.21	0.22	0.21	0.22	0.22	0.22	0.21	0.22	0.21	0.21	0.22	0.22
C_6	0.23	0.23	0.22	0.23	0.23	0.23	0.23	0.23	0.22	0.23	0.23	0.23	0.23	0.23	0.23	0.23	0.22	0.23	0.22	0.22	0.23	0.23
C_7	0.28	0.28	0.25	0.28	0.28	0.28	0.28	0.28	0.24	0.27	0.27	0.27	0.27	0.28	0.27	0.28	0.27	0.28	0.28	0.28	0.28	0.28
C_8	0.28	0.27	0.26	0.27	0.27	0.28	0.27	0.27	0.25	0.28	0.27	0.28	0.27	0.27	0.27	0.27	0.28	0.28	0.27	0.27	0.27	0.28
C_9	0.24	0.24	0.26	0.24	0.23	0.24	0.23	0.23	0.25	0.23	0.23	0.25	0.24	0.23	0.23	0.24	0.23	0.24	0.23	0.23	0.24	0.24
C_{10}	0.23	0.23	0.22	0.23	0.23	0.23	0.23	0.23	0.22	0.23	0.23	0.23	0.21	0.23	0.23	0.23	0.23	0.23	0.23	0.23	0.23	0.23
C_{11}	0.31	0.31	0.3	0.31	0.31	0.31	0.31	0.31	0.31	0.3	0.31	0.31	0.3	0.31	0.31	0.31	0.31	0.31	0.31	0.31	0.31	0.31
C_{12}	0.33	0.33	0.33	0.33	0.32	0.33	0.33	0.32	0.33	0.33	0.33	0.33	0.33	0.32	0.32	0.33	0.33	0.33	0.33	0.33	0.33	0.32
C_{13}	0.19	0.18	0.19	0.18	0.18	0.18	0.18	0.18	0.18	0.18	0.18	0.19	0.17	0.18	0.18	0.18	0.18	0.19	0.18	0.18	0.18	0.19
C_{14}	0.24	0.23	0.22	0.23	0.23	0.23	0.23	0.23	0.22	0.24	0.23	0.24	0.23	0.23	0.22	0.22	0.23	0.24	0.23	0.23	0.23	0.24
C_{15}	0.23	0.23	0.23	0.22	0.23	0.23	0.22	0.22	0.24	0.23	0.23	0.23	0.22	0.22	0.22	0.22	0.22	0.23	0.22	0.22	0.22	0.23
C_{16}	0.23	0.31	0.3	0.31	0.3	0.31	0.3	0.3	0.31	0.3	0.31	0.3	0.29	0.3	0.3	0.31	0.3	0.31	0.3	0.31	0.31	0.31
C_{17}	0.31	0.31	0.3	0.31	0.3	0.31	0.3	0.3	0.31	0.3	0.31	0.3	0.29	0.3	0.3	0.31	0.3	0.31	0.3	0.31	0.31	0.31

1. 不同职业居民的评价分析

整体来看，干部对该规划的满意度最高，其次是农民和其他职业居民，教师对该规划的满意度最低。从各项指标"优"和"良"的占比之和来看，干部的评价中有 11 项指标超过 80%，说明干部对该规划中这 11 项指标的规划和设计十分满意；农民的评价中有 7 项指标超过 80%，3 项指标低于 60%，说明农民对该规划中这 3 项指标的规划和设计不满意；教师的评价中有 7 项指标低于 60%。所有指标均未超过 80%；其他职业居民的评价中有 8 项指标超过 80%，5 项指标低于 60%。具体来看，不同职业居民对于 C13 "投资效益评估"和 C17 "可操作性"这两项评价普遍较低，仅有干部对该项的评价超过 60%；对于 C1 "规划背景优缺点的利用与回避"和 C14 "规范性"居民普遍非常满意；对于 C7、C9 这两项，不同职业居民评价分歧较大。对于 C7 "旅游市场定位分析及准确程度"的评价，教师的评价表现出不满意，而其他职业居民表现出十分满意，如图 3-2。对于 C9 "产品策划中借鉴的成功性项目分析"，干部表现出十分满意，而其他职业居民的评价为不满意，如图 3-3。

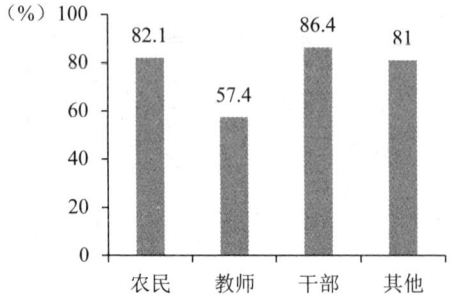 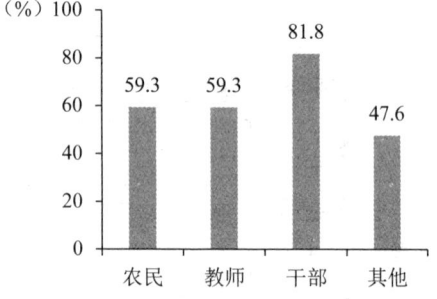

图 3-2　不同职业居民对"旅游市场的定位分析及准确程度"评价的"优"和"良"占比之和

图 3-3　不同职业居民对"产品策划中借鉴的成功性项目分析"评价的"优"和"良"占比之和

变异系数反映居民之间的感知差异。不同职业居民在 C2、C3、C8、C9 这 4 项指标上的变异系数存在差异，说明对于"旅游资源总量的分析与评价""稀缺性与独特性旅游资源的把握及利用""产品策划中独创性项目的设计"和"产品策划中借鉴的成功性项目分析"不同职业居民的评价意见分歧程度不一致，其中干部的意见分歧程度略大于其他 3 类职业。

从最关注的问题来看，农民最关注当地居民受益问题，占农民总人数的 55.3%；环境问题是教师最关注的问题，占教师总人数的 31.5%，其次是当地居民受益问题；

干部最关注的问题是工程进度，占干部总人数的 20.5%，其次是当地居民受益问题；其他职业居民最关注的问题是当地居民受益制度和工程进度，比重均占其他职业居民总人数的 28.6%，其次是基础设施建设。

2. 不同性别居民的评价分析

男性居民的评价整体高于女性居民的评价。各项指标"优"和"良"的占比之和，男性居民的评价有 7 项指标超过 80%，1 项指标低于 60%；女性居民的评价中 2 项指标超过 80%，2 项指标低于 60%。具体来看，对于 C_5 "战略目标与战略方向的确定"和 C_{14} "规范性"这两项的评价，男性和女性居民评价较高，均超过 80%；对于 C_{17} "可操作性"的评价均低于 60%，满意度低。

从变异系数来看，大部分评价指标中女性居民的变异系数略大于男性居民，说明意见分歧相对较大。

从最关注的问题来看，男性居民最关注当地居民受益问题，占男性居民总人数的 32.7%，其次是工程进度；女性居民最关注的居民受益问题，占女性居民总人数的 40.3%，其次是工程进度。

3. 不同年龄段居民的评价分析

整体来看，25 岁及以下年龄段的被调查居民人数最少，评价最高，其次是 26~35 岁年龄段的居民和 45 岁以上年龄段的居民，满意度最低的是 36~45 岁年龄段的居民。各年龄段对 C_6 "主题形象与宣传口号的设计与分析"评价较高，都超过了 80%；对于 C_{13} "投资效益评估分析"的满意度较低，除 26~35 岁居民评价超过 60% 以外，其他年龄段居民评价均低于 60%。各年龄段对于 C_{16} "先进性"的评价分歧明显，36~45 岁居民评价最低，不足 60%，25 岁及以下居民非常满意，如图 3-4。

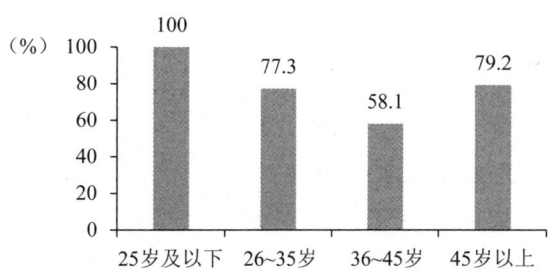

图 3-4 不同年龄段居民对"先进性"评价的"优"和"良"占比之和

从变异系数来看，36~45 岁居民对于 C_3、C_7、C_8 这 3 项评价指标的变异系数明显低于其他年龄段居民，说明该年龄段居民对于"稀缺性与独特性资源的把握及利用""旅游市场定位分析及准确程度""产品策划中独创性项目的设计"的评价分歧小于其他年龄段；对于 C_{12} "规划实施中分阶段突破点的把握"和 C_{16} "先进性"这 2 项指标的变异系数略高于其他年龄段居民，其他指标的变异系数差异不大。

从最关注的问题来看，25 岁及以下居民最关注工程进度，占比 30%，其次是当地居民受益问题，对于战略定位的关注为 0；26~35 岁居民最关注居民受益问题，占比 20.5%，其次是工程进度；36~45 岁居民最关注居民受益问题，占比 39.5%，其次是环境问题；45 岁以上居民最关注居民受益问题，占比 51.5%，对于景区设计的关注为 0。

4. 不同学历居民评价分析

高中/中专学历居民和初中及以下学历居民对该规划的评价相对较高，大专和本科及以上学历居民评价较低。从各项指标"优"和"良"的占比之和来看，初中及以下学历居民有 6 项指标在 80% 及以上，2 项指标在 60% 及以下；高中/中专学历居民有 8 项指标在 80% 及以上，3 项指标在 60% 及以下；大专学历居民有 4 项指标在 80% 及以上，6 项指标在 60% 及以下；本科及以上居民有 3 项指标在 80% 及以上。具体来看，不同学历居民对 C_{13} "投资效益评估分析"和 C_{17} "可操作性"的满意度低，除本科及以上学历的居民评价超过 60% 以外，其他均低于 60%；对 C_{16} "先进性"的评价分歧较大，初中及以下和高中/中专学历居民评价高，超过 80%，而大专学历居民表现出不满意，不同学历居民对"产品策划中独创性项目的设计"和"可靠性"评价的"优"和"良"占比之和如图 3-5 和 3-6 所示。

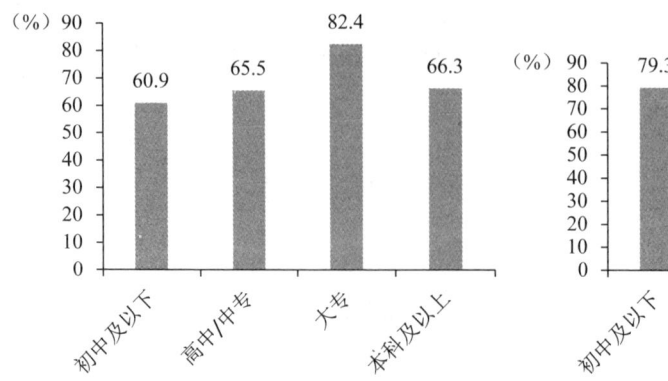

图 3-5 不同学历居民对"产品策划中独创性项目的设计"评价的"优"和"良"占比之和

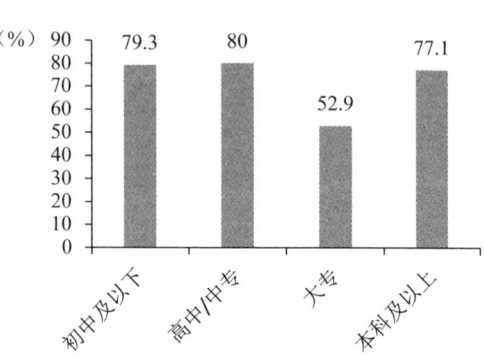

图 3-6 不同学历居民对"可靠性"评价的"优"和"良"占比之和

从变异系数来看，不同学历居民在 C_{10}、C_{11}、C_{17} 这 3 项指标的变异系数差别明显，说明不同学历居民对于"功能分区的策划与布局""旅游要素系统的设计与分析"和"可操作性"意见分歧程度不一；居民在其他指标的变异系数上差别不明显。

从最关注的问题来看，初中及以下学历居民最关注当地居民受益问题，占所有初中及以下学历居民的 50.6%，其次是工程进度；高中/中专学历居民最关注的问题是当地居民受益问题，占比 50.9%，其次是工程进度；大专学历居民最关注的当地居民受益问题，占比 35.3%，其次是环境问题环境问题和工程进度；本科及以上学历居民最关注的环境问题，占比 21.7%，其次是当地居民受益问题和工程进度。

5. 在当地不同居住年限居民评价分析

总体来看，对该规划较为满意的是居住 4 年以下的居民、居住 11~20 年的居民和居住 21 年及以上的居民，居住 4~10 年的居民对该规划评价最低。从各项指标"优"和"良"的占比之和来看，居住 4 年以下的居民有 11 项指标超过 80%；居住 4~10 年的居民有 4 项指标低于 60%，且无指标超过 80%；居住 11~20 年的居民有 8 项指标超过 80%，1 项指标低于 60%；居住 21 年及以上的居民有 5 项指标超过 80%，有 2 项指标低于 60%。具体来看，居民对 C_1、C_6、C_{10} 三项的评价整体较高，除居住年限在 4~10 年的居民以外，其他居民评价均超过 80%，说明居民对"规划背景有缺点的利用与回避""主题形象与宣传口号的设计与分析"和"功能分区的策划与布局"是满意的。而对于 C_9、C_{13}、C_{17} 这三项评价低，说明对于"产品策划中借鉴的成功性项目分析""投资效益分析"和"可操作性"不满意，尤其是居住年限在 4~10 年的居民满意度最低，未超过 50%，如图 3-7 所示。

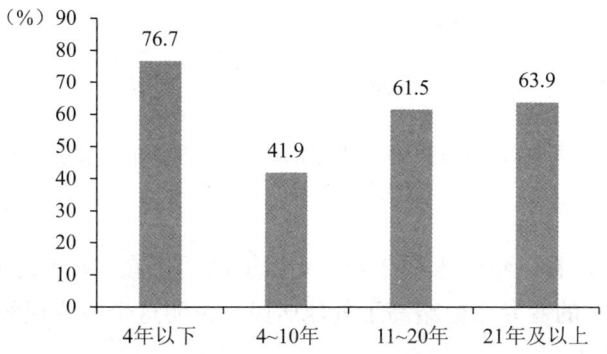

图 3-7 不同居住年限居民对"产品策划中借鉴的成功性项目分析"评价的"优"和"良"占比之和

从变异系数来看，居住年限并未引起明显的变异系数的差异。

从最关注的问题来看，当地居民受益问题是不同居住年限居民关注度最高的问题，占比分别为20%、19.4%、38.5%和43.2%；其次最关注的问题均是工程进度。居住4~10年的居民关注度最高的除了居民受益问题，还包括环境问题。

6. 不同收入居民评价分析

随着年收入的增高，居民对该规划的满意度呈现降低的趋势。从各项指标"优"和"良"的占比之和来看，年收入15000元及以下的居民有8项指标在80%及以上，3项指标不足60%；年收入15001~20000元的居民有9项指标在80%及以上，5项指标不足60%；年收入20001~25000元的居民有5项指标在80%及以上，2项指标不足60%；年收入25000元以上的居民有3项指标在80%及以上，2项指标不足60%。具体来看，不同收入居民对C_1"规划背景优缺点的利用与回避"和C_{14}"规范性"评价较高，均超过80%；对于C_{13}"投资效益评估分析"和C_{17}"可操作性"评价较低，均低于60%；对于C_3"稀缺性与独特性旅游资源的把握及利用"评价分歧明显，年收入在15001~20000元的居民表现出不满意，而年收入在20001~25000元的居民表现出非常满意，如图3-8。

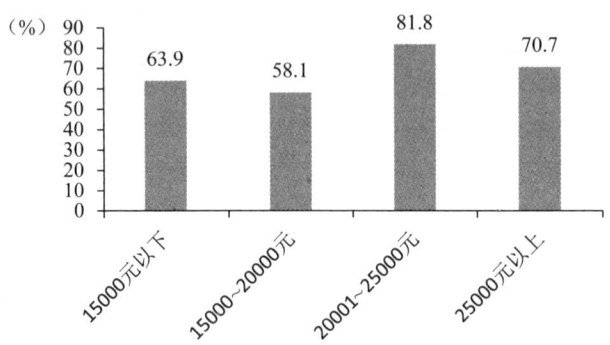

图3-8 不同收入居民对"稀缺性与独特性旅游资源的把握及利用"评价的
"优"和"良"占比之和

从变异系数来看，年收入在25000元以上的居民在C_2、C_4、C_6、C_9、C_{14}、C_{15}和C_{16}这7项指标的变异系数略高于其他居民，说明这个收入层级的居民意见分歧程度大于其他居民。

从最关注的问题来看，不同收入的居民关注度最高的问题都是当地居民受益问题，占比分别为54.4%、54.8%、22.7%和25%。

第四节 结论与展望

目前,旅游规划的编制、评审和执行在科学性、规范性及可操作性等方面都存在明显的问题。本研究选取旅游规划最重要利益相关者之一的社区居民,量化评价已经通过评审的某旅游规划质量,旨在为科学量化评价旅游规划提供参考依据。研究得出以下结论:一是居民对于该规划整体上持积极的态度,满意度较高;二是对于该规划中的某些方面仍存在居民不满意的情况,尤其是居民最关注的一些问题在规划中没有得到很好的解决;三是居民由于性别、职业、收入、在当地的居住年限等的不同,对该规划的评价存在较明显的差异。

学术界一直强调社区居民作为旅游规划直接的利益相关者,在分享旅游开发带来的利益时也不可避免地承受旅游开发带来的负面影响,因此理应是旅游规划不可或缺的参与者,但是相关研究一直处于理论层面,缺乏有力的实证研究。实际操作中,社区居民由于知识水平、经济实力及参与途径等方面的限制,往往缺乏话语权,这也为研究社区居民参与旅游规划制造了障碍。本研究表明,社区居民应该被作为不可或缺的参与者参与到旅游规划的编制、评审和执行等一系列环节中,这样不仅能充分发挥社区居民熟悉当地情况的优势,同时能兼顾解决居民最关注的问题,减少相关的矛盾和冲突,提升规划的可操作性。同时,在将居民纳入旅游规划重要参与者时,需要均衡不同性别、年龄、职业、收入等方面的因素,保证参与的居民具有代表性。

该规划中评价较低的指标,除社区居民从自身角度出发考虑问题这一原因外,另一原因可能来自规划团队。该项目的规划团队是省外某甲级资质单位,缺乏熟悉当地情况的规划人员,对当地经济发展水平、政府招商引资能力、目标群体的消费能力等可能存在调研不深入等问题。区域编制旅游规划到底是请知名度大、资质高的区域外旅游规划单位还是请区域内较低资质的旅游规划单位,还是二者结合才能为区域做出科学的、规范的、可操作的旅游规划需要实证探讨。

第四章 居民、游客与专家感知视角下的某旅游规划量化评价与比较

第一节 研究概述

1. 研究背景

旅游规划是地方行政部门或旅游企业进行旅游开发的重要依据与步骤，对区域旅游开发至关重要。国内外关于旅游规划的研究成果颇多，主要集中在旅游规划理论体系研究、规划方法研究、规划对环境的影响、规划对策策略研究等方面；对旅游规划本身质量的研究主要集中于旅游规划质量影响因素、旅游规划质量较低的原因、提升旅游规划质量的建议等方面；而对旅游规划质量评价的研究较为少见。杨敏（2004）等构建了旅游规划评价的指标体系并试图运用模糊数学的方法对旅游规划进行评价；鲁小波（2014）等对旅游规划质量的评级和影响因素进行了讨论，提出了改善旅游规划质量评价机制的方法，指出规划主体的选择不必迷信权威和头衔，重点是考察规划团队的实力和经验等。鉴于旅游规划的复杂性，目前旅游规划基本采用专家评议的方法进行定性评价，缺乏从多个利益相关者角度对旅游规划进行评价的实例及方案，而这点对科学制定旅游规划、平衡旅游规划利益相关者多方利益尤为重要，因此有必要开展多重认知的旅游规划质量量化评价与比较研究。

2. 研究目的

本研究以已经通过评审的某甲级资质旅游规划公司为某区域编制的某旅游规划

为研究对象，从旅游规划的利益相关者出发，选取区域居民、游客和省内外旅游规划评审专家为调查对象，采取问卷调查与访谈等方式，主要研究旅游规划中不同利益相关者的评价特点和相互之间的差异，旨在为客观评价旅游规划质量提供参考方法，为旅游规划的团队组建提供科学依据。

第二节 研究方法与过程

1. 研究方法

本研究主要分为四个阶段。第一阶段的主要工作是深入研读和分析某区域的旅游规划文本，咨询相关旅游规划编制与评审专家，形成量化评价该规划的指标体系调查问卷，确定拟调查对象。第二阶段的主要工作是对居民和游客感知视角下的旅游规划质量进行量化研究，主要采用问卷调查和访谈法。2014年5月，课题组来到该规划建址所属镇，第一站来到当地政府部门，对所有在场公务人员进行一对一或一对二的发放规划文本和调查问卷，同时对问卷填写者提出的建议和看法进行记录。共收到问卷46份，其中有效问卷44份。第二站走访当地所有学校，采取同样的方式对学校教师进行问卷调查，共收到问卷58份，有效问卷54份。第三站走访镇上的各个村庄，采用同样的方式进行调查，共收到问卷151份，有效问卷143份。第四站到达项目规划所在地，采用同样的方式对游客进行问卷调查，收到问卷62份，有效问卷58份。随后，在11月中旬又一次对景区游客进行调查，共收到问卷27份，有效问卷26份，至此完成了旅游淡旺季景区游客的问卷调查。第三阶段的主要任务是对专家感知视角下的旅游规划质量进行量化研究，其中省外专家课题组于2014年8~9月，首先通过电话或邮件的方式得到专家许可，再把电子版的该规划文本、区域概况说明及问卷发送给专家，共发出38份调查问卷，收到有效问卷36份；省内专家名单由省旅游局提供，共计25人，课题组于2014年10~11月，先后向他们发放问卷，收到有效问卷22份。第四阶段，主要是对调查问卷进行整理、分析与比较。

2. 构建的规划量化评价指标体系

结合前人的研究成果及旅游规划专家的意见，本研究构建的规划量化评价指标体系共分 3 类：第一类主要是规划内容评价，包括 13 项指标，分别为规划背景优缺点的利用与回避分析（C_1）、旅游资源总量的分析与评价（C_2）、稀缺性与独特性旅游资源的把握及利用（C_3）、旅游规划与上位规划的衔接分析（C_4）、战略目标与战略方向的确定（C_5）、主题形象与宣传口号的设计与分析（C_6）、旅游市场的定位分析及准确程度（C_7）、产品策划中独创性项目的设计（C_8）、产品策划中借鉴的成功性项目分析（C_9）、功能分区的策划与布局（C_{10}）、旅游要素系统的设计与分析（C_{11}）、规划实施中分阶段突破点的把握（C_{12}）、旅游规划中投资效益评估分析（C_{13}）；第二类是规划整体评价，包括 4 项指标，依次为规范性（C_{14}）、可靠性（C_{15}）、先进性（C_{16}）、可操作性（C_{17}）。所有选项采用"优""良""中""及格""差"5 个评价等级。第三类是开放性问题，"本地区旅游开发中您最关注的问题是_____，该旅游总体规划中该问题的解决程度（按上述五级分类判定）为_____"。

第三节 居民、游客与专家感知视角下的某旅游规划量化评价与比较

1. 居民感知视角下的旅游规划质量

1.1 整体评价

对于当地居民的调查，农民占 50.8%，教师占 22.3%，政府工作人员占 18.2%，基本能够代表当地居民的意见。从被调查居民的人口统计学特征来看，女性比例略高于男性；年龄主要集中在 26~35 岁和 45 岁以上两个年龄段；学历主要集中在初中及以下和本科及以上；职业主要包括农民、教师及政府工作人员；居住年限以 21 年及以上的居多；年收入主要集中在 15000 元以下及 25000 元以上。

鉴于统计结果中的"优、良、中、及格、差"不是数值，在测算变异系数时，分别用"5、4、3、2、1"替换。具体的评价结果及变异系数值如表 4-1 所示。

第四章 居民、游客与专家感知视角下的某旅游规划量化评价与比较

表 4-1 居民、游客和专家的评价结果及变异系数

评价指标	居民						变异系数				游客						变异系数	专家						变异系数		
	评价等级						居民	农民	教师	干部	评价等级							评价等级					专家	省内专家	省外专家
	优(%)	良(%)	中(%)	及格(%)	差(%)						优(%)	良(%)	中(%)	及格(%)	差(%)			优(%)	良(%)	中(%)	及格(%)	差(%)			
C_1	50	33.5	14	1.7	0.8		0.19	0.19	0.19	0.2	40.5	48	9.5	2.4	0		0.17	24	60	15.5	0	0	0.15	0.14	0.13
C_2	43.4	35.1	17	2.9	1.2		0.22	0.21	0.21	0.2	47.6	33	16.7	0	2.4		0.21	28	62	8.6	1.7	0	0.15	0.12	0.17
C_3	31.8	35.5	26	3.3	3.7		0.26	0.26	0.25	0.3	28.6	48	16.7	4.8	2.4		0.23	28	29	36.2	6.9	0	0.25	0.14	0.26
C_4	43	29.8	20	5	2.1		0.25	0.24	0.25	0.2	57.1	33	7.1	2.4	0		0.16	21	33	39.7	5.2	1.7	0.25	0.25	0.19
C_5	53.7	30.2	12	2.1	2.5		0.22	0.22	0.22	0.2	47.6	29	19	2.4	2.4		0.23	19	29	39.7	12.1	0	0.26	0.27	0.2
C_6	50.4	31.4	12	3.7	2.5		0.23	0.22	0.22	0.2	42.9	38	9.5	4.8	4.8		0.26	5.2	17	53.4	22.4	1.7	0.27	0.31	0.22
C_7	47.9	29.3	16	5.4	1.2		0.23	0.23	0.23	0.2	52.4	29	11.9	4.8	2.4		0.23	6.9	17	36.2	37.9	1.7	0.32	0.34	0.3
C_8	31.4	33.9	25	5	4.5		0.28	0.28	0.27	0.3	26.2	21	40.5	11.9	0		0.28	5.2	24	51.7	15.5	3.4	0.27	0.28	0.26
C_9	32.2	30.2	26	9.5	2.1		0.28	0.27	0.28	0.3	33.3	48	16.7	0	2.4		0.21	3.4	24	55.2	15.5	1.7	0.25	0.28	0.19
C_{10}	52.1	28.9	12	4.5	2.9		0.24	0.23	0.25	0.2	50	29	19	2.4	0		0.2	26	47	25.9	1.7	0	0.19	0.21	0.13
C_{11}	38	35.5	20	5.8	0.8		0.23	0.23	0.23	0.2	40.5	36	21.4	2.4	0		0.2	6.9	57	29.3	6.9	0	0.2	0.13	0.22
C_{12}	30.2	34.3	20	9.1	6.2		0.31	0.31	0.3	0.3	14.3	45	38.1	2.4	0		0.2	12	21	43.1	22.4	1.7	0.31	0.31	0.27
C_{13}	25.2	31	26	11.6	6.6		0.33	0.33	0.33	0.3	16.7	29	33.3	11.9	9.5		0.35	6.9	41	25.9	22.4	3.4	0.3	0.27	0.26
C_{14}	58.3	28.1	10	2.9	0.4		0.19	0.19	0.19	0.2	52.4	43	4.8	0	0		0.13	47	50	3.4	0	0	0.13	0.13	0.11
C_{15}	40.1	36.8	18	2.5	2.9		0.24	0.24	0.25	0.2	19	52	19	9.5	0		0.22	19	64	13.8	3.4	0	0.17	0.16	0.18
C_{16}	45.9	29.8	19	3.3	1.7		0.23	0.22	0.22	0.2	35.7	45	16.7	2.4	0		0.19	17	31	44.8	5.2	1.7	0.25	0.26	0.22
C_{17}	24.4	29.8	29	12	4.5		0.31	0.31	0.3	0.3	21.4	29	35.7	14.3	0		0.27	12	19	39.7	25.9	3.4	0.33	0.32	0.26

由统计区域居民对各项评价指标的评价等级的占比可知，有12项指标"优"的占比较高，5项指标"良"的占比较高，其中"优"与"良"的占比之和基本都超过了60%，说明区域居民对该规划整体上持肯定的态度；其中C_1、C_5、C_6、C_{10}和C_{14} 5项评价指标的"优"与"良"的占比之和更是超过了80%，说明居民十分认可该规划中此五项指标内容的设计与规划；同时，C_{13}、C_{17}两项指标"优"与"良"的占比之和低于60%，说明区域居民对规划内容中"旅游规划中投资效益评估分析"与"可操作性"认可程度一般；从各项指标"中"的占比较高的C_3、C_8、C_9、C_{13}与C_{17}来看，该规划对于"稀缺性与独特性旅游资源的把握及利用""产品策划中独创性项目的设计""产品策划中借鉴的成功性项目分析""旅游规划中投资效益评估分析"，以及"可操作性"的分析设计、规划还有提升空间，可能与规划团队来自外地，缺少当地人或者对当地熟悉的人的参与，以及对当地经济发展水平、政府招商引资能力、目标群体的消费能力等调研不够深入有关。就变异系数而言，C_{12}、C_{13}、C_{17}三项指标的变异系数超过0.5，居民意见分歧较大且评价相对较低；变异系数最小的C_1和C_{14}两项指标，居民意见分歧较小。从最关注的问题来看，关注度最高的是当地居民的受益问题，占被调查居民总数的36.8%，主要包括拆迁安置、征地补偿、参与旅游开发的途径和旅游发展对居民收入和生活水平的提升等；其次是工程进度问题，占被调查居民总数12%，包括项目资金的落实和保障措施等。

1.2 评价差异

调查发现，区域居民的收入、在当地的居住年限、学历等与居民职业之间存在明显的相关性，而且，不同职业的居民对于该旅游规划的评价分歧程度较为一致，但评价意见有所差别，因此这里只比较不同职业居民的评价差异。从居民对区域旅游规划评价内容的指标的占比来看，农民对于该规划表现出较强的认可度，各项评价指标的评价等级占比中，有16项为"优"，其中有7项的占比超过了50%；干部对于该规划的认可程度稍低于农民，有12项评价指标为"优"，其中6项评价指标的占比达到50%及以上；教师对于该规划认可程度最低，各项评价指标中只有2项评价指标评价等级为"优"，13项为"良"，还有2项为"中"。从居民不同职业的变异系数来看，农民、教师与干部有5项指标评价差异较大，分别是C_3、C_4、C_{10}与C_{15}，其中农民与教师的差异较小，与干部的差异较大；就其他指标的评价差异来看，农民、教师与干部评价差异都较小。其原因可能是农民对该规划项目对当地经济发展的促进作用表示出强烈的期待，所以支持度和赞同度高，但由于受知识水平和消费水平的限制，对规划中的很多方面的评价表现出更多的感性成分；教师由于每年有较多的时间可供出游，具有一定的相关旅游项目的知识积累，所以在独创性和先进性方面有更高的要求；干部由于多数在政府部门工作，出于工作性质等原因，对于一些问题即便存在疑问往往也会给予较高的评价。就最关注的问题而言，农民、教师、干部也表现出明显的差异，其中农民最关注的是自身的受益问题，教师最关注的是开发过程中对生态环境和耕地的保护问题，而干部最关注的是工程进度问题及当地居民的受益问题等。

2. 游客感知视角下的旅游规划质量

该旅游规划的景区尚处于开发建设的初级阶段，规划内容中诸多项目还没实施，游客数量较少，分旅游淡季和旺季共收集有效问卷82份。经过调查发现，游客的人口学特征为：游客中女性比例略高于男性；年龄主要集中在45岁及以上；学历上本科及以上居多；职业以政府工作人员及其他职业居多；居住地以当地市区居民居多，规划目标地区的游客占比较少；年收入主要集中在25000元以上。

2.1 整体评价

如表4-1所示，统计游客对各项评价指标的评价等级的占比时发现有8项指标"优"的占比较高，6项指标"良"的占比较高和3项指标"中"的占比较高，其中13项指标的"优"与"良"的占比之和超过60%，更有C_1、C_2、C_4、C_6、C_7、C_{14}、C_{16} 7项指标的"优"与"良"的占比之和超过80%，说明游客对这7项指标内容的设计与规划十分认可；有4项指标C_8、C_{12}、C_{13}和C_{17}的"优"与"良"的占比之和低于60%，说明游客对"产品策划中独创性项目的设计""规划实施中分阶段突破点的把握""旅游规划中投资效益评估分析"、"可操作性"这4项指标内容的设计与规划认可度较低。原因可能与游客对景区游览和娱乐项目的要求高，比较关注景区建设进度有关。就变异系数而言，C_{13}的变异系数为0.35，意见分歧比较大，同时此项指标的认可度较低；C_{14}的变异系数为0.13，说明游客对该规划的"规范性"意见分歧较小，并且十分认可。从最关注的问题来看，游客对该规划对当地产生的影响关注度最高，占被调查游客总数的26.2%，主要涉及该项目对当地经济发展的推动作用和对周围环境产生的影响等。其次是参与性项目的设计，占被调查游客总数的14.3%，主要是希望借助黄河增加水面娱乐活动，增加游乐设施的种类等。

2.2 评价差异

将游客对该规划的评价意见按照人口学特征归类对比发现，不同性别、区域、收入和年龄段游客的评价存在差异，但学历对游客评价的影响不大。从不同性别游客的评价来看，男性游客的意见分歧程度要低于女性游客，女性对于主题形象与宣传口号的设计与分析意见分歧较大，且评价相对于男性游客要低；男性游客最关注的问题包括战略定位和市场定位，项目完工进度及娱乐设施的设计和建设等，而女性游客最关注的问题除了娱乐设施的建设，更关注环境卫生、内外部的交通，以及旅游开发对当地居民的影响。总体而言，男性游客更关注规划项目的宏观层面，女性更关注微观层面的内容。从不同区域游客的评价来看，周边游客最关注的问题是交通问题、规划的可操作性，以及项目能否如期完工，而当地游客则对交通问题关注得较少。从不同收入游客的评价来看，年收入较低的游客对于 C_1 和 C_{10} 这两项指标的评价明显高于年收入较高的游客。可能是由于与收入较高者相比，收入较高者有相对多的出游机会，所以在对比分析的基础上对该规划中的这两项内容提出了更高的要求。对于 C_5 这一指标，年收入较高的游客意见分歧明显大于年收入较低的游客，且评价较低。收入较高者的分歧主要在体现在一部分游客认为根据战略目标建设高端景区能满足自身的需求，而另一部分游客认为建设高端景区与当地的经济发展和旅游消费市场不符。同时，低收入群体对该项目开发对当地经济的推动作用和开发过程中的环保问题最为关注，高收入群体除了关注该项目对当地经济的推动作用和环保问题以外，还非常关注景区游乐设施的设计问题。从不同年龄段游客的评价来看，25 岁及以下的游客对 C_9 评价较低，原因可能是年轻人对于新鲜事物比较敏感，对独创性的娱乐项目要求比较高；35~45 岁的游客对于 C_{13} 和 C_{17} 评价相对于其他年龄段较低。就最关注的问题而言，26~35 岁的游客对战略定位最为关注，45 岁以上的游客对该项目开发过程中的环保问题最为关注，其他年龄段关注的问题较为分散。

3. 专家感知视角下的旅游规划质量

从被调查专家的人口学特征来看，男性占 72.4%；年龄多在 41~50 岁，但总体年龄比较均衡；学历以博士为主；从事职业多为旅游专业或相关专业的教育及科研工作，其次是旅游及城市规划类工作；职称主要是教授及副教授以及高级工程师和策划师。

3.1 总体评价

如表 4-1 所示，统计专家对各项评价指标的评价等级的占比时发现有 7 项指标"良"的占比较高，9 项指标"中"的占比较高和 1 项指标"及格"的占比较高，其中有 11 项指标的"优"和"良"的占比之和低于 60%，有 14 项指标的"良"与"中"的占比之和超过 60%，说明专家对于该规划整体上满意度较低；其中 C_{11} 的"良"和"中"占比之和超过了 80%，说明专家对该规划的"旅游要素系统的设计与分析"比较认同且意见集中度最高，同时 C_1、C_2、C_{14}、C_{15} 4 项指标的"优"和

"良"占比之和超过80%，说明专家十分认同规划内容中这4项指标内容的设计与规划；另外 C_6、C_7、C_8 和 C_9 4项指标的"优"和"良"占比之和低于30%，说明专家对规划内容中这4项指标内容的设计与规划不满意。原因可能是专家基于对旅游规划行业的认识，往往用专业的知识和高标准的要求对旅游规划项目进行评价。就变异系数而言，有 C_7、C_{12}、C_{13} 和 C_{17} 4项评指标的变异系数超过0.3，分歧较大。就最关注的问题而言，省内外专家表现出较高的一致性，主要集中在项目的市场预测与战略定位、可行性，以及原居民生活品质和传统民俗的保护传承等方面。

3.2 评价差异

统计发现，性别、学历和职业类型对专家评价意见的影响不明显，而不同年龄段、省内外专家的评价意见存在差异。就不同年龄段的专家的评价而言，30岁及以下的专家与其他年龄段专家的意见差别明显，在 C_5、C_8 和 C_{17} 这3项指标上评价明显高于其他年龄段专家，在 C_{11} 这一指标上评价明显低于其他年龄段专家，说明30岁及以下的专家对于"战略目标与战略方向的确定""产品策划中独创性项目的设计"和"可操作性"的认可度相对较高，而对于"旅游要素系统的设计与分析"评价相对较低。原因可能是这一年龄段的专家在专业积累上相对于其他专家较少，对于项目的战略、独创性及可操作性的评价要求较低。

从变异系数来看，31~40岁年龄段的专家在意见分歧程度上与其他几个年龄段专家表现出明显的区别，尤其是对于指标 C_3 "稀缺性与独特性资源的把握及利用"，变异系数超过0.35，其他年龄段专家对此项指标的变异系数在0.25左右，说明这一年龄段的专家对指标 C_3 的意见分歧程度明显大于其他专家；对于指标 C_{10} "功能分区的策划与布局"这一年龄段专家的变异系数低于0.1，其他年龄段专家的对此项指标变异系数在0.2左右，说明这一年龄段的专家对 C_{10} 的意见分歧程度明显低于其他年龄段专家。同样，就省内外专家的评价差异来看，省外专家对于该规划给予的评价整体高于省内专家。省外专家的评价1项指标为"优"、8项指标为"良"、7项指标中"中"，评价等级主要集中在"良"和"中"。而省内专家的评价有5项指标为"良"、8项指标为"中"、4项指标为"及格"，评价等级整体低于省外专家。原因可能是省内专家和省外专家对于该规划所在地的情况了解程度不同，省内专家对项目所在地的资源禀赋、省内的相关上位规划、经济发展水平和居民消费习惯、项目所在地周边旅游景区的竞争情况、当地政府招商引资能力等方面的了解要程度往往比省外专家要高。从变异系数来看，省内专家在 C_7、C_{12} 和 C_{17} 这3项的变异系数超过0.3，分歧较大，但省外专家意见的变异系数均在0.3以下，分歧相对较小。原因可能是省内专家对项目所在地经济发展、居民出游偏好及项目进展情况有较充分的了解，更容易做出自己的判断，而省外专家由于了解情况相对较少，更多地从规划文本提供的信息进行分析，得出的结果较为一致。

4. 居民、游客与专家多重感知视角下的旅游规划质量对比

4.1 整体比较

整体而言，居民、游客和专家的评价有一致的地方，但也存在较大差异。首先，居民、游客和专家都对该旅游规划持较为肯定的态度，但是相对而言，居民对该规划的看法更积极，"优"的评价等级占比最高，游客的评价低于居民，评价等级主要集中于"优"和"良"，专家的评价相对较低，各指标的评价等级主要集中于"良"和"中"。其次，从对该规划的评价意见分歧程度来看，专家的分歧最大，居民次之，游客的分歧最小。其原因可能是游客偏重于从游览的角度出发，关注项目的进展和游玩体验；居民比较支持当地发展旅游业，给予的评价普遍较高；专家从专业的角度分析该规划中存在的问题，由于包含省内外专家，存在学科背景、从事工作及对当地了解程度的差异，所以在一些评价指标上意见分歧较大。最后，从变异系数来看（见图4-1），对于旅游规划中投资效益评估分析和可操作性这两项评价指标，三者意见的变异系数在0.3左右，说明三者对于投资效益评估和项目可操作性均存在质疑；对于规划背景优缺点的利用与回避，以及规范性这两项评价指标，三者意见的变异系数低于0.2，分歧小且认可度较高。

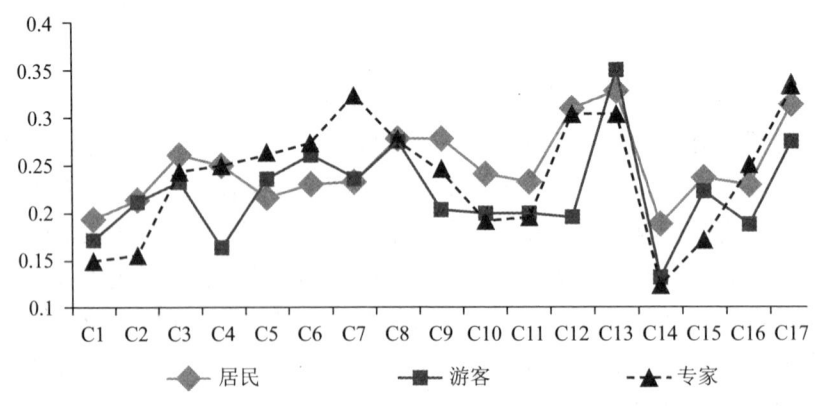

图4-1 居民、游客和专家评价的变异系数

4.2 典型分项比较

（1）评价等级差别较大的项为"先进性"指标（见图4-2）。专家、游客、居民三者意见截然不同，居民评价等级主要为"优"，游客主要为"良"，专家主

要为"中"。这可能与知识水平、经验、眼界等引起的评价标准不同有关,区域居民由于对旅游规划了解较少,游览的景区较少,所以评价较高;经常出游的游客往往会将自我游览的各个景区进行对比,对于新鲜、独特的旅游产品及项目等有比较清晰的认识;而专家作为行业的从业者或者研究人员,对于旅游规划的先进性有非常清晰的认识,所以专家的评价要求标准往往会比居民和游客要高。

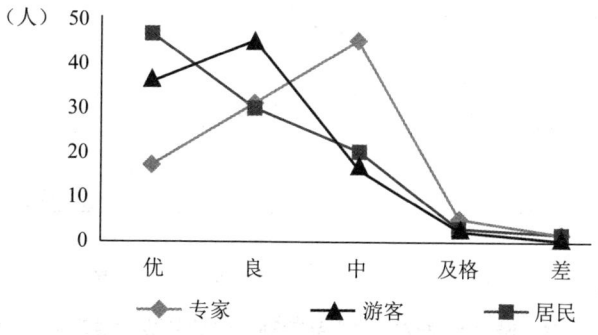

图 4-2 专家、游客和居民对"先进性"的评价

(2) 游客和居民的意见较一致,但与专家意见差别较大的项为"旅游市场的定位分析及准确程度的评价"(图 4-3)。对于旅游市场的定位分析及准确程度的评价,游客和居民的意见较为一致,评价等级主要集中在"优",而专家的认可程度偏低,评价等级主要集中在"中"和"及格"。原因可能是规划当中的市场定位比较符合游客和当地居民的期望,但专家在对当地及周边市场的经济发展状况及居民消费结构等因素分析权衡后,对该规划中的市场定位做出了较低的评价。

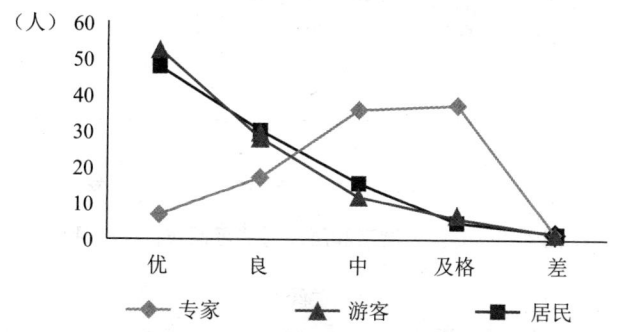

图 4-3 专家、游客和居民对"旅游市场的定位及准确程度"的评价

(3) 专家和游客意见较鲜明,居民意见较分散的项为"产品策划中借鉴的成

功性项目分析"(见图4-4)。对于该评价指标,专家和游客的意见较鲜明,专家普遍认为产品策划中借鉴的成功性项目分析为"中",游客普遍对该项指标评价为"良",但是居民对于该项指标的评价态度不鲜明,意见分散。原因可能是区域居民对于旅游规划中成功性项目的认识不足,在识别和评价该规划中借鉴的项目时存在困难。

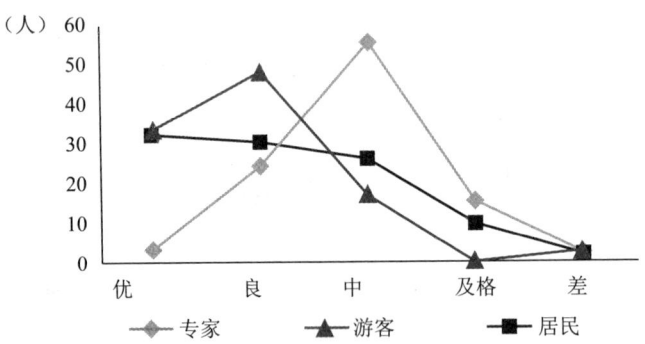

图4-4 专家、游客和居民对"产品策划中借鉴的成功性项目分析"的评价

(4)专家、游客、居民评价等级上较一致的项为"可操作性"指标(见图4-5)。对于规划项目的可操作性,三者的意见较为一致,普遍认为评价等级为"中"。说明三者对于该规划能否落地都存在质疑,并且专家对于该规划能否落到实际的乐观程度比居民和游客要低。

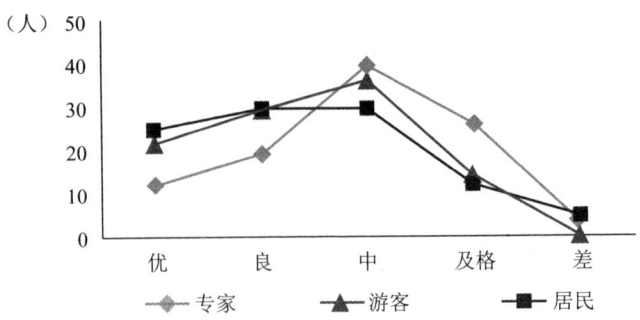

图4-5 专家、游客和居民对"可操作性"的评价

第四节　讨论与结论

目前旅游规划领域无论在编制、评审和执行层面，都明显受到科学性、规范性、操作性、实效性等问题的制约。本研究所采用的评价指标体系在综合前人研究的基础上，经过旅游规划专家们反复推敲，涉及规划最基本的共同问题，包括环境、资源、战略、产品、市场、可持续发展等，具有一定的理论意义与实践意义，在对比旅游规划利益相关者的意见方面具有可操作性。本研究选取居民、游客、专家三个不同旅游规划的利益相关者，量化评价已经通过评审的某区域旅游规划，旨在为客观公正地量化旅游规划提供参考依据与方法。研究发现不同的利益相关者对于同一规划的评价存在差异，而且在同一利益相关群体内部也存在明显分歧。从本文的分析可以得出，对旅游规划质量评价而言，仅通过单一主体的感知和看法进行评价是不合理的。

在旅游市场日趋成熟的今天，旅游规划的核心目的由旅游者的需求决定，能否满足游客的需求直接决定着旅游规划的成功与否，所以旅游规划有必要听取游客的意见和建议。旅游规划地的居民在分享旅游利益的同时也会分担旅游开发带来的负面影响，如环境破坏、资源流失等，为此旅游规划要充分考虑区域居民的利益和意见，让区域居民参与旅游规划的过程和重大决策的制定，充分考虑区域居民尤其是拆迁原住民的就业问题，以及开发过程中可能带来的环境破坏问题等，不仅能够减少项目实施过程中的反感情绪和冲突，而且能更好地促进当地经济的发展。另外，旅游规划团队在规划中的地位至关重要，直接决定旅游规划的质量，专家和高等级规划单位的规划能力往往被认为是高质量旅游规划的良好保障，倾向于请外地规划团队已成为当前旅游规划中凸显的问题。事实上，最佳的规划团队，在组成上要包含跨地区、跨行业、多学科的专家，避免专业和地域的局限，做到取长补短的同时，还应邀请区域居民代表、目标市场的潜在游客团体及其他的利益相关者参与，这样既利于保证旅游规划的质量，还可以减少利益相关者的矛盾和冲突。

鉴于旅游规划的复杂性，本研究仅选取了区域居民（与该旅游规划直接相关的部分）、游客及没有参与该规划的省内外旅游规划与评审专家，而没有考虑区域旅游规划组织编制单位、开发商及旅游规划编制单位等利益相关者，而这些利益群体对旅游规划的认识可能不同于居民、游客及规划评审专家，这将是下一步需要继续深入研究的问题。

第四部分

旅游流研究

第五章 敦煌国内旅游流研究

随着近年来我国旅游业的迅猛发展和旅游业国际地位的不断攀升，我国国内旅游业发展的重要性被提到了前所未有的高度。敦煌作为著名的旅游城市，旅游业已逐步形成了良好的发展格局，并成为该市的支柱产业之一，但与北京、上海等知名国际旅游城市相比，仍有较大差距。因此，对敦煌国内旅游流进行研究，不仅能够找寻其旅游发展的最佳突破口，而且对吸引游客、延长游客的停留天数有着重要意义。

第一节 旅游流研究概述

1. 研究背景及意义

1.1 研究背景

随着改革开放的不断深入、经济的快速增长，以及人民生活水平的极大提高，我国旅游业有了较快的发展，国际地位得到明显的提升，旅游业已经成为世界旅游业的重要组成部分。2009年，国务院指出需要在国民经济发展的过程中，把我国的旅游业发展成为一大支柱产业，并就如何加速实现旅游业的发展提出了可行性的建议。此后，我国旅游业的发展被提高到了一个全新的高度，发展旅游业成为我国发展战略的重要环节。目前，我国已经成为世界第四大入境旅游接待国、世界上最大的国内旅游市场和亚洲第一大出境旅游市场。根据2016年1月18日中国旅游研究院在北京发布的中国旅游经济蓝皮书《2015年中国旅游经济运行分析和2016年发展预测》中显示，2015年全年接待国内外的旅游总人数超过了41亿人次，旅游的收入再创新高，达到了4万亿元，增长率达到了10%以上，其中国内旅游总量达到40亿人次，国内旅游总收入3.43万亿元，分别较上一年增长10.0%和13.2%，这开启了我国旅游发展的新时代。

甘肃是我国旅游资源较为丰富的省份之一，各种文化、民族、宗教在这里交汇、融合，这使得甘肃省的旅游业发展具有很大的潜力。2010年，甘肃省政府对全省旅游业的加速发展提出了相应建议，明确指出旅游业是全省的重要支柱产业，成立了以省政府主要领导为首的甘肃省旅游产业发展领导小组，健全了旅游业发展组织机构，确立了培育壮大市场主体、加强宣传促销、提升整体形象、提升产业素质、提高服务质量、实现旅游资源大省向旅游产业大省跨越式发展的目标，并将旅游业作为特色优势产业纳入了全省国民经济与社会发展规划。全省上下形成了加快发展旅游业、富民强省的共识，初步形成了各级政府重视、各部门配合、协调联动发展旅游业的工作局面。这充分体现了甘肃省委、省政府对旅游业发展的高度重视。

敦煌是甘肃省最西端的一个县级市，作为古丝绸之路上的一颗璀璨明珠，以其悠久的历史文化和独特的大漠风光而著称，随着全国旅游业的迅猛发展，该市的旅游业也已逐步形成了良好的发展格局，成为该市的支柱产业之一。通过创建"国际文化旅游名城"，加速了旅游业发展进程。2015年全市旅游接待人数增长30.11%；旅游收入增长32.49%。随着"感动世界品牌城市""国家旅游名片城市"等口号的提出，敦煌在国内外的声誉正在逐步提高，未来所吸引的旅游者也将逐步增多。国内旅游是敦煌旅游业发展的基础，虽然近年敦煌国内旅游人数和旅游收入大幅度增长，但与北京、上海等知名国际旅游城市相比，仍有较大差距。旅游者是整个旅游活动中的主体，要想更好地发展旅游，必须从旅游者入手来研究。因此，研究敦煌国内旅游流的特征和分析其成因显得十分必要。

1.2 研究意义

1.2.1 理论意义

随着我国旅游业的发展，在旅游客流方面取得了一定的研究成果。但目前对旅游流的研究，尤其是国内旅游流的研究还不足。本文系统分析研究了敦煌旅游流的行为特征、空间分布特征和流动特征，为旅游市场开拓，以及旅游流理论研究的发展提供强有力的支撑。

1.2.2 现实意义

敦煌作为古丝绸之路上的交通重镇，因其悠久的历史文化而闻名于世，是一座名副其实的旅游城市。其丰富的自然资源和深厚的文化底蕴使该市的旅游业具备很大的发展空间。但是，这些年，随着我国旅游人数的增加，以及国内市场的快速发展，一些突出的问题逐渐暴露出来，特别是关于客源市场方面的问题。敦煌是全国甚至是全世界的一大旅游胜地，对其旅游的发展虽有研究，但是基于旅游流特征分析的研究目前还没有。研究旅游流的行为特征、空间分布特征和流动特征，可以对促进敦煌旅游产品开发、旅游营销策略改进，以及旅游市场全面推广等发挥较大的作用，同时对实现敦煌旅游业又好又快发展具有现实意义。

2. 国内外研究现状

2.1 国外研究现状

旅游流是地理学与旅游学交叉所产生的一门学科，其研究关注的是旅游地理空间上的流动特性。在20世纪60年代，国外一些学者对该学科进行了深入探究，形成了一定的理论基础，如坎普贝儿（Campbell）、冈恩（Gunn）、皮而斯（Pearce）以及蒂莫西（Timothy）等，都属于该学科研究的领军人物。从国外相关文献来分析，对旅游流的系统性研究尚未形成规模，其研究的侧重点主要为：

其一，关于旅游流空间行为的动态变化问题（Crompton，1993；Dredge，1999；Mings，1992）。在研究过程中，逐渐从小尺度（Jean，1985；Boris，1986；Pearce，1987；Brian，1985）向大尺度（Gerard，1995；George，1991；Pearce，1999）过渡。如罗杰斯（H. B. Rodgers）在1967—1969年间，对整个英国休闲旅游流规律进行了具体分析。美国捷林斯与威廉斯选择了14个国家作为研究对象，对国家与国家间的旅游流状况进行了分析，并绘制了1958年、1959年、1964年、1965年、1966年的旅游流分布状况图。

其二，关于旅游流模式。Mariot在研究中对旅游地间的旅游流问题提出了相应模型；Campbell（1967）则选择城市作为中心点，以辐射扩散形式来描述旅游流动态变化，并提出了相应模型；Rajotte选择加拿大魁北克旅游作为分析对象，发现度假者与观光旅游者在流动方向上表现出不一致特征；Thurot（1980）以旅游客流身份为基准，将其分为国内与国际两种类型，并提出了具体的国际旅游流模式，该模式认为，发达国家之间旅游流存在着双方互动特性，而发达与发展中国家之间，旅游流主要是发达国家流向发展中国家。Lundgren（1984）以旅游流区域与方向为基准，提出了四大模式，即边缘旅游地辐射、城市农村辐射、城市及周边辐射、城市对流模式。除了具体模型问题研究外，一些学者还关注了旅游流的影响因素，如距离、引力等。也有学者对旅游流预测进行了一定研究（Christine，1994；Nell，1989；Martin，1992）。

其三，关于旅游流影响因素。在"二战"后，受政治、社会与经济等多种因素的影响，在世界范围内出现了显著的旅游流现象（Pearce，1987）。Crampon L J.（1966）认为影响旅游流的因素主要有：客源地人口与经济状况、目的地引力和距离。Pearce（1987）在分析一些国家旅游特征时发现，旅游地发送与接待能力，也是影响旅游流的一个关键因素。

2.2 国内研究现状

20世纪80年代后，我国开始了旅游流相关问题的研究。在这个时期，学者们搭建了旅游流理论框架，并对其空间模式与旅游者行为模式做了具体分析，马耀峰、陆林、郭来喜、保继刚、唐铁顺、张凌云等，都属于这一时期我国旅游流研究的代表性人物。保继刚、尹寿兵、梁增贤等（2011）在旅游地理学分析中，将旅游流问题作为核心点，开展了一系列探究，并获得了较大成果。对国内对旅游流问题的研究成果进行分析发现，其研究方向与侧重点主要表现在六个方面，具体为：

第一，旅游流概念内涵及理论框架研究。从概念层面来看，分广义与名片狭义两种。广义上的旅游流指的是客源地与目的地或目的地与目的地之间出现的旅游客流、资金流、文化流、信息流、物质流与能量流的综合现象，主要代表人物为陆林、唐顺铁、郭来喜等。狭义上的旅游流关注的是旅游者的空间位移问题，即以客源地为起点，面向目的地流动的游客数量与行为模式，其主要代表人物是马耀峰、保继刚、谢彦君。针对旅游流理论框架的研究，谢彦君认为旅游流有三个属性特征，即时间、流量与流向。马耀峰与张佑印等在研究旅游流特性问题时，提出旅游流流势与流质等观点。

第二，旅游流空间模式研究。在国内有大量学者对旅游流空间模式开展了具体分析，如吴必虎（1994）关注了环城游问题，在小尺度上提出了环城游憩带模式；楚义芳与保继刚（1999）在空间模式上提出了多尺度旅游流模式；薛莹（2006）对旅游流的内聚问题进行了探究；马耀峰与张佑印（2010）则关注了入境旅游问题，提出了逐级递减集散模式。

第三，关于旅游流流量研究。国内学者对旅游流流量的研究集中在现状的统计分析和预测方面，旅游流流量的分析包括大、中、小三个尺度。其中，大尺度的研究主要内容有两方面。其一，入境旅游流，如针对东西部旅游流流量问题，马耀峰（2001）进行了具体分析；李振亭（2012）则选择近20年的数据，针对入境旅游流量开展了具体分析。其二，特定旅游主题的大区域旅游流，如京杭大运河、丝绸之路等。从中尺度来分析，学者所关注的区域主要为成渝、长三角、珠三角与环渤海等旅游业发达地区。而小尺度研究所关注的主要是省域内或市域内的旅游流流量问题，这类研究主要集中在一些古都或名都上，如西安、南京、北京等地（杨兴柱、顾朝林、王群，2007）。当前，学者在研究旅游流流量问题时，引入了景区尺度，如牛亚菲选择北京市内的183个景区作为研究对象，对景区旅游流动态变化与规律进行了探析（牛亚菲、谢丽波、刘春风，2005）。而徐红罡（2011）则选择宏村、西递作为研究对象，关注景区内部游客流量的变化特性与规律。

第四，旅游流动力机制研究。国内关于旅游流动力机理的研究主要理论依据为驱动力理论、O—D 理论与推—拉理论，认为旅游流动力系统是在多种力综合影响下形成的一种合力系统，具体表现为：旅游者本身存在的内推力，客源地赋予的外推力，目的地表现出的拉力，还有旅游阻力（杨兴柱、顾朝林、王群，2011；张佑印、马耀峰、顾静，2012）。针对内驱动力问题，郭英之（1999）重点对旅游者行为因素进行了分析，并对旅游流产生的动力机制做了分析。以 Lancaster 理论为基点，毛润端（2005）研究了游客在选择目的地时的影响因素。保继刚（2002）则研究了客源地外推力问题，并认为客源地经济发展程度、人口规模与消费理念等是决定旅游流流动范围和模式的重要因素。张捷（1999）在分析游客出游影响因素时，将区域经济水平作为关键指标。吴必虎（1997）在分析中，将经济因素的影响具体到居民可自由支配收入问题上，并关注了该因素对旅游流的影响问题。针对目的地拉力因素的分析，保继刚（2005）认为与该地的区位特征与旅游资源存在着直接关系。但彭华（1999）提出，旅游流流动的拉力主要为旅游产品。针对旅游流阻力问题，保继刚（1992）认为阻力的大小与游客经济、文化水平相关，与旅游目的地间的距离相关。而吴晋峰（2005）则将距离作为影响旅游流的关键性因素。吴必虎（1994）则提出了交通便利程度与距离是影响旅游流的主要因素。

第五，旅游流流动效应问题。该问题关注的是旅游流流动给环境、经济与社会所带来的现实性影响。在国内，长期以来一直有学者对该效应进行研究。综合研究的视角与内容，具体可分为三个部分。其一，从社区影响的视角来分析。这类研究发展于 20 世纪 90 年代，主要针对旅游流对区域团体与居民所构成的影响问题进行探究（Zhang X, Bao J 2010）。在研究区域上，以偏远农村或少数民族地区为主。如在一些落后地区，收入较高的游客对青年居民所产生的影响更大（Ying T. Y., Zhou Y. G., 2007）。近些年，学者的研究视角不再局限于落后地区，而是转到了旅游名胜地，并分析旅游流对当地的影响。其二，基于空间场效应的分析。在区域旅游流问题探究中，章锦河（2005）引入了空间场论，并在空间格局上对区域旅游流做了具体探究。而马耀峰（2008）则选择四川作为研究对象，对四川区域的空间场效应做了实证分析。王永明（2010）以上海入境旅游流为关注点，分析了其对周边省区所带来的空间场效应。以世博会旅游流为基点，王利鑫（2011）对辐射效应开展了具体分析。以上研究进一步丰富了旅游流空间辐射效应的研究成果。其三，基于地理学视角的分析。史春云（2007）选择四川省为研究对象，以核心与边缘空间理论为依据，对其旅游流空间格局的发展与变化进行了研究。以地理集中指数为支撑，文琦（2009）选择1995—2006年间的入境旅游数据，对目的地的热度变化进行了研究。

第六，关于旅游流影响因素。谢彦君（1990）认为，形成旅游流的关键在于旅游者之间存在着近似性的需求。保继刚在研究旅游流影响因素时，提出了较为详细的看法，将区域发展状况、收入、教育水平、交通、旅游资源与时间等都纳入到影响因素之中。吴必虎在分析旅游流影响因素问题时，提出将其分为游客出游力和目的地吸引力，其中影响游客出游的因素包括：游客个体的态度、兴趣与观念、空间时间、个人或家庭收入水平、自身体能、受教育程度、群体与目的地间的差异性等。认为影响目的地吸引力的因素主要有：可选择的交通方式、到达目的地的路况与时间消耗、距离等。

总体来看，国外关于旅游流的研究起步较早，但发展较慢，研究侧重点主要为旅游流影响与空间模式；国内旅游流的研究虽然起步较晚，但在国外研究的基础上得到了较快发展，其研究视角较为多样，如在旅游流理论体系、旅游流空间模式与空间流量、相关影响因素与空间辐射等方面进行了研究。理性来看，这些成果奠定了旅游流进一步研究的基础，然而对旅游者的旅游决策、旅游行为、时空动态模式还缺乏深入、系统的研究。因此，本文打算在前人研究的基础上，从行为、空间分布和流动（包括旅游流不同时间维度的流量、流速和流向）三个方面去更加系统、全面地研究旅游流。

第二节　研究区概况

1. 地理区位

从地理位置上看，敦煌地处甘肃省河西走廊的最西端，处在新疆、青海与甘肃的交界位置上，行政上归酒泉市管辖。其东部与瓜州县相接，西部与阿克塞哈萨克族自治县、肃北蒙古族自治县相接。从面积上来看，敦煌占地3.12万平方千米，而绿洲面积仅为1400平方千米，整个绿洲被戈壁与沙漠所包围，由此，也有人将敦煌称之为"戈壁绿洲"。敦煌总人口约有20万，下辖9个镇。农业人口数量较多，达14.25万人。从民族构成上来看，汉族在人口中的占比最高，维吾尔族、满族、哈萨克族等少数民族人口在总人口中的占比为1.06%。从气候角度来看，敦煌为暖温带干旱气候，年降水量仅为42.2毫米，但蒸发量却为2505毫米，属于中国"旱极"。

2. 旅游资源概况

2.1 旅游资源类型

敦煌历史文化悠久，拥有十分丰富的旅游资源，如莫高窟、鸣沙山·月牙泉、玉门关等，都属于国内外著名的旅游景点，现有各类文物点241处（古墓葬24处，古遗址195处，古建筑16处，石刻6处）。属于国家重点文物保护的单位有3个，即莫高窟、玉门关、悬泉置遗址，这些也被收录为世界文化遗产。属于省级文化保护单位的共9处，还有1处酒泉市级保护单位，34处县级文物保护单位，此外，有194处文物单位还尚未定级。从景区级别上来看，有1处5A级景区，即月牙泉风景名胜区；4A级景区2处，分别为雅丹地貌国家地质公园、阳关景区，有5处3A级景点，还有一些未定级的景点，具体见表5-1。

表 5-1 敦煌市主要旅游资源

类型	名称
世界文化遗产	莫高窟
	玉门关
	悬泉置遗址
5A级景区	鸣沙山·月牙泉
4A级景区	雅丹地貌国家地质公园
	阳关景区
3A级景区	敦煌夜市
	敦煌影视城
	三危山景区
	敦煌同舟岛
	敦煌雷音寺
普通旅游景区	汉长城遗址
	魏晋壁画墓
	胡杨林
	西千佛洞
	渥洼池
	白马塔
	敦煌故城遗址

2.2 旅游资源特征

从表 5-1 可以看出，敦煌拥有雄浑壮丽的自然景观、独特的地形地貌景观，以及历史悠久的人文景观，这使得敦煌旅游资源具有显著的多样性。各类资源在数量与种类上较为丰富，这也为敦煌开发各类旅游资源提供了先天性条件，赋予了充分的市场潜力。

敦煌作为古丝绸之路上一颗璀璨的明珠，是连接中西交流的交通重镇，凭借着这一地理优势，在古代便属于商业繁华的城市。丝绸之路是中国古代文化与西方文明交流的重要通道，也是中西经济对接的主要通道。随着"一带一路"发展策略的提出，丝绸之路已成为国内外游客旅游的热点地区。千年的发展与沉淀，赋予了这片土地浓重的历史气息，丰富着这片土地的风俗民情，塑造了一个多姿多彩的文化圣地。

3. 旅游业发展现状

3.1 旅游资源开发方面

敦煌旅游始于 20 世纪 80 年代，起初只以莫高窟、鸣沙山·月牙泉等极少数旅游资源为重点发展旅游业，随着社会的发展和国内旅游需求的日趋增长，敦煌旅游业也逐步发展，在开发出众多历史遗迹旅游产品的同时，也开发了人文自然景观，推出了西湖湿地、大漠戈壁与绿洲田园等多样性的生态旅游产品。设有万亩日光温室、万亩葡萄产区等培育优质蔬果，开展特色观光旅游。

3.2 旅游基础设施建设方面

在"国际文化旅游名城"这一发展目标的指引下，敦煌投入了大量资金，旅游基础设施得到了极大改善，尤其是交通条件，铁路运营、公路扩建及机场规模升级，使城市形成民航、铁路、公路"三位一体"的交通网络，绝大部分景区已实现通车，其基础设施建设及服务功能也已逐步完善。联合知名媒体和全国各大城市举办各种旅游推介宣传活动，城市品牌影响力已逐步扩大。随着"智慧旅游"这一旅游发展规划的提出，敦煌作为省级智慧旅游试点城市，开启了"智慧旅游"体系的建设和应用，已初步实现智慧化管理、智慧化营销和智慧化服务。鸣沙山·月牙泉作为智慧景区建设试验地，已实现了 Wi-Fi 全覆盖，支持智能自动导览，还可以对游客流量与分布等进行监控，智慧园区系统日益完善。

随着城市建设的大力加强，城市面貌发生了翻天覆地的变化，敦煌文化元素已遍布城市各个角落，城市形象和品位已大幅提升。与全市旅游业发展相配套的接待服务设施已初具规模，截至 2016 年年底，全市共有旅行社及驻敦旅行社分社 86 家，旅游汽车公司7家，宾馆饭店207家（其中星级宾馆30家，包括1家五星级，10家四星级，13家三星级，6家二星级），总床位29440张，餐厅812家。

3.3 旅游产品开发方面

以自然人文景观、历史遗迹等作为旅游产品的核心，发挥敦煌旅游资源丰富的优势，逐渐形成了一定的旅游品牌，并打造了闻名中外的五大风景名胜区。"大漠奇观""石窟艺术""古关古城"，成为敦煌对外宣传的重要旅游品牌。此外，敦煌还结合旅游需求，开发了一些精品旅游线路，推出了体验游、自驾游、冒险游、鉴赏游与休闲游等旅游产品，将风景旅游、文化观光与人们的兴趣、爱好、特长结合起来，提高了游客旅游的内在驱动力，并带动了周边区域的经济发展。积极进行旅游特色产品的开发，如蜡染、铜雕、夜光杯与工艺骆驼等，发展旅游纪念品经济。此外，在敦煌地区也形成了一定的古玩、书画与奇石等市场，并修建了一定数量的现代化文娱馆，如敦煌古玩城等。推出了以敦煌历史文化为背景的大型杂技剧《敦煌神女》、大型沙漠实景演出《敦煌盛典》、大型室内情景体验剧《又见敦煌》，以及闻名中外的大型民族舞剧《丝路花雨》等演艺产品，增加了敦煌的魅力，为游客呈现了别致而特别的文化体验。

总之，随着旅游资源的开发、旅游基础设施建设的完善，以及旅游产品的丰富，敦煌已形成了初步完善的服务体系，从食、住、行到游、购、娱，各方面服务质量与游客满意度显著提升，旅游经济在敦煌经济中的占比超过了50%，旅游业也因此成为推动敦煌国民经济发展的主要增长点。

第三节 基于旅游客源市场调研的敦煌国内旅游流研究

对一个城市的旅游流进行系统的研究有助于全面、深层地了解该城市的旅游发展现状，分析旅游流的行为特征、空间分布特征和流动特征，可以促进城市旅游产品的开发、旅游营销策略的改进，以及旅游市场的全面推广，同时对实现旅游业又好又快的发展具有现实意义。因此，笔者从行为、空间分布、流动方面对敦煌国内旅游流进行研究，根据旅游局的相关数据和笔者亲自调研所得的统计数据，对敦煌国内旅游流的行为特征、空间分布特征和流动特征进行分析，从而发现敦煌旅游发展中存在的问题，以便对敦煌旅游的发展提出对策与建议。

1. 敦煌国内旅游客源市场调查

1.1 调查目标

通过调查主要了解敦煌国内旅游流的行为特征、空间分布特征和流动特征。其中，旅游流行为特征调查目标包括旅游者的性别、年龄、学历、职业、旅游目的、出行方式、交通方式、消费能力，以及对旅游目的地的满意程度。旅游流空间分布特征调查目标主要是通过调查了解旅游者的居住地分布情况。旅游流流动特征调查目标包括旅游者在敦煌的停留时间、旅游者是否直接从其居住地来、经何地来敦煌，以及离开敦煌后去何地。

1.2 调查方法

此次调查的主要方法为问卷调查法，笔者根据本文研究的问题对敦煌国内游客设置了调查问卷，选择在莫高窟游客服务中心对国内游客进行随机抽样调查。

1.3 调查时间

2016年5月20日（周中）对莫高窟游客服务中心的游客做了旅游平季的第一次调查，2016年6月12日（周末）对莫高窟游客服务中心的游客做了旅游平季的第二次调查。2016年7月13日（周中）对莫高窟游客服务中心的游客做了旅游旺季的第一次调查，2016年8月14日（周末）对莫高窟游客服务中心的游客做了旅游旺季的第二次调查。2016年10月26日（周中）对莫高窟游客服务中心的游客做了旅游淡季的第一次调查，2016年11月5日（周末）对莫高窟游客服务中心的游客做了旅游淡季的第二次调查。

1.4 调查问卷情况说明

笔者在此次调查中，总共发放了300份问卷，其中旅游平季时期100份，周中、周末各占50份；旅游旺季时期100份，周中、周末各占50份，旅游淡季时期100份，周中、周末各占50份。问卷收回289份。在后期整理中，去除无法确认的问卷，实际回收有效问卷272份，回收率96.7%，有效率93.1%。为便于对问卷中的数据进行整理和深加工，对上述272份有效问卷进行了一一编号，然后将上述问卷按一定的顺序录入Excel中。

2. 敦煌国内旅游流行为特征分析

2.1 人口学特征

2.1.1 游客性别特征

调查结果显示，敦煌市男性游客占53.97%，女性游客占46.03%，男性游客比例高于女性游客近8个百分点。该项调查结果表明敦煌的国内游客以男性为主，女性旅游市场还具有较大的发展空间。

2.1.2 游客年龄特征

笔者将游客的年龄划分为4个年龄段：18岁以下、18~30岁、31~55岁和55岁以上。从被调查者的年龄结构来看18岁以下的游客占整体游客的7.9%，18~30岁的游客占50.3%，31~55岁的游客占31.7%，55岁以上的游客占10.1%（见图5-1），由此可以看出中青年游客是敦煌旅游的主要消费者，旅游产品的开发和设计应主要针对这一市场进行。此外，该项调查结果还表明敦煌的青少年和老年市场有待开发。

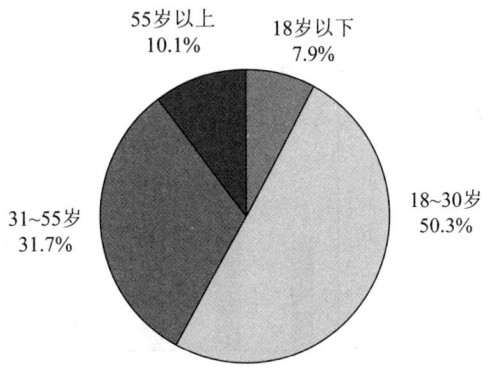

图 5-1　2016 年敦煌国内游客年龄构成情况

2.1.3 游客受教育程度特征

从调查中可以看出，敦煌国内游客中受过本科教育的游客所占比例最大，占所有游客的55.6%，其次是受过大专教育的游客，占所有游客的19.0%，再次是受过研究生教育的游客，占所有游客的11.1%，最后是受过高中教育和初中及初中以下教育的游客，分别占9.5%和4.8%（见图5-2），其中在这些游客中受过大专以上高等教育的游客占整体游客的85.7%，说明具有较高学历的人群是敦煌国内游客的主要构成部分。

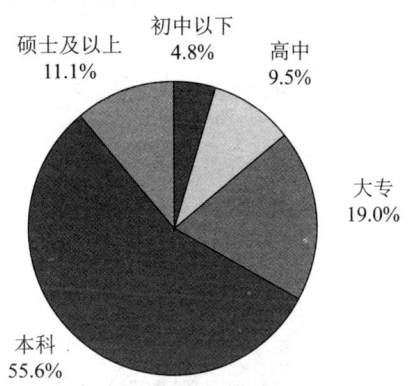

图 5-2　2016 年敦煌国内游客受教育比例分布情况

2.1.4 游客职业特征

根据调查显示，敦煌国内游客中学生占所有游客的26.5%，公务员占10.1%，单位中高层管理者占11.1%，普通职员占13.8%，科教人员占9.5%，自由职业者和退休人员均占6.3%，中高级专业者占5.3%，个体商户占4.8%，军人占0.5%，其他职业者占5.8%（见图5-3）。这些职业当中，除过学生和自由职业者之外，其他职业者均有稳定的经济来源，由此可以说明敦煌国内游客来源主要集中在学生和稳定职业者人群。

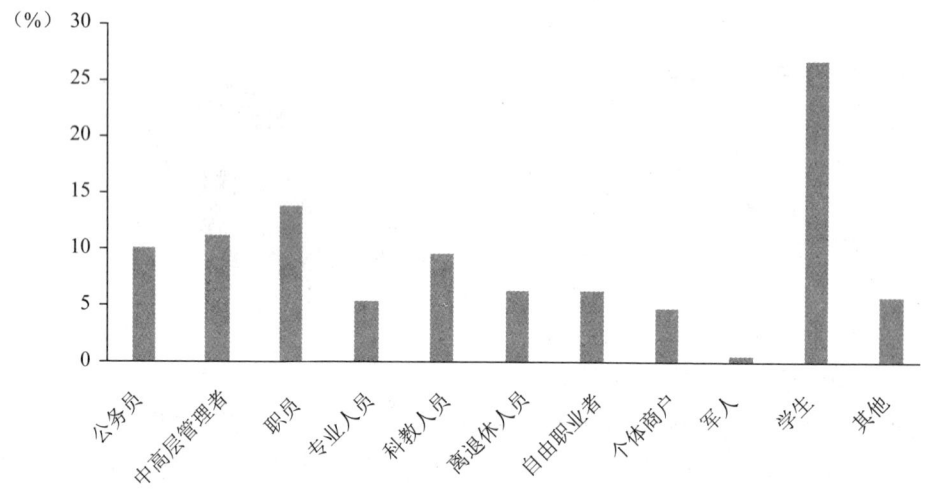

图 5-3　2016 年敦煌国内游客职业构成情况

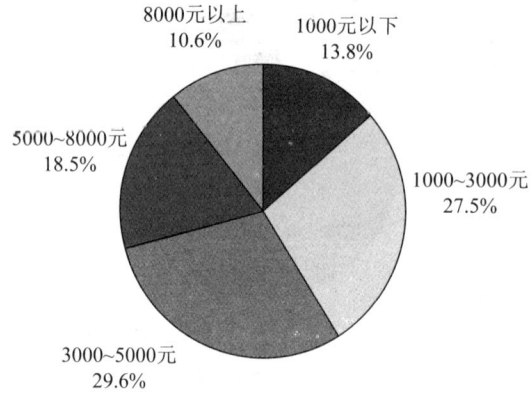

图 5-4　2016 年敦煌国内游客收入组成情况

2.1.5　游客收入特征

在调查中发现，敦煌国内游客中个人月收入在 1000 元以下者占整体游客人数的 13.8%，1001~3000 元者占到 27.5%，3001~5000 元者占到 29.6%，5001~8000 元者占到 18.5%，8000 元以上占到 10.6%。从图 5-4 可以看出，敦煌国内游客的个人月收入主要集中在 5000 元以下，占到 70.9%，由此可知敦煌国内游客大都属于中低收入阶层。

2.2　行为特征

2.2.1　游客出游目的

为便于研究，笔者根据敦煌的实际情况将敦煌国内游客行为按旅游目的分为观光度假型、商务会议型、探亲访友型和其他类型四种类型进行分析。从调查结果中可以看出，以观光度假为目的的游客占被调查人数的 87.3%，以探亲访友为目的的游客占 4.2%，以商务会议为目的的游客占 2.6%，其他目的的游客占 5.3%（见图 5-5），该项调查结果表明：来敦煌旅游的国内游客以观光度假为主要目的，专门的商务会议等其他旅游活动较少。

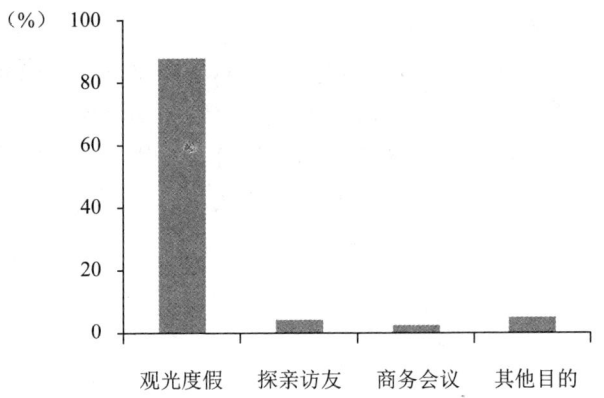

图 5-5　2016 年敦煌国内游客出游目的构成情况

2.2.2　游客旅行方式

笔者根据敦煌的实际情况，将敦煌国内游客出行方式分为旅游团和自助游两种。调查数据显示，敦煌国内游客中采用自助方式旅游的游客占 86.2%，参加旅行社组织的游客只占 13.8%。由此可见，自助旅游已成为来敦煌旅游的主流方式，散客旅游市场的开发将是敦煌旅游市场开拓的一个重要方面。

2.2.3　游客出行交通方式

调查数据显示，敦煌国内游客中选择乘坐汽车出行的游客占被调查游客的 8.6%，选择自驾车的游客占 27.0%，选择乘坐火车的游客占 56.0%，而选择乘坐飞机的游客占 8.0%（见图 5-6）。该项调查结果表明：乘坐火车是国内游客来敦煌旅游最重要的交通方式，自驾也已成为一种主要交通方式。从敦煌国内游客的出行方式和交通方式这两项调查结果来看，"自助游"和"自驾游"将成为敦煌旅游产品开发和旅游线路设计的重要方向。

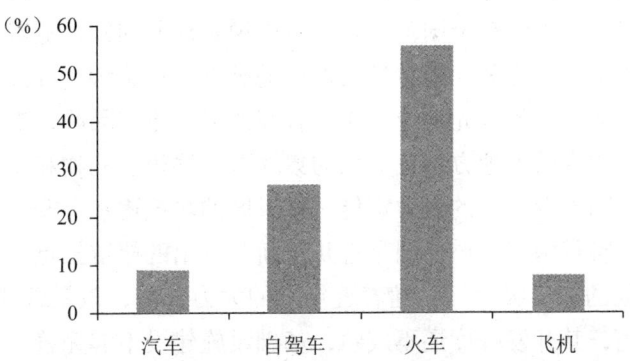

图 5-6　2016 年敦煌国内游客交通方式所占比重

2.2.4 游客景区偏好

调查表明,在敦煌众多的景区中最受游客欢迎的景区是莫高窟、鸣沙山·月牙泉风景名胜区和敦煌夜市,分别占97.9%、91.5%和96.5%,其次是雅丹国家地质公园,占34.9%,再次是阳关景区和玉门关遗址,分别占21.7%和29.1%,接下来是汉长城遗址、雷音寺、三危山景区和敦煌影视城,分别占18.5%、15.2%、12.2%和11.1%,最后是悬泉置遗址,只占到3.7%(见图5-7)。

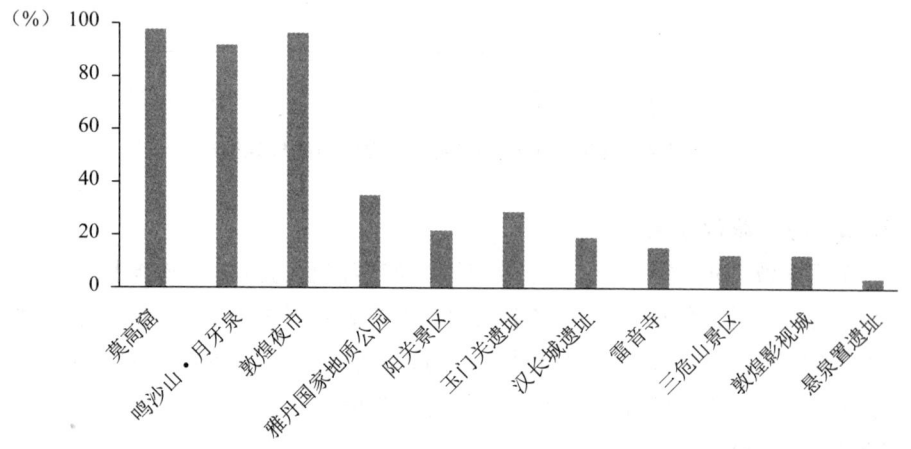

图 5-7 2016 年国内游客对敦煌景区的偏好

从上述的分析中可以看出,敦煌国内游客的景区偏好具有两个特点:首先,游客的景区偏好与景区的出名程度及其开发程度有很大的关联。莫高窟举世闻名,也是敦煌的象征和代表,作为敦煌的旅游品牌,该景区从旅游资源开发情况到旅游基础设施建设情况,各个方面不但位于敦煌各景区之首,而且在全国范围内也处于领先地位,成为敦煌最受欢迎的景区当之无愧。鸣沙山·月牙泉风景名胜区虽然不及莫高窟闻名世界,但在全国范围内也可以说是众所周知,随着近年来敦煌智慧旅游的发展,该景区作为敦煌智慧景区建设的试点,从旅游资源开发到旅游基础设施的建设也逐渐居于全省领先地位,作为敦煌的另一旅游品牌,有着较高的受欢迎率。敦煌夜市是体现敦煌地方特色文化的集饮食、娱乐、购物和特色建筑景观为一体的旅游景区,随着近年来的大力宣传,该景区的名气逐步上升,也成为来敦煌旅游的必游之地。雅丹国家地质公园是近几年新开发出的旅游景点,其独特的地质地貌景观是该景区的主要吸引力,随着近年来的大力宣传,该景区的名气逐步上升,但因开发时间短,其开发程度还不成熟,基础设施建设不够完善,导致其受欢迎程度大大降低。阳关遗址和玉门关遗址因在历史上发挥过重要的交通作用,以及出现在文学名句中，其知名度也较高，但因其旅游资源的单一，尤其是玉门关，景区的开发和基础设施建设还不能很好地满足游客的需求，所以该景点的受欢迎程度不是很高。而在汉长城遗址、雷音寺、三危山景区、敦煌影视城、悬泉置遗址这些景点中，只有刚建成的雷音寺和正在扩建的敦煌影视城的基础设施稍微好一些，其他景点无论是知名度还是开发程度都远不及前几位景区，故其吸引力受到较大影响。

其次，其他景区受欢迎度与受欢迎程度位居前三位的景区相差太大。从调查的数据中可以看出，受欢迎程度最高的三个景区（莫高窟、鸣沙山·月牙泉风景名胜区、敦煌夜市）的受欢迎率分别是97.9%、91.5%和96.5%，均在90%以上，而其他景区中只有雅丹国家地质公园的受欢迎率高一点，但也只有34.9%，还不到整个游客数量的一半。

由此可知，大力开发本市除主要吸引物之外的旅游资源，并完善其基础设施建设是发展敦煌旅游的长期任务，同时应对其进行大力宣传，这样不但能吸引更多的游客来敦煌旅游，而且能延长其在敦煌的停留时间，对于旅游承载力有限的莫高窟景区来说这无疑是分流旅游旺季高峰客流的一个可行性措施。

2.2.5 游客满意情况

笔者将游客的满意程度分为非常满意、满意、一般、不太满意和不满意五个层面，根据调查数据显示，对来敦煌旅游感到非常满意的国内游客占整体游客的10.6%，感到满意的占61.9%，感到基本满意的占22.8%，感到不太满意的占4.2%，而感到不满意的仅占0.5%（见图5-8），前三项合计占比91.0%，由此可知，国内游客对来敦煌旅游的整体情况具有较高的满意度。

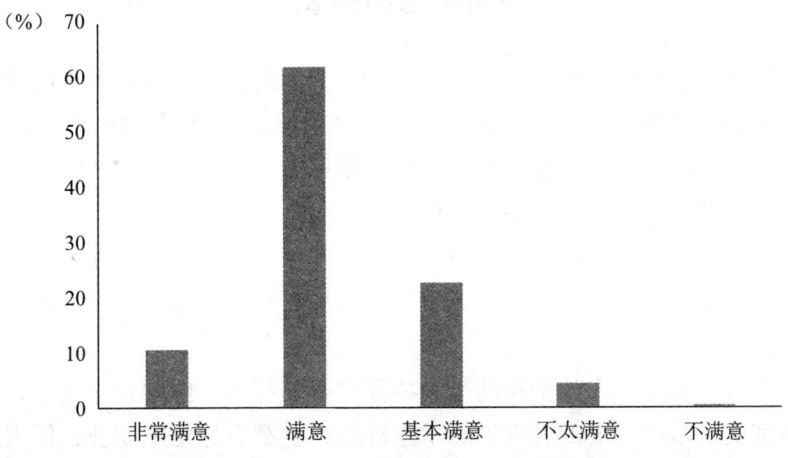

图5-8　2016年国内游客对敦煌的满意度

为了进一步了解国内游客对敦煌基础设施的满意情况，笔者将敦煌整体的基础设施建设分为市容环境、公共设施、住宿条件、餐饮质量、交通设施、景区环境、旅游体验、旅游服务质量、市民素质9个项目对国内游客进行调查，从调查中可以看出，国内游客对敦煌基础设施建设中满意率最高的是景区环境，占整体游客的45.5%，其次是市容环境，占32.8%，接下来是旅游体验，占25.9%，紧接着是住宿条件，占23.8%，然后是公共设施和交通条件，分别占19.6%和17.5%，最后是市民素质、餐饮质量和旅游服务质量，分别只占13.2%、12.7%和11.6%，见图5-9。

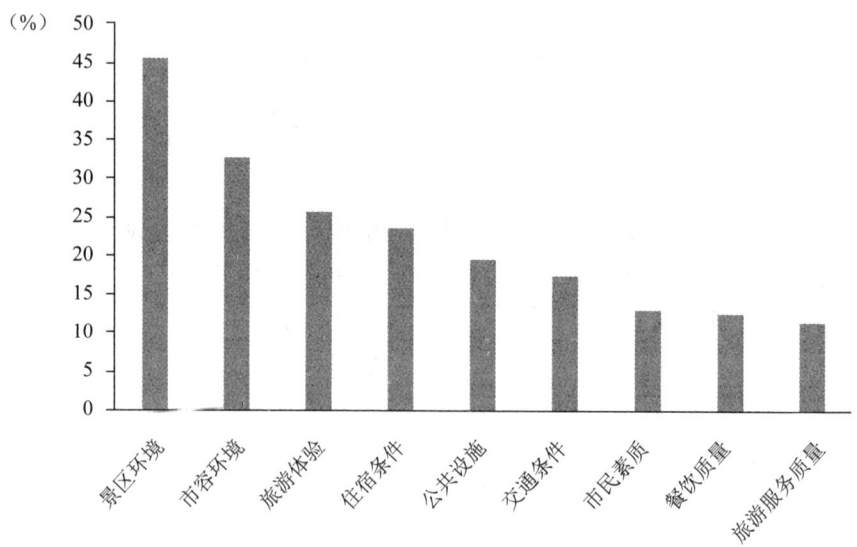

图5-9　2016年国内游客对敦煌基础设施的满意情况

从上述分析中可以发现两个特点：其一，国内游客对敦煌基础设施建设的满意程度整体不高。其中满意率最高的项目是景区环境，但也只占到45.5%，还没有达到整体游客的一半。其二，在敦煌所有的基础设施建设中，国内游客对软件设施的建设满意率最低。市民素质、餐饮质量和旅游服务质量均属基础设施中的软件，分别只占13.2%、12.7%和11.6%，且相互之间的差距不大。由此可见，要想更好地发展敦煌的旅游业，提高游客的满意度，必须加大基础设施的建设力度，尤其是软件设施建设。

总体来看，敦煌国内旅游流的行为特征主要表现为：以中青年为主，男性占主导，大多都受过本科以上的教育，除学生外基本上都有稳定的职业，但大多都属中低收入阶层，普遍以"观光"为目的进行自助旅游，选择的交通工具以火车和汽车居多，且自驾游所占比例较高，其旅游偏好主要集中在莫高窟、鸣沙山·月牙泉和敦煌夜市三个景区，大多对敦煌旅游比较满意。

3.敦煌国内旅游流空间分布特征

根据笔者 2016 年对敦煌国内游客的抽样调查资料，敦煌国内旅游流以甘肃省内客源为主，所占比重为 12.6%（见表 5-2）。除甘肃外，四川、陕西等周边省市，以及经济发达的浙江等省份是敦煌国内主要客源地，说明经济和距离是主导敦煌旅游客源的地域构成的首位因素。

根据所占市场份额，可将敦煌国内旅游客源市场分为三级（丁正山，2004）：市场份额占 5% 以上的为一级客源市场，市场份额占 1%~5% 的为二级客源市场，占 1% 以下市场份额的为三级客源市场。由此可以看出，敦煌国内一级客源市场由甘肃、浙江、陕西、四川、河北构成，是敦煌比较稳定的客源市场，在相当长的一段时间内将仍占主导地位；二级客源市场由北京、安徽等 19 个省（市、区）构成，这部分客源市场将逐渐占据更大份额；三级客源市场由湖北、西藏等 7 个省构成，是敦煌旅游发展的后劲市场。

表 5-2 敦煌 2016 年旅游客源地分布

客源市场级别	客源地名称	所占市场份额
一级客源市场	甘肃	12.6%
	浙江	11.1%
	陕西	5.8%
	四川	5.8%
	河北	5.8%
二级客源市场	河南	4.8%
	山东	4.8%
	上海	4.2%
	湖南	4.2%
	北京	3.7%
	广东	3.7%
	广西	3.7%
	山西	3.7%
	重庆	3.7%
	黑龙江	3.2%

续表

客源市场级别	客源地名称	所占市场份额
二级客源市场	安徽	2.6%
	青海	2.6%
	新疆	2.6%
	江苏	2.6%
	福建	2.6%
	天津	1.6%
	贵州	1.6%
	辽宁	1.6%
	江西	1.1%
三级客源市场	西藏	0.5%
	湖北	0.5%
	内蒙古	0.5%

数据来源：笔者实际调研所得

综上所述，敦煌国内旅游流的空间分布特征为：旅游流的空间分布受空间距离和客源地经济情况的影响，具体表现为空间距离较近的甘肃、陕西、四川和经济较为发达的浙江是敦煌的一级客源市场，而空间距离较远的北京、安徽、河南等地，以及经济欠发达的青海、新疆则是敦煌的二级、三级客源市场。

4. 敦煌国内旅游流流动特征

旅游流从狭义的角度可以理解为游客因内在的近似性需求，在一定区域中呈现出的集体性空间位移现象，即旅游者的流动，包括流量、流速和流向。因此，笔者从旅游流的流量、流速及流向三个方面对敦煌国内旅游流的流动特征进行了分析。

4.1 流量特征

同一旅游地不同时间的旅游流流量有所不同，笔者从年度、季节和周三个时间维度对敦煌国内旅游流流量的特征进行了研究。

4.1.1 年际变化特征

近年来，敦煌国内旅游呈现出良好的发展态势，国内旅游流总量持续增长。根据图 5-10 显示，2013—2015 年敦煌每年同月的国内旅游流流量稳步增长，且 2015 年 6~9 月的流量相比其他时期增长较快，这与近年来政府高度重视旅游业发展和全民齐心共同大力发展旅游业紧密相关，随着近年各种旅游资源的开发、基础设施的完善、旅游产品的开发及旅游宣传的开展，敦煌旅游竞争力在逐年增强，同时在国内及国际的知名度也在逐步提高，这为挖掘敦煌潜在的游客、增加旅游流总量奠定了坚实的基础。

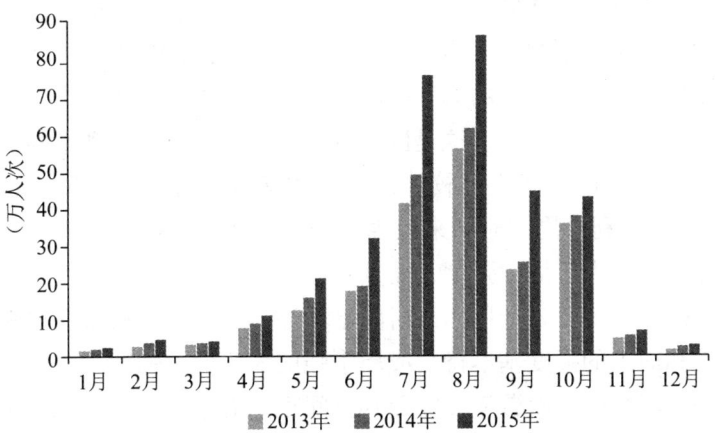

图 5-10 2013—2015 年敦煌国内游客接待量

数据来源：敦煌市旅游局

4.1.2 季节变化特征

从表 5-3 中可以看出，敦煌国内旅游流的流量以 4~10 月居多，尤以 7 月、8 月份客流量最大，其他时间的流量较少，尤其是 12 月和 1 月客流量最少。我们还可以发现，敦煌国内旅游流的流量有着明显的季节差异。以 1/4（25%）为判断标准，按每季度客流量占全年总流量的比重大于 1/4 为旺季，小于 1/8（12.5%）为淡季，介于 1/4 ~ 1/8 为平季。根据下表对 2013—2015 年每季度国内旅游流流量的分析，敦煌第三季度为旺季，第二、第四季度为平季，第一季度为淡季，并且淡季流量在全年总流量中所占的比重远低于淡季的划分标准，由此说明敦煌的淡季旅游市场具有很大的开发空间。

表 5-3 2013—2015 年各季度敦煌国内游客接待情况

月份 年份	1~3月		4~6月		7~9月		10~12月		合计
	人数 （万人次）	比例 （%）	人数 （万人次）	比例 （%）	人数 （万人次）	比例 （%）	人数 （万人次）	比例 （%）	人数 （万人次）
2013	6.08	3.10	35.56	17.90	117.37	59.00	39.87	20.00	198.89
2014	7.54	3.35	41.41	18.40	132.52	58.86	43.67	19.40	225.15
2015	9.60	2.95	61.63	18.94	203.86	62.66	50.23	15.44	325.34
平均	7.74	3.10	46.20	18.50	151.25	60.55	44.59	17.85	249.79

数据来源：敦煌市旅游局

4.1.3 周内变化特征

根据笔者 2016 年对敦煌国内游客随机抽样调查的数据可知，来自同一地域的敦煌国内旅游流流量强度在周中和周末有所不同，来自甘肃、浙江、青海和新疆这四省（区）的旅游流流量周末比周中强度大，在剩余的 23 个旅游客源地当中，周中与周末的流量强度基本持平的只有 2 个省份，而周中流量强度大于周末流量强度的却有 19 个省份（见表 5-4）。这是因为敦煌地处甘肃、青海和新疆三省（区）的交界处，由于与敦煌的空间距离较短，像甘肃其他县市、青海和新疆这些周边省（区）的多数游客会利用周末时间来敦煌休闲度假或探亲访友，故来自这些地区的旅游流流量周末强度大于周中强度，而其他省（市、区）由于与敦煌的空间距离较远，这些地区的游客主要是利用休假时间来敦煌观光旅游，故来自这些地区的旅游流流量在周中和周末的强度基本持平或周中强度大于周末强度。该项研究结果表明敦煌国内同一地域周内的旅游流强度受其空间距离的影响，进一步说明了周边客源是敦煌周末客源的主要组成部分。

表 5-4 敦煌国内同一客源地旅游流强度周内变化

客源地	周中	周末
甘肃	10.6%	14.7%
浙江	9.3%	12.7%
青海	2.0%	3.3%
新疆	2.0%	3.3%
湖南	4.0%	4.0%
上海	4.6%	4.0%
福建	3.3%	2.0%
山东	5.3%	4.0%
重庆	4.6%	3.3%
安徽	4.0%	0.6%
北京	6.6%	1.3%
河南	7.3%	2.0%
黑龙江	5.3%	1.3%
四川	6.0%	2.6%
陕西	9.3%	3.2%

续表

客源地	周中	周末
广东	5.3%	2.0%
广西	6.0%	0.6%
河北	6.6%	3.3%
山西	8.6%	0
贵州	3.3%	0
江苏	4.0%	0
江西	2.0%	0
辽宁	3.3%	0
天津	3.3%	0
湖北	1.3%	0
内蒙古	0.6%	0
西藏	0.6%	0

数据来源：笔者实地调研所得

综上所述，可看出敦煌国内旅游流流量呈现以下特点：(1) 每年同时期的流量逐年稳步增长。(2) 时间分布集中。敦煌国内旅游流流量主要集中在 4~10 月，其中 7、8 月游客量最多，而其他时间游客量较少，尤其是 12 月和 1 月最少。(3) 季节差异显著。第三季度为旅游旺季，第二、第四季度为旅游平季，第一季度为旅游淡季。(4) 同一地域周内旅游流强度有差异。敦煌国内同一地域旅游流在周中和周末的强度受其空间距离的影响，敦煌周边省（区）的旅游流周末强度大于周中强度，其他省（市、区）的旅游流周中强度大于或约等于周末强度。

4.2 流速特征

旅游流的流速即为游客在旅游目的地停留的时间。笔者根据敦煌的实际情况，将国内游客在敦煌停留的时间分为 1 天、2 天、3 天、3~5 天和 5 天以上 5 个类别。调查数据显示，国内游客在敦煌停留 1 天的游客占全部调查游客的 8.5%，停留 2 天的占 55.6%，停留 3 天的占 18.0%，停留 3~5 天的占 4.8%，停留 5 天以上的占 13.1%（见图 5-11）。由此说明，国内游客在敦煌停留的时间普遍较短（或敦煌国内旅游流流速较快），大多只停留 2 天，这对旅游收入影响较大。因此，延长国内游客在敦煌停留的时间成为增加敦煌旅游收入的重要途径。

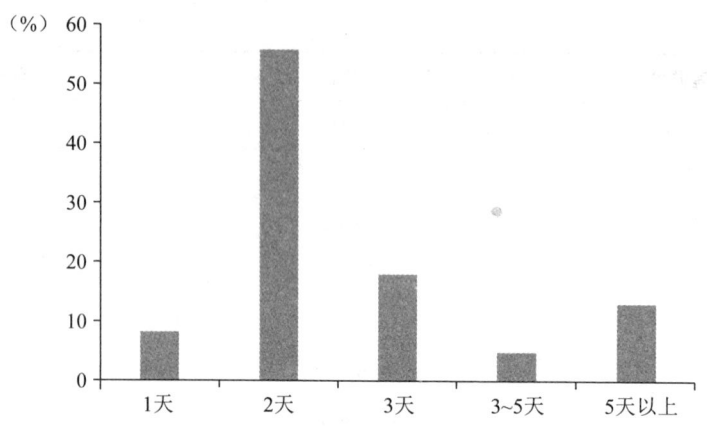

图 5-11　2016 年国内游客在敦煌停留的时间

数据来源：笔者实地调研所得

为了延长国内游客在敦煌停留的时间，笔者对国内游客在敦煌停留的时间与游客的旅游目的、职业、年龄及收入之间的联系做了进一步研究，发现只停留 1 天的国内游客主要为 30 岁以下、拥有 3000 元以下月收入的人群，其旅游目的以探亲访友的居多，其职业主要为公务员、科教人员及学生，而退休人员、自由职业、个体商户，以及以商务会议为旅游目的的旅游者都不会在敦煌只停留 1 天；大多数游客停留 2~3 天，其旅游目的以观光度假居多；停留 3~5 天的国内游客多数是个体商户、55 岁以上、拥有 8000 元月收入，以及以商务会议为旅游目的的旅游者，而科教人员、学生，以及月收入在 1000 元以下的游客几乎不会在敦煌停留 3~5 天；停留 5 天以上的国内游客多为职员、18 岁以下、月收入在 8000 元以上，以及以探亲访友为旅游目的的人群（见表 5-5）。

表 5-5　2016 年国内游客在敦煌停留时间与其行为特征的关系

停留时间	游客特征	1天	2天	3天	3~5天	5天以上
旅游目的	观光度假	7.90%	59.40%	18.80%	1.80%	11.50%
	商务会议	0%	0%	20%	60%	20%
	探亲访友	12.50%	25%	0%	25%	37.50%
	其他	10%	50%	10%	10%	20%
职业	公务员	10.50%	63.20%	10.50%	5.30%	10.50%
	中高层管理者	9.50%	61.90%	19.00%	4.80%	9.50%

续表

停留时间 \ 游客特征		1天	2天	3天	3~5天	5天以上
职业	职员	5.60%	38.90%	25%	2.80%	27.80%
	科教人员	11.10%	55.60%	22.20%	0%	11.10%
	退休人员	0%	41.70%	33.30%	8.30%	16.70%
	自由职业	0%	66.70%	16.70%	8.30%	8.30%
	个体商户	0%	44.40%	11.10%	33.30%	11.10%
	学生	10%	64%	14%	2%	10%
年龄	18岁以下	20%	46.70%	6.70%	6.70%	20%
	18~30岁	11.60%	56.80%	16.80%	4.20%	10.50%
	31~55岁	3.30%	58.30%	18.30%	3.30%	15%
	55岁以上	0%	47.40%	26.30%	10.50%	15.80%
收入	1000元以下	11.50%	69.20%	3.80%	0%	15.40%
	1000~3000元	11.50%	53.80%	15.40%	3.80%	15.40%
	3000~5000元	7.10%	50%	28.60%	3.60%	8.90%
	5000~8000元	5.70%	62.90%	17.10%	5.70%	11.40%
	8000元以上	5%	45%	15%	15%	20%

数据来源：笔者实地调研所得

这一研究结果表明以观光度假为主要旅游目的的游客、年轻人、学生、收入较低者、公务员和科教人员这几类国内游客在敦煌停留的时间较短，而以商务会议和探亲访友为旅游目的、中老年人、拥有较高收入者、职员和个体商户这几类国内游客在敦煌停留的时间较长。这反映出敦煌旅游资源开发的层次仍然较低，旅游产品类型比较单一，对游客产生的吸引力小。同时也说明开拓非观光旅游市场、高端市场和中老年市场，并开发相应的旅游产品，可以延长国内游客在敦煌停留的时间，进而增加敦煌的旅游收入。

4.3 流向特征

4.3.1 流入特征

根据笔者2016年对敦煌国内游客的抽样调查资料可知，直接从其居住地来到敦煌的游客占所有国内游客的19.0%，从嘉峪关来敦煌旅游的游客占20.2%，从兰州来敦煌旅游的游客占37.0%，从银川来敦煌的游客占0.5%，从乌鲁木齐来敦煌旅游的游客占 7.4%,从格尔木来敦煌旅游的游客占 5.3%,从其他地方来敦煌的游客占 10.6%(见图 5-12)。由此可以看出,多数国内游客会选择从兰州转乘来敦煌旅游。嘉峪关作为兰新线上的一个重要站点,同时也是甘肃最重要的旅游城市之一,一部分游客会选择在嘉峪关游览后再来敦煌旅游。选择直接从其居住地来敦煌旅游的游客所占比重也较高,通过仔细分析这部分游客会发现,这些游客主要来自北京、上海、甘肃、陕西、浙江、四川、新疆、青海等地,而这些省市基本上都有直达敦煌的航班或列车,这说明便利的交通条件是敦煌成为这一部分客源地第一旅游目的地的重要基础。

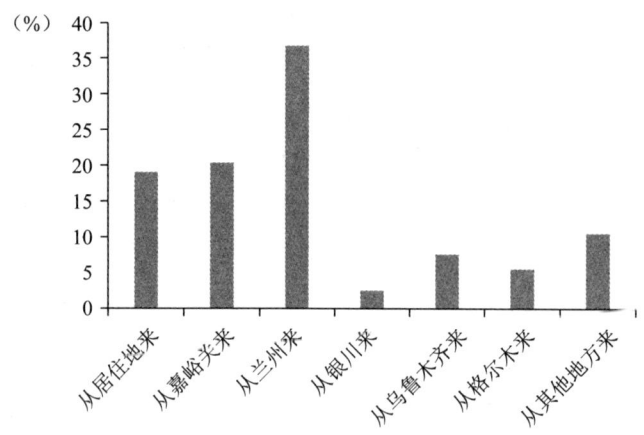

图 5-12　2016 年国内游客流入敦煌情况

数据来源:笔者实地调研所得

4.3.2　流出特征

根据笔者 2016 年对敦煌国内游客的抽样调查资料可知,在所调查的国内游客中,29.2% 是离开敦煌后去嘉峪关,38.6% 去张掖,11.1% 去兰州,9.0% 去银川,5.8% 去乌鲁木齐,3.7% 去格尔木和拉萨,只有 2.6% 选择直接回家(见图 5-13)。原因在于嘉峪关是甘肃的另一旅游城市,故一部分游客会选择离开敦煌后去此地游览;张掖有著名的丹霞地貌景观,且途经张掖可到达我国最大的咸水湖——青海湖,故大部分游客会选择离开敦煌后去张掖、青海湖观光;而兰州是西北通往内陆的一个重要交通枢纽,故有一部分游客会选择从兰州中转回家或去其他旅游目的地旅游;银川、乌鲁木齐、格尔木和拉萨均为敦煌周边城市,也有可观光的旅游资源,故有一部分游客会选择离开敦煌后前往这些地方;还有少量国内游客选择直接回家是因为敦煌有通往其居住地的便利交通条件,并且这部分游客将敦煌作为此次旅游的最后一个目的地。

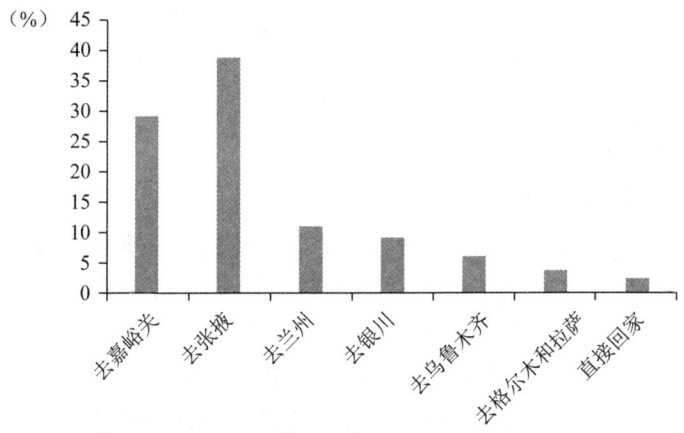

图 5-13　2016 年国内游客流出敦煌分布情况

综上所述，敦煌国内旅游流在流向上呈现出空间流向集中性较高的特点，具体表现为敦煌的国内旅游流主要是经兰州和嘉峪关等交通枢纽城市和旅游城市流入敦煌，从张掖、嘉峪关和兰州等旅游城市和交通枢纽城市流出。

第四节　敦煌旅游发展存在问题与解决对策

1. 敦煌旅游发展存在的问题

对以上研究结果进行综合分析可以发现，敦煌旅游的发展主要存在以下问题：

1.1　旅游资源开发不足

敦煌拥有的旅游资源丰富，种类齐全，但根据笔者对国内游客的问卷调查中关于游客景区偏好的分析来看，绝大多数游客只游览莫高窟、鸣沙山·月牙泉和敦煌夜市等几处旅游景点，选择游览其他地方的游客数量不多，说明其他景区对游客的吸引力不高，其主要原因是因为旅游资源开发不足。

1.2　旅游产品开发不深

1.2.1　旅游产品单一

根据笔者对国内游客的问卷调查中关于游客出游目的分析来看，来敦煌旅游的国内游客以观光旅游为主，而商务旅游、休闲旅游等其他非观光类型的旅游很少，说明敦煌各类旅游资源中吸引国内游客来旅游的资源主要是观光类型，产品的开发也主要是围绕观光型资源进行的。经过综合分析可以得出：敦煌旅游业的最大不足在于发展规模不大,且有相当一部分的旅游资源未能得到有效的利用,所以整体的旅游效益较低,在旅游业中的运作实力差,无法把所有的资源向产业优势转化;可以选择的旅游产品数量少,同时对于旅游业的档次和标准不高,无法满足相关休闲和娱乐方面的需求。

1.2.2 服务设施落后

从调查中可以看出,国内游客对敦煌的旅游接待质量满意度最低,通过跟部分游客访谈发现,敦煌信息化的服务设施相对滞后,不能为游客提供全方位、现代化、人性化的周到服务;景点导游人员、宾馆服务员、旅游出租车驾驶员等各类旅游从业人员的素质较差,说明敦煌的服务设施跟不上游客的需求,其原因在于敦煌的旅游人才的建设工作无法跟上时代发展的要求,缺乏对旅游业的整体规划,无法实现对旅游业的全面开发和利用。

1.3 旅游客源市场狭小

对敦煌旅游流研究的结果进行分析后发现,敦煌的旅游客源市场以男性、中青年、高端人士、周边游客的散客为主,这部分游客大多选择在春、夏、秋季来敦煌观光旅游,而以商务会议、休闲娱乐、生态疗养、宗教朝拜等为目的的客源数量非常少,说明敦煌的客源有一定的局限性,这与敦煌的地理位置、气候、资源的特征、影响力,以及游客的行为特征紧密相关。

这些问题如得不到有效解决,就不可能从根本上保证敦煌旅游业实现较快的发展,更不可能保证旅游业在促进敦煌经济社会持续快速发展中发挥积极作用。

2. 敦煌旅游发展对策与建议

2.1 旅游资源开发方面

2.1.1 加大投资力度

旅游资源的开发,需要得到一定的资金支持。因为其是一项长期而耗资的建设,资金的保证能够加快其进程。鉴于此,敦煌应加大政府投资的力度和招商引资的力度,同时积极组建敦煌旅游股份有限公司,使当地的旅游产业得到快速的发展,提高旅游企业的资金利用效率,促进其发展规模的扩大,解决企业发展资金不足的问题。

2.1.2 加深各项旅游资源开发并进行整合

以莫高窟、鸣沙山·月牙泉等为代表的传统旅游资源,是敦煌旅游的主要吸引物,进一步开发以上资源是敦煌旅游资源开发的基础;而沙洲夜市、党河风情线等为新开发的旅游资源,是敦煌旅游的又一亮点,完善这些新资源的建设将丰富敦煌旅游资源的种类。因此，当下要重点投资建设两关遗迹、千佛灵岩等"老八景"，以及雷音宝刹、大漠光电等"新八景"。与此同时，大力整合文化旅游资源，积极将鸣沙山·月牙泉、雅丹国家地质公园等优质文化旅游资源进行整合，打造"莫高窟—鸣沙山·月牙泉"和"阳关—玉门关—雅丹地质公园"两大旅游线路，以此来提升敦煌旅游资源的品质。

2.2 旅游产品开发方面
2.2.1 转型升级旅游产品

敦煌地区的旅游资源较为丰富，同时市场发展前景广阔。而在未来的发展道路上，需要进一步发挥这一优势，开发各类旅游资源，以及优化各旅游景点的环境，全面提升该市的旅游质量，保持景点的发展特色，实现产业的全面升级。

（1）提升观光旅游产品。围绕莫高窟、鸣沙山·月牙泉、雅丹国家地质公园等重点观光型旅游景区（点），更深层次地开发相应的旅游产品，提高原有旅游产品的档次打造出一批具有国际竞争力的旅游精品和新品。

（2）发展休闲产品。以鸣沙山·月牙泉风景名胜区为依托，进一步开发和建设月牙泉小镇，建立国内少有的"沙疗"养生基地，结合当地的历史文化，促进沙漠资源的全面开发，提升其度假和休闲功能。

（3）推进专项旅游产品。根据时代发展的要求，充分利用鸣沙山·月牙泉风景名胜区和雅丹国家地质公园的优质资源，积极发展对年轻人有吸引力的徒步探险、沙漠宿营、团队训练类旅游项目。借鉴土耳其卡帕多西亚的模式，在雅丹景区开发热气球体验游，积极推进沙漠探险类专项旅游产品。以佛教文化为基础，加强雷音寺景区的开发和建设，以吸引各地佛教信奉者前来朝拜，同时，将清真寺作为另一资源进行升级与扩建，吸引更多的穆斯林游客，以此来丰富旅游产品内涵、挖掘民俗旅游资源。

（4）开发文化创意产品。以相关部门提出的"学术敦煌、出版敦煌、舞蹈敦煌、影视敦煌、美术敦煌、音乐敦煌、书法敦煌、旅游敦煌、服饰敦煌、数字敦煌"的品牌定位，依托敦煌当地的地域文化，开发文化创意业、演艺娱乐业、文化会展业、工艺美术业、文化培训业等八大文化旅游业态，结合时代特点，与省内外文创企业、新生代演艺明星、艺术家合作，开发制作出文化演艺、动漫、电影、网络短句等一系列拳头作品，积极促进旅游业与文化产业的融合，共同开发文化创意产品。

总之，要以敦煌文化、宗教文化、丝路文化、边塞文化等为重心，在当地开发都市旅游、乡村旅游、探险旅游等多种旅游产品，使旅游产品多样化，从而帮助行业实现转型发展。

2.2.2 设计多条旅游线路

（1）发展休闲度假旅游线路。休闲旅游主要指的是要以现有的旅游资源为依托，以休闲为中心，以旅游设施为硬件条件，以特定的服务项目为中心，离开定居地而到另一个目的地进行游览、娱乐、观光和休息。休闲度假旅游不仅使旅游者不再走马观花地进行旅游，更使旅游者延长停留时间，在吃、住、娱、购等多方面进行消费，能有效地推动当地的经济发展。

从目前敦煌市的旅游精品线路来看，发展最为成熟的为观光线路，几乎还没有专门的休闲度假线路，但是在月牙泉镇辖区内拥有众多休闲旅游资源及基础设施，可以利用敦月公路及新建的景观大道等交通道路将该镇辖区内的鸣沙山·月牙泉风景名胜区、月牙泉小镇、大型沙漠实景演出《敦煌盛典》演出场馆、农家园一条街、农家客栈一条街、绿色生态种植采摘基地等资源串联起来，形成一条以鸣沙山·月牙泉景区为核心的休闲度假旅游线路。

（2）开辟沙漠探险旅游线路。当前，人们都希望在旅游过程中实现个性化的需求，传统旅游线路无法满足很多人对于旅游的要求，运动、探险类的旅游景点逐渐得到不少人的关注。敦煌独特的沙漠戈壁、雅丹地貌景观等可以用于开发此类旅游线路，但敦煌目前还未能开发出真正意义上的以运动和探险为主题的旅游线路。鸣沙山·月牙泉景区内已开发出沙漠跳伞、沙漠飞行等旅游体验活动，也有民间驴友组织沙漠徒步行、沙漠骑行、沙漠宿营等探险旅游活动，但是由于在保障措施及相关的基础设施方面存在问题，很长时间无法拓展出运动、探险类旅游线路。笔者认为，许多旅游景区（点）不能开发观光旅游产品，而是需要开发多种旅游产品，以提高旅游者的体验效果，可以分别以鸣沙山·月牙泉景区和雅丹国家地质公园两大资源为核心，开辟出两条适合运动、探险的沙漠探险旅游线路。

（3）研发自驾、自助旅游线路。自驾、自助游与团队包价游适用于不同的人群，自驾自助游则以有一定基础的中年和年轻人为主，他们想要得到个性的解放、追求实现自由发展，不喜欢受到团队包价游的限制，容易受到外部环境的影响。自驾游、自助游需要开发出不同的旅游线路，因为不同的风景会给人以不同的体验。

根据笔者对 2016 年敦煌国内游客问卷的相关调查的结果，自助游已经是当前游客的主要旅游方式之一，自驾游也成为很多人采取的一种出游方式，而且敦煌的客源地都是其周围的一些省份。旅行社应对自驾车旅游的产品线路进行深入的挖掘，采取多种方式，实现盈利。随着市场化进程的不断加深，人们对于产品的个性化需求越来越多样化，旅行社可以设计出度假型、观光型、探险型、竞技型等多种产品，并注重和景点之间的关联，以保持产品的特色。

2.2.3 完善服务设施建设

（1）投资软件建设，提升服务质量。硬件的标准主要是由当地基础设施的完善程度而决定，但是软件水平的提升无法完全通过投入一定的资金而实现，但这也是旅游地的魅力所在。但是，目前敦煌旅游缺乏一定的人才资源，缺乏对旅游产品的经营进行科学的规划，景点导游、宾馆饭店服务员、农家园服务人员等各类旅游从业人员的素质较低，与现代社会对旅游业发展的需求不适应。再者，根据笔者 2016 年对敦煌旅游实地调研资料，发现国内游客对敦煌旅游基础设施软件的满意度最低，所以敦煌基础设施软件的建设已刻不容缓。当下应学习一些先进的管理理念，引进发展比较成熟的酒店管理公司进驻敦煌（如家酒店、速 8 酒店等），提高敦煌住宿业的管理质量。对出租车驾驶员、导游、讲解员等各类人员进行相应的培训，提高这些旅游从业人员的素质，并进行规范化管理，努力实现服务质量的提升，为敦煌旅游业的发展营造一个良好的外部环境。

（2）建立旅游信息服务系统，加快信息传递。根据笔者 2016 年对敦煌旅游实地调研的资料，发现敦煌国内游客的出游方式以自助游居多，比例高达 80% 左右，散客市场在整个敦煌的旅游市场中已处于主导地位。而在散客旅游市场中，提供多种有效信息是实现旅游业发展的前提，特别是在旅游旺季，订票、订房等无法得到有效的处理，都会对游客的出行产生较大的影响。网络则会是一个可以实现信息传递的平台，可以为游客的出行提供有力支持。从笔者的实地调研资料中也可发现，来敦煌的国内游客多数都是从网络上获得有关敦煌的旅游信息。因此，敦煌应落实旅游信息服务系统的建立与健全，该系统包括旅游景区、景点信息、旅游饭店信息（包括饭店的名称、星级、位置、房价、预订服务等）、旅游购物信息、旅游特色餐厅信息、休闲娱乐场所信息（包括电影院、KTV、酒吧、咖啡厅、茶屋等场所的名称、位置、价位、特价产品等）、旅游交通信息（包括省内外交通、市内交通、景区交通等）。

（3）完善各项服务设施建设，促进自助旅游发展。2015 年暑假成为敦煌旅游旺季中的"超旺季"，7 月 31 日，月牙泉散客占旅游人数的比例达到最大值 88%，团队仅占 12%（该数据来源于敦煌市旅游局）。由于散客数量过大，进入敦煌的自驾车流量剧增，原本不宽敞的道路更加拥挤，停车位明显紧缺，公共服务设施不足与游客增量的矛盾更加凸显，因此，敦煌城市道路的扩建与停车设施的建设已迫在眉睫。除此之外，还应完善旅游公共标识的建设，并与网络同步，建立形成具有一定规模和影响力的自驾车（包括自行车）和房车营地，在营地通往各个景区的途中设立自驾车服务站，以满足自驾旅游者的各项旅游需求，促进敦煌自助旅游的发展。

2.3 旅游市场开拓方面
2.3.1 树形象，推品牌

旅游形象的主要工作就是要以旅游地的资源和文化为依托，以多种旅游信息传播为主要手段，建立起来旅游形象的识别系统，并不断向外推广。良好的旅游形象可以使旅游地的客流量得到有效的增长，以提高市场的占有率。将敦煌的旅游形象快速、准确地传递给消费者，是决定敦煌作为旅游目的地是否得到大多数消费者认同的关键。

敦煌先后被评为"感动世界品牌城市""国家旅游名片城市""市民最满意城市""2008中国魅力中小城市"，莫高窟、鸣沙山·月牙泉被评为"中国最美旅游胜地"，鸣沙山·月牙泉景区被评为"中国旅游品牌十强景区"，此外敦煌还荣获"2010年10条精品文化旅游线路优秀城市""中国最具国际影响力旅游目的地""中国十佳宜游城市"和"全国休闲农业与乡村旅游示范县"等称号，这些都是敦煌旅游形象提升的关键。

然而，虽然敦煌已经在各个客源地开展了多场旅游推介会，推出了"艺术之都，魅力敦煌""宜游宜业宜居的国际旅游名城"等多个口号，但缺少统一的叫得响的旅游口号，如"好客山东""大美青海""七彩云南""多彩贵州"等这些已经四海皆知的口号。城市的形象定位是一个城市根本的、个性化的特征反映，展示了该城市独特的个性、精神和内涵，是区别于其他城市的具有识别性的标准性称谓。敦煌作为中国最佳文化旅游城市，应打造"文化圣殿"的城市品牌，强化中国最具国际影响力、中国十佳宜游城市的旅游目的地形象，进行旅游宣传促销；抓住"一带一路"建设的契机，将"飞天"作为敦煌旅游主题形象宣传；以敦煌城标建筑"反弹琵琶"雕像为标志，塑造城市文化旅游记忆符号，保持主题形象词的唯一性和鲜明性，给旅游者留下深刻的印象。

2.3.2 细分市场，有针对地进行营销

（1）对客源市场进行级别分类。以"一级市场为核心，二级市场为主导，机会市场为辅助"的原则为开发思路，针对不同的市场特点需要采取不同的开发策略。将敦煌国内旅游客源市场的开发目标层次划分为：一级客源市场为甘肃、陕西、四川、浙江、河北，是目标市场；二级客源市场为北京、安徽、河南、江苏、上海、黑龙江等地，是潜力市场；其余为三级客源市场，是机会市场。

甘肃本省是敦煌最大的客源市场。由于地理区位空间相对较近、交通极为便利、旅途花费少、旅游时间少等优势条件，敦煌成为甘肃省内游客观光休闲的一大选择。甘肃省内客源市场作为敦煌比较稳定的客源市场，在相当长的一段时期内将

仍占主导地位。针对省内客源市场，可结合敦煌市的文化特点，开发出相应的休闲度假项目，打造周末休闲"农家乐""月牙泉小镇"中短程休闲度假胜地，在全省范围内形成反复消费、多次购买的市场体系。

敦煌的一级客源市场中，陕西和四川在地域上与敦煌距离不远，交通较为便利、往来限制因素少，应利用这一地域优势，通过各个方面营销工作的开展，把这一市场发展壮大；浙江为经济发达区，居民出游率高，消费能力强，在敦煌的客源市场中所占比重仅次于甘肃省，河北省经济发达程度不高，但也在敦煌的客源市场中占有较大的比重，从空间距离上来看，这两个省离敦煌都较远。基于此，除了观光旅游产品之外，还要以商务会议、沙漠探险等各种新型专项旅游产品为吸引核来提升市场竞争力。

北京、安徽、河南、江苏、上海、黑龙江等地为敦煌的二级客源市场，多为经济较为发达、人口密度相对较大的地区，在敦煌有较大的发展潜力，是敦煌的主要旅游客源地。针对这些较大的客源市场，要进行全面的规划和宣传，以莫高窟、鸣沙山·月牙泉、雅丹国家地质公园等为主要的旅游地，对景区的形象进行推广，实现旅游产品质量的提高，并可结合嘉峪关、张掖、青海、新疆等敦煌周边地区著名旅游地进行市场营销。此外，还可与这些客源市场中的经济发达城市形成良性的互动关系，开通与这些友好城市之间的列车或航班，并实施相应的宣传与营销策略，争取将这些经济发达省份或城市由敦煌的二级客源市场升级为一级客源市场。

敦煌的三级客源市场，多数省区经济发展水平不高，出游率低，但其发展潜力较大，是敦煌的机会市场，不容忽视。可以敦煌"文化圣殿""飞天故乡"等旅游主题为品牌形象，适当进行宣传促销，提高敦煌的知名度。

（2）对客源市场进行方向分类。客源市场，按性别可分为男性市场和女性市场；按年龄段可分为青少年市场、中青年市场和中老年市场；按旅游目的可分为观光市场和非观光市场；按出行方式可分为团队市场和散客市场；按消费层次可分为高端市场、中端市场和低端市场；按空间距离可分为周边市场和远方市场；按旅游季节可分为旺季市场和淡季市场，等等。

根据笔者2016年对敦煌实地调研资料的分析结果，敦煌应重视、加强女性市场、青少年和中老年市场、散客市场及旅游淡季市场的开发。

随着女性社会地位的上升，以及个人收入的提高，该市场将有很大的开发空间和潜力，可以利用其心理特点，以折价优惠等活动为主要促销方式，制作各种促进女性消费的广告，引导女性旅游者对旅游产生动机。还可以开发专门针对女性的旅游产品，以吸引其来敦煌旅游，把潜在的消费者转化为真正的消费者。

根据调查结果，发现青少年和中老年人在敦煌的停留时间较其他年龄段人群长，可以将这两类人群作为拓展市场的目标选择。对于青少年，可利用敦煌深厚的文化资源，联合各地的教育和旅游机构，以夏令营和交流学习等方式组织中小学生开展寒暑期文化之旅，使其对敦煌的历史文化有一个深入的了解；至于中老年市场，要认真分析其旅游需求，有针对性地开发旅游产品，旅行社可专门为老年人设计节奏缓慢的旅游行程，并提供专门的旅游服务，以促进其旅游消费的增长。

关于非观光旅游市场的开发，除了开发新的休闲、娱乐资源，还应开发原有观光资源的其他价值。本文的调查结果显示，以商务会议为旅游目的的国内游客在敦煌的停留时间普遍较长，因此可争取在敦煌举办大型会议或展会。总之，要充分利用敦煌的各项资源，开发观光、休闲、度假、商务、会议、娱乐、宗教朝拜等多种旅游产品。

开发散客市场需要建立相应的游客接待中心，营造方便散客活动的外部环境，为初到敦煌的游客"指点迷津"。同时应对游客进行市场调查，对当地游客的特点进行相应的分析，开发适合的旅游产品，推出"菜单式"的服务，充分满足其多样化的需求等。

要开发高端市场，必须开发新鲜刺激的、适合高端消费的旅游产品，可以通过专项旅游市场的打造，争夺国内乃至国际的高端市场。应当充分利用戈壁沙漠和雅丹地貌这一优质的旅游资源，大力开发具有特色的旅游项目，推出以沙漠探险为主题的专项旅游精品线路，以吸引北京、上海、广东等经济发达地区的高端客源。

对周边市场的开发，可利用空间距离近这一地理优势，开发一些休闲旅游产品、购物旅游产品及娱乐旅游产品，举办中小型节会，如美食节、冰雪节等，设计白领周末游、家庭自驾游等旅游线路，制定相关的价格优惠政策，并进行对相应的宣传，以吸引周边游客多次来敦煌休闲、娱乐、度假等。

关于旅游淡季市场的开发，应利用冬春季节独有的特色，开发相应的旅游产品，比如冬季可举办以滑雪、滑冰、冰雕展、灯展等活动为主的冬日旅游节会，春季可开展放风筝、采摘等一系列踏青活动。除此之外，还可通过制定一系列的价格优惠政策来吸引各地游客进行观光和度假，比如交通、景点、住宿实行降价销售措施，具体为：①门票方面，部分景点门票可以降价销售，针对主要客源地游客还可实行部分景点免票政策，像莫高窟还可增开几个旺季不开放的洞窟。②住宿方面，部分星级旅游饭店可以下调房价，执行淡季房价，部分旅游饭店还可在淡季房价的基础上再给予优惠。③交通方面，航空机票可进行打折销售，尽量不要出现航班停飞现象，部分航空公司还可推出敦煌飞往全国各大城市的超级中转产品（隔夜中转享受免费住宿）等；列车也应实行不停运政策，并推出优惠措施。④演艺方面，部分演艺剧作要实行淡季常态化演出，并实施淡季弹性价格的营销措施。同时还可采取派出外宣小分队赴主要客源地召开新闻发布会，在当地报纸登载优惠政策等措施，扩展敦煌旅游的影响力。

2.3.3 丰富营销方式

（1）做好传统媒体宣传。采取多种宣传方式，在国内著名旅游网站链接当地的旅游网站，充分利用电视台、报纸及互联网等多种形式进行推广工作，因地制宜地推出敦煌旅游品牌。借助"一带一路"的国家发展战略，以市场化、分众化、精准化为原则，采取线下线上相结合的方式，在巩固和扩大传统客源市场的同时，强化央视等主流媒体的宣传营销，拓展新客源。

（2）推进新兴宣传活动。引进国际会议、展览会、交易会、产品推介会、新闻发布会和博览会等，加强敦煌国际旅游节、敦煌丝绸之路国际文化博览会等各类节庆会展的品牌营销战略，开展旅游宣传促销活动，邀请重点客源城市新闻媒体来敦煌采访。2015 年，敦煌借力第四届敦煌行·丝绸之路国际旅游节，举办了"朝圣敦煌"全国书法作品展、中国越野拉力赛、中国公路音乐节等 11 项品牌赛事，联合知名媒体推出了"心·迹—敦煌"行走的力量、"奔跑吧兄弟"、凤凰网知名博主敦煌行等新兴宣传推介活动。在携程网上主办了随手拍摄影大赛、敦煌博文大赛，组织了第六届葡萄文化旅游节、葡萄长廊千人徒步活动等特色旅游宣传活动。在港澳、深圳、大连等城市举办了 10 余场敦煌旅游推介会，与上海黎新国际、西安海外等 5 家知名旅行社开展了组客联团合作，这使得敦煌的知名度进一步扩大。因此全市需要不断推行旅游节会、各种宣传活动，以促进敦煌旅游形象的提升。

（3）加强区域联合的宣传营销。强化政府在旅游工作中的主导作用，加大对产业发展的投入，通过"政企合作，上下联动"的工作机制，联合瓜州、嘉峪关、张掖、肃北、阿克塞等周边城市及丝绸之路各节点城市，强化敦煌旅游宣传。同时，还要充分利用大旅行商的销售渠道与网络，对敦煌旅游产品进行营销，构建出敦煌大旅游的发展格局。

第五节　研究结论

在我国旅游业发展良好的格局下，各级政府对其旅游业发展高度重视。加强对旅游地旅游流的研究，是推进其旅游业更快更好发展的必由之路。本文在旅游流理论和旅游者行为理论的框架下，通过问卷调查的方法，分析了敦煌国内旅游流的行为特征、空间分布特征和流动特征，指出了敦煌旅游发展中存在的一些问题，对敦煌旅游发展的对策进行了探讨。通过这一系列研究，可以得出以下主要结论：

敦煌的国内游客来源主要集中在甘肃省内及周边省份和经济发达地区，旅游者通常以中青年为主，男性占主导，停留时间通常为2~3天，普遍以"观光"为旅游目的，旅游偏好主要集中在莫高窟、鸣沙山·月牙泉和敦煌夜市这三个景点上。出行方式以自助游为主，进入敦煌的交通工具主要为火车和汽车，自驾游游客比例较高，游客对基础设施的建设满意度较低，尤其是软件设施。

敦煌国内旅游流空间分布受空间距离和客源地经济情况的影响，并可根据所占市场份额，将敦煌国内旅游客源市场分为三级。其中一级客源市场为甘肃、陕西、四川、浙江、河北，二级客源市场为北京、安徽、河南、江苏、上海、黑龙江等地，西藏、内蒙古、湖北为三级客源市场。

敦煌国内旅游流近年来每年同时期的流量逐年稳步增长，时间分布集中，主要集中在4~10月，尤以7月、8月的客流量最多，季节差异显著，其中第三季度为旅游旺季，第二、第四季度为旅游平季，第一季度为旅游淡季。同一地域在一周之中旅游流强度也有所差异，周边省（区）的旅游流周末强度大于周中强度，而其他省（市、区）的旅游流周中强度大于或约等于周末强度。敦煌国内旅游流的流速也较快，国内游客在敦煌停留的时间大多为2天，其空间流向集中性较高，主要是经兰州和嘉峪关等交通枢纽城市和旅游城市流入敦煌，从张掖、嘉峪关和兰州等旅游城市和交通枢纽城市流出。

通过对敦煌国内旅游流行为特征、空间分布特征与流动特征的分析，从中发现敦煌旅游的发展存在一些问题：旅游资源开发不足、旅游产品开发不深、旅游客源市场狭小。针对这些问题，对敦煌未来旅游的发展提出了建议：在旅游资源开发方面，要加大对当地资源建设的资金投入，以及对旅游产品的开发力度，加大原有资源的开发力度，加快新型资源的建设，整合各项旅游资源，提高其综合利用率；在旅游产品的开发方面，要发展都市旅游、乡村旅游、观光旅游、休闲旅游、探险旅游等复合型旅游，开发多种旅游线路，把发展精品旅游线路作为工作重点，加快对基础设施的建设和开发，以实现旅游产品的多样化发展和产品业态结构升级；在旅游市场开拓方面，要树立城市形象、推广旅游品牌、细分客源市场，有针对性地进行多方位的旅游宣传营销。

第五部分

旅游营销研究

第六章　基于内容分析的在线旅游上市企业微博和微信营销研究

随着电子商务的日益发展，在线旅游企业在传统旅游企业模式中脱颖而出。在此背景下，微博、微信因具有巨大的营销价值而逐渐显露其优势，成为在线旅游企业竞相抢占的营销高台。作为旅游企业信息发布、产品推广的重要手段，微博、微信的互动性和信息来源的广泛性强化了共享，但是也会给旅游营销带来一定的负面影响。因此，探讨在线旅游上市微博、微信的运用现状，对比两者在旅游营销中的差异和特点，将有助于在线旅游上市企业更好地利用这两大平台，把握旅游营销机遇。

第一节　旅游上市企业微博和微信营销研究概述

1. 研究背景及意义

自 2014 年开始，以互联网和智能手机为代表的新媒体已经开始超越传统媒体的影响力，微博和微信等以其传播迅速、参与性高和交互性强等特点成为当前人们获取和传播信息的首要渠道，其营销价值备受企业青睐。微博于 2006 年在国内大规模兴起，发展至今已经成为最受欢迎的社交媒体之一。截至 2015 年 12 月，我国网民数量达到 6.88 亿，新浪微博的月活跃量用户突破 2.21 亿。截至 2015 年 11 月，新浪微博认证企业用户已经达到 96 万，环比增长 30%，覆盖粉丝数量达 6.6 亿，互动数亿次。微信作为后起之秀从 2011 年兴起至今俘获了近 8 亿用户，成为当前用户数量最多的社交媒体。腾讯公布的 2015 年业绩报告中指出，微信已经覆盖了

90%以上的智能手机,近80%用户关注微信公众号,其中高达73.4%是企业和媒体的公众账号。

艾瑞咨询发布的《2015年中国互联网年度热点洞察报告》中指出,2015年我国在线旅游市场预计超过4000亿元,相比2014年增长37.5%。在线旅游企业通过收购、合并和开发新业务等方式不断扩大现有的产品线,市场竞争依然很激烈。与在线旅游市场的不断壮大和激烈竞争相对应的是在线旅游企业的营销问题,营销的成败决定企业的生存。微博和微信已经成为在线旅游企业开展营销的重要阵地。因此,从研究的现实背景而言,对旅游企业发布的微博、微信进行研究,不仅有助于旅游企业抢占营销市场的先机,而且有助于旅游企业获得源源不断的游客并持续盈利。

2. 国内外研究现状

国外对于社交网络的研究起步较早,研究的范围也比较广,其中最具代表性的是针对Twitter的研究,而社交网络中的旅游企业同样受到国外学者的广泛关注。例如,Miguéns等(2008)借助相关网站中有关Lisbon城市的用户评论数据,通过案例研究的方式,指出了用户是如何合作锁定旅游目的地的;Amersdorffcr D等(2010)认为旅游服务企业应该借助Twitter或其他社交网络展开微博营销工作;Chan(2011)通过Twitter等社交媒体对我国香港63个酒店进行研究,并提出营销改进建议;Wu He(2013)指出旅游企业不仅需要监控分析客户在社交平台发布的信息,而且需要监控分析竞争对手在社交平台发布的信息。对于微信营销这种新型的营销模式,其实用性受到国外学者的普遍关注。例如,Dorigm(2012)指出提升企业知名度和影响力、传播企业形象,让更多的用户认识企业、了解企业是许多企业进行微信营销的目的之一;Stengos(2012)在分析微信数据的基础上,指出企业可以通过信息的推送将企业产品信息精准地推送给目标客户,实现企业产品的营销;Luis(2013)在谈到微信营销这种营销模式时指出,虽然企业在进行微信的运营维护过程中不需要太多专业性的知识,但是在实际的运营过程中则需要不断地摸索与实践,才能达到较好的营销效果。

目前,关于旅游企业微博营销的研究主要集中于微博营销的必要性、营销现状及营销策略研究。谢礼珊等(2014)对经济型酒店连锁集团的微博营销内容开展了实证研究,认为经济型酒店在微博营销上"软硬兼施",侧重于软营销。对于在线旅游企业的微博的研究较少,尤其缺乏实证研究。谢鹏飞(2015)研究了途牛旅游网的微博营销策略,认为主要存在微博账号多、缺乏互动、营销目标群体不明确等问题。尽管微博营销具有诸多优点,但当前在线旅游企业开展微博营销依然面对内容缺乏吸引力、互动量少、缺乏特色等问题，未能充分发挥微博的作用。对于旅游企业微信营销的研究目前主要存在于营销策略研究。影响微信营销效果的两个重点问题是用户对公众号的关注和用户对推送信息的兴趣，这两点直接决定企业微信营销的成败。而当前对在线旅游企业的微信营销研究还比较匮乏。

微博和微信虽然是两种不同的社交媒体，但对于企业而言，微博和微信已经成为企业借助社交媒体开展营销的重要工具，共同服务于企业的总体营销战略，因此单方面的分析微博或微信营销都不利于为企业提供科学性的营销策略。同时由于上市的在线旅游企业对于广大在线旅游企业而言具有一定的代表性，其在利用微博和微信开展营销中成功的策略值得借鉴，不足之处也值得其他在线旅游企业共同避免或完善。据此，笔者以当前已经上市的4家在线旅游企业（截止到2015年12月31日）的微博和微信为研究对象开展实证研究，研究在线旅游企业利用微博和微信营销的现状，分析不同企业之间的特色和差异，对比微博和微信在旅游营销中的差异和特点，探究微博和微信营销的组合策略，探究内容和表现形式对于营销效果所起到的作用，为众多的在线旅游企业利用社交媒体进行营销提供参考和借鉴。

第二节　研究方法与研究过程

1. 样本选取

当前国内已经上市的4家在线旅游企业分别是携程旅行网、途牛旅游网、艺龙旅行网和去哪儿网（以下正文中分别简称携程、途牛、艺龙和去哪儿）。虽然在线旅游企业在互相竞争的过程中正在经历兼并融合，携程当前持有途牛、去哪儿和艺龙的股份，但是各企业依然独立运营并相互竞争，为旅游者提供差异化的产品。在品牌和运营上四家上市企业都是独立的，微博和微信依然持续更新，因此以此为研究样本依然具有现实意义。样本企业的微博统一选取其在新浪微博注册的官方微博，主要因为新浪微博是国内微博网站中开展最早、发展成熟、用户量最大的微博，在2015年上半年统计的微博用户中，使用新浪微博的用户占到69.4%。样本企业分别有多个不同功能的微信公众号，这里统一选取企业网站推荐的官方微信公众号为研究对象。

由表6-1可知，4家上市的在线旅游企业中携程和艺龙成立和上市时间较早，途牛和去哪儿相对较晚。微博粉丝数量中,携程最多,超过 450 万,其他三家企业超过 200 万。微博数量携程和途牛超过 26000 条,艺龙和去哪儿相对较少,超过 19000 条。微博上线时间主要集中在 2009 年年底和 2010 年年初,微信上线时间集中于 2012 年年底和 2013 年年初。本研究选取 2016 年 1 月至 3 月为期一个季度的样本在线旅游企业的微博和微信内容为分析对象,包含文本信息、图片和视频等。同时分析微博转发、评价、点赞与微博内容的关系,以及微信阅读数量、点赞数量与微信内容的关系。

表 6-1 样本企业的基本信息

	携程旅行网	途牛旅游网	艺龙旅行网	去哪儿网
成立时间	1999年	2006年10月	1999年5月	2005年2月
成立地点	上海	南京	美国特拉华州	北京
上市时间	2003年12月	2014年5月	2004年10月	2013年11月
上市地点	美国纳斯达克	美国纳斯达克	美国纳斯达克	美国纳斯达克
经营内容	酒店预订、机票预订、度假预订、商旅管理、特惠商户及旅游资讯等	旅游度假预订服务,包括跟团、自助、机票、自驾、门票、酒店、邮轮及公司旅游预订等	酒店、公寓、客栈、机票及火车票等预订服务	机票、酒店、度假、旅游团购等的预订及旅行信息的深度搜索
微博粉丝人数	4550529	2859747	2330896	2078739
微博数	26278	26395	19180	19159
微博上线时间	2010年3月30日	2009年12月28日	2009年12月16日	2010年4月9日
微信上线时间	2012年11月6日	2012年11月29日	2012年11月6日	2013年1月6日

注:以上信息统计截至 2016 年 5 月 29 日

2. 分析单元和分析体系

由于企业微博和微信推送的内容有所差异,所以分别对企业微博和微信内容构建分析体系。对于微博内容的分析,本文以一条独立的微博信息为分析单元,包含文字、图片和视频等形式。结合对样本在线旅游企业微博信息内容的实际观察,微博内容分析体系由三级指标构成,其中 A 是一级指标,B 是二级指标,C 是三级指标,如表 6-2 所示。微信内容体系的构架如表 6-3 所示,同样由三级指标构成,其中一级指标 3 个,二级指标 6 个,三级指标 17 个。同时对样本企业微博内容的形式进行分析，分别有文字、文字+图片、文字+视频、文字+链接、文字+图片+链接、文字+视频+链接等表现形式。由于微信内容的表现形式比较单一，这里不做分类统计。

表 6-2　样本企业微博营销的内容分析体系

一级标题	二级标题	三级标题	
A_1促销推广	B_1促销/预订	C_1酒店促销/预订	C_5明星促销
		C_2机票促销/预订	C_6合作伙伴推广
		C_3线路促销/预订	C_7参与活动赢奖品
		C_4邮轮促销/预订	
	B_2活动推介	C_8活动推广/活动资讯	C_9主题体验活动
	B_3品牌推广	C_{10}旗下产品/品牌推广	
A_2软文资讯	B_4生活百科	C_{11}美食制作	C_{14}各类技能
		C_{12}美食介绍	C_{15}健康养生
		C_{13}生活常识	
	B_5旅游资讯	C_{16}旅游攻略	C_{18}游记
		C_{17}目的地介绍/推荐	C_{19}旅游鼓动
	B_6娱乐八卦	C_{20}搞笑、娱乐	C_{21}趣事趣闻
	B_7哲理名言	C_{22}哲理	
		C_{23}名人名言	C_{24}鸡汤、美文
A_3品牌形象	B_8新闻发布	C_{25}社会新闻	C_{26}企业/行业新闻
	B_9社会责任	C_{27}公益活动	C_{28}环保活动
A_4客户维护	B_{10}客户服务	C_{29}投诉处理	
	B_{11}会员维护	C_{30}会员互动	

表 6-3　样本企业微信营销的内容分析体系

一级标题	二级标题	三级标题	
A_1促销推广	B_1促销/预订	C_1酒店促销/预订	C_5目的地推荐/预订
		C_2机票/火车票促销/预订	C_6参与活动赢奖品
		C_3旅游产品促销/预订	C_7主题体验活动
		C_4邮轮/船票促销/预订	
	B_2品牌推广	C_8旗下产品/品牌推广	C_9合作伙伴推广

续表

一级标题	二级标题	三级标题	
A_2软文资讯	B_3旅游资讯	C_{10}美食介绍	C_{12}特色酒店介绍
		C_{11}旅游攻略	
	B_4娱乐/趣闻	C_{13}趣事趣闻	C_{14}娱乐
A_3品牌形象	B_5新闻发布	C_{15}社会新闻	C_{16}企业/行业新闻
	B_6社会责任	C_{17}公益活动	

3. 数据收集与处理

通过人工方法采集样本企业在取样期间发布的微博和微信数据，微博的统计包括微博内容、转发、评论和点赞数量，微信的统计包括阅读量和点赞量，按照时间顺序对收集到的信息进行编码，然后通过 Excel 对数据进行统计和分析。

4. 分类及信度检验

为保证分类的客观性，分类过程中选取了两名分类员，并对其分类结果进行了信度检验。两名分类员分别将内容归入之前定制的分类体系中，然后根据公式（1）和（2）计算内容分类的信度。

$$R = \frac{n * \overline{K}}{1+(n-1)*\overline{K}} \qquad (1)$$

$$K = \frac{2M}{N_1 + N_2} \qquad (2)$$

上述公式中，R 为信度，n 为参与内容分类的人员数量，为平均相互同意度，K 为两个分类员之间的相互同意度，M 为 2 个分类员完全都同意的内容数量，N_1 为第一位分类员所分类的内容数量，N_2 为第二位分类员分类的内容数量。通过计算，微博 2351 条微博内容中有 2229 条微博分类一致，信度是 97.37%。272 条微信内容中有 251 条微信分类一致，信度是 95.98%。对于分类不同的内容，通过分析讨论再予以归类，以此确保分类的客观性。

第三节 研究结果分析

1. 旅游上市企业微博营销研究结果分析

1.1 微博内容统计分析

收集到的有效微博数量为2351条，另有1条显示已删除的未做统计。通过归类统计，得到分布结果如表6-4所示。微博发布数量最多的是携程旅行网，微博数898条，最少的是去哪儿网，微博数147条。

表6-4 样本企业微博信息类型的分布状况（一级指标）

	途牛旅游网	携程旅行网	艺龙旅行网	去哪儿网	数量总和
A_1促销推广	227	127	146	44	544
A_2软文资讯	450	725	410	74	1659
A_3品牌形象	40	39	22	23	124
A_4客户维护	11	7	0	6	24
数量总和	728	898	578	147	2351

从微博总体分布来看（见图6-1），在线旅游企业微博信息内容主要集中在软文资讯，包括生活百科、旅游资讯、娱乐八卦、哲理名言等，此类微博数量为1659条，占总数的70.57%。该内容的特点是轻松实用，有吸引力，既有实用价值和娱乐价值，又能于无形之中激发粉丝去旅行的需求。其次是促销推广内容，此类微博数量为544条，占总数的23.14%。主要内容是优惠和预订、有奖促销等直接营销。途牛在2016年3月份开展的"跟着明星撒欢儿"活动，邀请众多明星以"跟着明星撒欢儿"为话题发布微博，推广途牛的春季旅游产品，同时为互动设置丰厚的奖品，借助明星的影响力获得了庞大的互动量。携程的微博内容比较注重结合当前时事和大众娱乐话题，比如在某明星大婚期间宣传巴厘岛等旅游目的地的相关产品，韩剧热播期间宣传韩国等地的旅游产品，以及当时其他和热点娱乐明星、热播影视作品相关的目的地旅游产品的宣传。艺龙的酒店营销是微博营销的主要项目之一，从多方面入手，首先是开展"69城酒店，7折封顶，还能抽取Oppo手机"活动，

同时还有"发现酒店"活动，主要介绍有特色的星级酒店，以及"酒店空气质量哪家强""小艺探店""白色情人节2折起售，还能抽大奖""你住店，我买单"等系列活动。

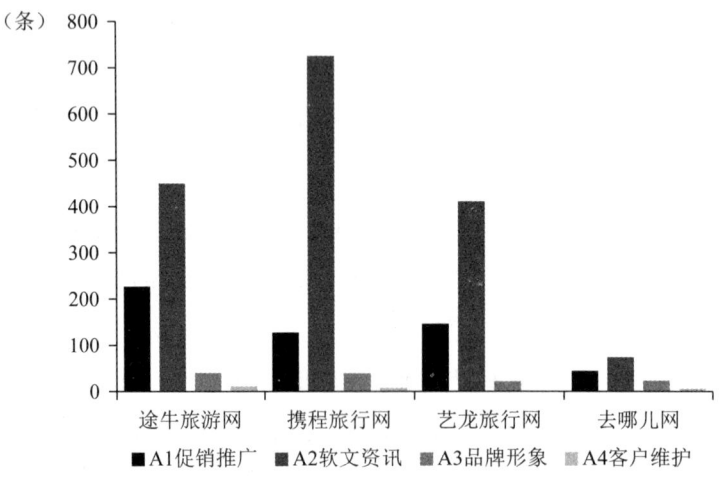

图6-1 样本企业微博总体分布（一级指标）

在品牌形象和客户维护方面的信息较少，分别占比5.27%和1.02%（见表6-5），说明这些内容不是企业微博宣传的重点。在品牌形象方面，样本企业除了发布企业相关新闻资讯，还普遍关注或开展公益活动或环保活动以体现其社会责任。例如，途牛旅游网对马拉松活动的宣传，携程在春运期间开展由众多明星参与的"我爱家乡"公益活动，转发微博并为家乡呐喊，赢取免费机票、火车票、汽车票。在植树节期间开展"爱旅行爱环保"活动，邀请明星参与，捐种树苗。去哪儿网在春运期间推出的免费机票公益活动等，都获得了粉丝的积极响应。在客户维护中，有的在线旅游企业利用微博解决客户服务中存在的问题，例如，携程旅行网在2016年1月份发布3条关于客服方面的声明，2篇关于机票问题的处理和解释，1篇关于被投诉员工的处理。去哪儿网在2016年1月6日就多家航空公司暂停旗舰店合作的问题发表声明，表示将会积极解决在销售过程中存在的多种问题，进一步规范代理人的销售行为。

在三级分类中，样本企业微博数量排名前三的是目的地介绍/推荐、搞笑/娱乐和旅游攻略。途牛的微博数量排名前三的分别是参与活动赢奖品、旅游攻略、目的地介绍/推荐。其中"途牛旅游攻略"和"牛牛带你看世界"是微博专题活动。携程的微博数量排名前三的分别是目的地介绍/推荐、搞笑/娱乐、美食介绍。携程的目的地介绍/推荐的特点是目的地图片配以简洁的文字，没有过多的描述。搞笑/娱乐的内容简洁，一般能引起粉丝的共鸣。艺龙的微博数量排名前三的分别是搞笑/娱乐、酒店促销/预订、目的地介绍/推荐。去哪儿的微博数量排名前三的分别是搞笑/娱乐、游记、参与活动赢奖品。由此可见，样本企业普遍关注运用微博开展旅游目的地推荐的功能，参与活动赢奖品作为营销和互动的手段也受到青睐。除此之外，为避免过多的和过于直接的营销内容造成粉丝的疲劳，娱乐搞笑的内容占据了较大比重。

各企业的微博内容有比较明显的特色。即便都有美食介绍的内容，不同企业的介绍形式也不同。途牛主要是单纯介绍美食和美食制作方法，多为家常菜的制作。而携程偏重关于对目的地美食的介绍，在介绍美食的过程中开展目的地推荐，同时也有无关目的地的特色美食介绍。艺龙的美食介绍多为目的地美食介绍、美食攻略，相关内容相对较少。

表6-5　样本企业微博信息类型分布状况（二级指标）

	途牛旅游网	携程旅行网	艺龙旅行网	去哪儿网	数量总和
B_1促销/预订	164	107	134	33	438
B_2活动推介	59	9	9	10	87
B_3品牌推广	4	11	3	1	19
B_4生活百科	135	117	17	4	273
B_5旅游资讯	180	393	207	46	826
B_6娱乐八卦	70	199	51	24	344
B_7哲理名言	65	16	135	0	216
B_8新闻发布	32	25	21	17	95
B_9社会责任	8	14	1	6	29
B_{10}客户服务	0	5	0	0	5
B_{11}会员维护	11	2	0	6	19
数量总和	728	898	578	147	2351

1.2 微博互动分析

1.2.1 发布形式与互动的分析

对样本企业微博互动情况进行统计，结果如表 6-6 所示。由于各企业微博数量差别较大，所以比较平均互动量更有意义，结果如图 6-2 所示。微博的平均转发量和点赞量最多的是途牛，分别是 197 次和 53 次。平均评论数最多的是去哪儿，有 76 条评论。超过 90% 以上的微博转发量在 0~200 次，仅有不足 10% 的微博转发量超过 200 次。去哪儿微博评论数主要集中于 0~100 条，其他三家超过 90% 的评论数介于 0~50 条。去哪儿超过 96% 的微博点赞量集中于 0~50 次，其他三家超过 94% 的微博点赞量集中于 0~100 次。

表 6-6 样本企业微博互动情况

	转发		评论		点赞	
	总数	平均数	总数	平均数	总数	平均数
途牛旅游网	143310	197	31391	43	38591	53
携程旅行网	75665	84	50036	56	39258	44
艺龙旅行网	43379	75	13063	23	21153	37
去哪儿网	16985	116	11147	76	2516	17

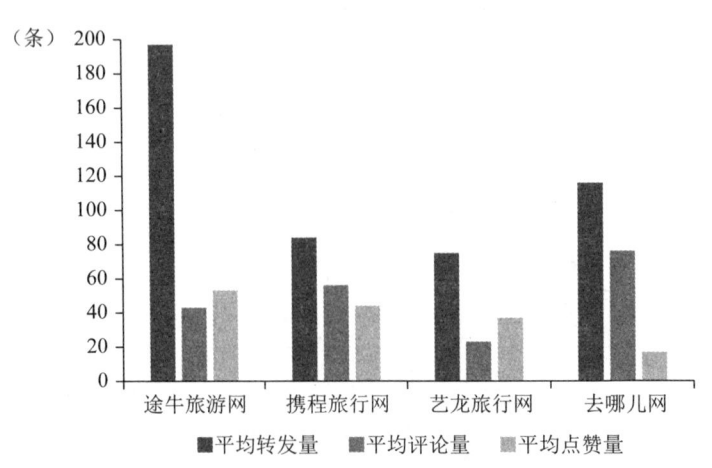

图 6-2 样本企业微博互动平均值

对样本酒店微博发布形式的分析结果如表 6-7 所示。其中，"图片 + 文字"的形式最为普遍，有 1823 条，占比 77.54%。其次是"文字 + 图片 + 链接"的形式和"文字 + 视频"的形式，分别占比 18.33% 和 3.27%，其他表现形式极少。与微博发布形式形成对比的是不同形式微博的互动情况，由图6-3可知，多样化的微博发布形式更容易得到粉丝的关注和互动，例如，"文字＋图片＋链接"和"文字＋视频"形式的微博在数量上远小于"文字＋图片"形式的微博，但是其平均互动量却明显高于"文字＋图片"这种传统形式的微博，尤其是在平均转发量方面。由此可见，丰富的微博表现形式有助于提升与粉丝的互动。

表6-7 样本企业微博形式统计

微博形	1文字	2文字图片	3文字视频	4文字链接	5文字图片链接	6文字视频链接	数量总计
途牛旅游网	2	647	38	1	40	0	728
携程旅行网	5	716	13	2	157	5	898
艺龙旅行网	0	385	26	1	166	0	578
去哪儿网	1	75	0	0	68	3	147
数量总计	8	1823	77	4	431	8	2351

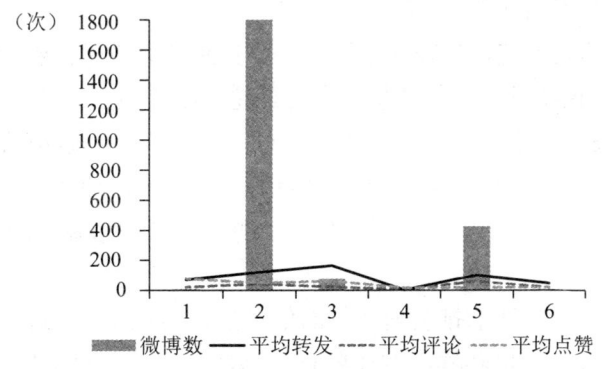

图6-3 不同形式的微博发布量和平均互动量

1.2.2 微博内容与互动的分析

互动情况可以检验粉丝对微博内容的接受程度。分析发现，微博内容和微博互动之间存在一定的关联。首先分析微博互动量。转发量过千的微博途牛有25条，携程有8条，艺龙有3条，去哪儿有3条，这些微博的内容以转发赢奖品的互动形式为主要内容。微博评论数过千的，途牛有6条，内容是转发赢奖品和企业新闻。携程有9条，内容是转发有奖和客服公告。艺龙和去哪儿分别有3条和1条，内容都是是转发赢奖品。点赞过千的微博，途牛有2条，其他3家企业未有点赞量过千的微博。以上说明，互动量大的微博在内容上主要是参与活动赢奖品。然后分析在三级分类中数量上排名前 7 的微博互动情况，如表 6-8 所示。C_7 平均转发和评论远超过全部微博平均转发和评论的数量，C_{12}、C_{16}、C_{20}、C_{22} 在平均点赞量上超过全部微博的平均点赞量，其他互动量均低于全部微博平均互动量。由此可见，发布量位居前 7 位的微博类别的平均互动量却整体低于全部微博平均互动量，说明企业在主推的内容方面互动情况不够理想。

表 6-8 数量前 7 的微博类别平均互动情况

	C_1酒店促销/预订	C_7参与活动赢奖品	C_{12}美食介绍	C_{16}旅游攻略	C_{17}目的地介绍/推荐	C_{20}搞笑、娱乐	C_{22}哲理	全部微博
平均转发量	18	585	53	70	43	40	79	119
平均评论量	10	205	27	18	18	25	10	45
平均点赞量	11	38	52	45	42	48	72	43

2. 旅游上市企业微信营销研究结果分析

2.1 微信内容统计分析

样本企业微信内容统计如表 6-9 所示。收集到的有效微信数量为 272 条，另有 2 条无法查看的未做统计。微信数量最多的是途牛旅游网，共 75 条。最少的是携程旅行网，共 60 条，整体差别不大。从微信总体分布来看，微信信息主要集中于促销推广，占比 74.63%，主要内容首先是促销/预订、品牌推广。其次是软文资讯，占比 21.69%，主要内容是旅游资讯、娱乐/趣闻。品牌形象不是企业微信的宣传重点。

二级分类中，在数量上排名前 3 位的信息类别是促销/预订、品牌推广、旅游资讯（见表 6-10），这也和样本企业各自排名前 3 位的信息类别基本吻合。促销/预定的比重占 60.66%，这也体现了预订服务作为样本企业微信主要功能的特点。

表 6-9 样本在线旅游企业微信信息类型的分布状况（一级指标）

	途牛旅游网	携程旅游网	艺龙旅游网	去哪儿网	数量总和
A1促销推广	67	42	48	46	203
A2软文资讯	8	10	24	17	59
A3品牌形象	0	8	1	1	10
数量总和	75	60	73	64	272

表 6-10 样本在线旅游企业微信信息类型分布状况（二级指标）

	途牛旅游网	携程旅网	艺龙旅行网	去哪儿网	数量总和
B_1促销/预订	59	31	40	35	165
B_2品牌推广	8	11	8	11	38
B_3旅游资讯	4	3	19	9	35
B_4娱乐/趣闻	4	7	5	8	24
B_5新闻发布	0	4	1	0	5
B_6社会责任	0	4	0	1	5
数量总和	75	60	73	64	272

2.2 微信互动分析

表 6-11 是样本企业微信互动统计情况，由于途牛的微信一部分未显示阅读和点赞情况，所以计算有数据的信息的平均互动次数更为科学一些。由于微信自身功能的限制，阅读量显示的上限是 100000，所以统计得到的阅读量依然不够准确，但是由于各企业统计口径一致，因此具有一定的可比性。就平均阅读量而言，携程以每条微信 84466 次的阅读量在样本企业中遥遥领先，途牛的微信平均阅读量最低，为 19883 次。平均点赞量同样是携程的最高，途牛的最低。

表 6-11 样本企业微信互动

	阅读		点赞	
	总数	平均	总数	平均
途牛旅游网	556724	19883	1176	42
携程旅行网	5067932	84466	22858	381
艺龙旅行网	2484219	34030	4409	60
去哪儿网	2401617	37525	3157	49

阅读量超过 100000 的微信，途牛有 1 条，携程有 37 条，艺龙有 5 条，去哪儿有 9 条。这些阅读量超过 100000 的微信内容主要集中于目的地推荐/预订、旅游产品促销/预订和公益活动等。携程有 6 条微信点赞数量过千，主要内容是目的地推荐/预订、旅行故事和抢红包活动介绍。其他三家企业未有点赞过千的微信。

三级分类中数量排名前 5 位的微信类别是目的地推荐/预订、旅游产品促销/

预订、酒店促销/预订、合作伙伴推广和娱乐（见表6-12）。相比较全部微信的平均阅读量和点赞量，酒店促销/预订和合作伙伴推广这两类信息未达到平均水平，说明样本企业在主推内容的制作方面还有提升的空间。

表6-12 排名前5位的微信类别平均互动情况

	C_5目的地推荐/预订	C_3旅游产品促销/预订	C_1酒店促销/预订	C_8旗下产品/品牌推广	C_{13}趣事趣闻	全部微信
平均阅读	55937	72633	28191	30183	91626	46507
平均点赞	191	202	31	34	224	140

3. 微博和微信营销对比分析

3.1 微博和微信营销功能对比

首先，样本企业微博主推内容是软文资讯，包括旅游资讯、娱乐八卦和生活百科，其次是促销推广中的促销/预订。通过目的地介绍、美食介绍、世界各地趣闻趣事等激发用户出游的需求和热情，总体来讲以软营销为主。而微信主推内容主要是促销推广中的促销预订，正如样本企业微信的定位一样，为用户提供全方位的出游预订，同时积极宣传企业APP及其他预订相关的企业微信号，以硬营销为主。其次，在相同时间段内，微博信息数量远超过微信信息数量，由于微博在信息发布频率上没有严格的限制，而微信公众号每月信息推送次数有上限，因此信息发布频率差别很大。同时，微博信息有字数限制，所以内容量大的信息需要链接的形式，信息能否被用户接受主要看用户是否有兴趣点击链接。微信在内容体量上没有严格的限制，所以内容的表达相对比较完整，但是微信的标题对于用户是否愿意点击查看至关重要。最后，在内容的丰富度上，笔者通过分析微博和微信的内容，对微博内容细分为30个小类，对微信内容细分为17个小类。微博内容更为丰富，类型多样，而微信内容类型相对匮乏。

在互动方面，首先，微博有转发、评论和点赞等公开的互动方式和私信等私密的互动方式，其评论功能最能体现用户对企业的态度。微信更具私密性，点赞是微信公开的互动方式，所展示的评论内容并非是全部用户的评论，而是经过筛选过后的内容，所以会在微博的评论中看到一些负面评论，而微信评论中往往都是正面评论。因此微博的互动更能产生比较广泛的影响，而微信互动的影响力相对较弱。其次，在预订功能上微信表现出明显的优势，在微信的对话页面的下方设置各类预订选项，同时用户在阅读微信内容的过程中，也可以直接预订相关产品，在这方面，微博的优势不明显。

3.2 样本企业微博和微信营销的对比

样本企业微博内容和微信内容的对比。途牛微博数量排名前三位的类型是参与活动赢奖品、旅游攻略、目的地推荐/介绍。旅游产品促销/预订、目的地推荐/预订及参与活动赢奖品是微信数量排名前三的信息类型。目的地推荐是途牛微博和微信共同比较关注的内容，除此之外，微博和微信的重点内容差异明显。对于携程，目的地推荐/介绍、搞笑娱乐、美食介绍是微博数量前三的内容，旅游产品促销/预订、目的地推荐/预订、趣事趣闻是微信数量前三的内容。携程在微博上的软营销和微信上的硬营销对比鲜明。携程微博平均互动量较高，微信平均互动量最高。对于去哪儿，搞笑/娱乐、游记、参与活动赢奖品是微博数量排名前三的内容，目的地推荐/预订、酒店促销/预订、合作伙伴推广是微信排名前三的内容，其微博营销的痕迹更加淡化。对于艺龙，哲理、酒店促销/预订、目的地介绍/推荐是微博排名前三的内容，目的地推荐/预订、酒店促销/预订、旅游攻略是微信排名前三的内容，其微博和微信的主推内容彼此呼应。由此可见，企业微博和微信的内容上存在差异，不同企业运用微博和微信开展营销的策略是存在差异的。

样本企业的营销活动在微博和微信上的相互呼应。途牛在2016年3月份的"323全民撒欢儿"途牛旅游节促销活动中不仅在微博中大为宣传，同时借助明星的影响力开展"跟着明星撒欢儿"助力"323全民撒欢儿"。在微信中，2016年3月10日、17日和23日连续三次推送的微信都是该主题，涉及全球精品线路、自由行产品、欧美澳新非、海岛、邮轮、航空等全方面旅游产品的优惠和预订。携程在春运期间开展的有众多明星加盟的"我爱家乡"公益活动在微博上宣传时间较持久，信息数量较多。

携程和艺龙是成立和上市都较早的企业，途牛和去哪儿的成立和上市相对较晚。但是对样本企业微博和微信营销内容进行分析时发现，成立时间并没有对微博和微信营销产生明显的影响。在互动方面，途牛的微博平均互动量最高，携程的微博平均互动量最低，但是在微信平均互动量中正好相反。在营销内容方面，去哪儿网作为成立和上市较早的企业，其微博营销显得相对粗糙，不论是微博发文的数量还是微博内容都不及其他样本企业，并且其微信营销中对于"去哪儿"这个品牌的宣传不及成立较晚的途牛。

第四节 微博和微信营销建议

1. 微博营销

微博丰富的表现形式对于吸引用户作用明显,而当前在线旅游企业的微博形式主要还是"文字+图片"的基本形式。途牛的微博平均互动量在样本企业中是最高的,主要得益于其微博信息中"文字+视频"这种平均互动量较高的微博形式的运用。因此,在"文字+图片"的基本形式之外,适当增加各类微博表现形式对于增加粉丝互动意义重大。

首先应关注用户评价,完善客户服务,塑造企业形象。微博的评论功能是公开的,用户的评价最能体现用户对企业的态度。企业不仅要关注客服专业渠道收到的用户反馈,也要关注微博评论中用户的意见。例如,如果携程旅行网的微博评论中出现了用户的投诉和差评,其航空客服部/酒店客服部等相关客户服务部门就会针对用户的评价给予相应的回复,这对于提升用户满意度意义重大,体现了一个负责任企业的形象。

其次应善于借助影响力大的人和事件开展宣传,通过发放奖品和优惠活动有效激发用户参与的积极性。明星一般有着数量庞大的粉丝团,通过明星转发活动信息能够获得较好的互动效果。结合当前时事例,如社会热点事件、热播影视作品等积极开展目的地旅游产品宣传往往能获得较高的响应。有奖转发一般是获得互动量最大的微博内容,企业在开展活动推广或话题讨论时可以使用该方式。

2. 微信营销

微信营销应做到主题明确,标题具有吸引力。微信有信息数量的限制,所以每次推送的信息要主题鲜明,注重内容的时效性和内容的品质,结合当前企业活动内容、当前娱乐热点等。微信区别于微博的一个重要特点是其内容不是自动出现在用户的信息列表中,需要用户点击查看,因此微信内容的标题就显得十分重要了。对于直接营销的内容,应将用户最关注的信息在标题中体现出来。途牛的优惠活动中将活动属性、价格或折扣、目的地、相关服务等在标题中列出,如"便捷出境,¥3999,埃及/迪拜文明二重奏,享五星航空包机直飞"。对于间接的营销内容,标题要有感染力,能引起用户的共鸣和好奇。例如,"别以为还有 40 年,你能陪父母的日子只剩 280 天!",其内容大打温情牌,鼓励子女带父母出游。

3. 微博与微信的分工合作

根据微博和微信各自的特点,微博主要用以开展软营销,吸引用户,微信主要开展硬营销,将营销落到实处。在内容上相互呼应、相互配合,除企业的专题营销活动以外,其他内容要体现出差异。同时开展对企业微博和微信的推广,可在企业官方网站的明显位置积极推荐用户关注企业微博和微信,提升关注度是开展微博和微信营销的重要内容。

第六部分

旅游分享研究

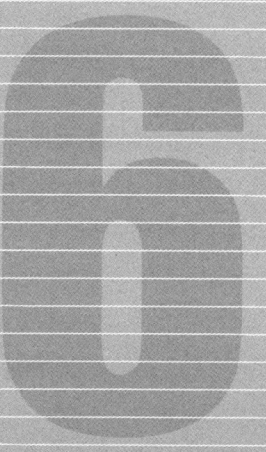

第七章 基于文本挖掘的典型旅游网站旅游分享比较研究——以甘肃省为例

随着应用领域的扩大，互联网逐渐成为人们相互交流信息及外出旅游的重要平台。大量旅游者借助互联网来分享自己旅游经历与内心感受的同时，也为潜在旅游者了解相关旅游目的地信息提供了一个更加便捷的途径。因此，对旅游者的旅游分享进行研究，能够更加深入地了解旅游者的旅游偏好，同时对于激发潜在旅游市场潜力，以及增强旅游目的地的吸引力发挥着重要作用。

第一节 旅游分享研究概述

1. 研究背景及意义

互联网技术的快速发展和各种依托网络的应用工具日渐盛行，可供旅游者选择的网络社交媒体也日渐丰富和多元化。越来越多的旅游者通过网络获取旅游信息、制订出行计划、购买旅游服务并交流旅游后的内心感受。尽管网络是虚拟的，但依托网络的旅游活动产生了巨大市场。据中国旅游研究院公布的数据显示，2012年在线旅游市场交易规模约2530亿元，占全年旅游业总收入的10%。为了满足在线旅游的需求并有效地与旅游者沟通，各旅游目的地纷纷在一些旅游网络社区、旅游电子商务平台和门户网站发布旅游信息，通过网络化手段营销和推广目的地，以吸引旅游者的关注。

网络信息发布的形式与内容日益多元化，在为旅游目的地管理者提供更多营销传播渠道选择的同时，也为旅游者外出旅行提供了一定的信息参考，但是由于网络旅游营销的复杂性，不同网站传播的信息会存在较大差异，可能会对旅游者信息甄选产生一定的误导。如何利用虚拟网络这一社交平台，不仅是旅游营销人员要面对的问题，更是旅游者在信息筛选时要面对的问题。因此，针对我国典型旅游网站对旅游者旅游分享进行研究，对了解旅游者的旅游偏好，激发潜在旅游市场潜力，以及增强旅游目的地的吸引力发挥着重要意义。

2. 国内外研究现状

国外关于旅游分享的研究开始得较早，研究成果也比较丰富。Wang Youcheng（2002）以网络虚拟社区研究为基础，并将其引申到旅游中来，构建了旅游虚拟社区系统模型与成员参与需求模型。2004年以后，随着旅游虚拟社区相关研究的逐渐增多，社区成员行为及社区情感备受学者关注。例如，Woo Gon Kima（2004）对社区成员忠诚与旅游产品购买行为之间的影响关系进行了分析；Nor Laila Md Noor（2005）探讨了成员知识分享这一贡献行为的影响因素。在此之后，用户生成内容（UGC）得以关注，并助推了学者对UGC行为、网络口碑影响的探讨。例如，Jakob Linaa Jensen（2008）对Virtual Tourist社区的分析发现分享帖的受欢迎程度与其撰写者的旅游体验经历密切相关，并且撰写者需要有丰富的审美观和情感。Peter O'Connor（2008）对社区信息质量进行了专门的分析和评价，并指出社区UGC的信息是客观、有效的；Lon M. J.等（2009）指出决定旅游者在虚拟社区进行旅游分享的因素与旅游者的个人看法、分享行为及社区忠诚度有关，此外，Anil Bilgihana等（2016）借助旅游社交网络，研究了消费者对旅游知识分享的感知行为，并指出实用性感知和诚信感知对分享行为有着积极的影响。以上这些研究，为进一步研究旅游分享奠定了理论基础，但是针对典型旅游网站进行旅游分享的比较研究还相对较少，有待开展。

与国外相比，国内对旅游分享的研究较晚，研究成果主要集中在旅游知识分享、旅游体验分享及旅游虚拟社区分享帖等方面。苗学玲（2006）对旅游网络主帖进行研究，确立了其分类体系，并指出分享帖是主要类型之一；保继刚、苗学玲（2008）采用扎根理论，借助旅游者在虚拟社区分享的结伴帖子，探讨了在互联网平台上寻找"游伴"的现象，揭示了分享是旅游者选择结伴旅行的原因之一。此外，王婷婷（2012）采用定性与定量的分析方法，研究了旅游虚拟社区的分享帖并提出了改进建议；陈雅茜（2012）利用系统调查的方式，以旅游相关信息为对象，重点研究了旅游体验的分享技术，并提出了基于相册的旅游体验分享原型系统；欧阳震青、彭润华（2015）运用MOA（Motivation Opportunity Ability）理论及知识分享模型，研究了移动UGC环境下旅游者的知识分享；胡传东等（2015）利用内容分析法，对游客分享的骑行体验进行了研究等。

总体来看，所有这些研究为旅游分享研究做出了较大贡献，研究者主要采用传统的方法研究旅游知识分享、旅游体验分享、虚拟旅游社区分享帖。事实上，网络游记作为一种网络文本，用于旅游者行为研究时，能够在一定程度上避免传统旅游调查中受时间、地点及问卷设计等问题的限制，样本内容能更加真实地反映旅游者的主观感受，故此对于典型网站的旅游分享研究有着重要价值。同时，数据挖掘中的文本挖掘方法，较传统常用的旅游分享研究方法而言，在不规则问题处理中的优势十分明显。据此，本研究拟采用数据挖掘中的文本挖掘方法，选取国内典型网站作为研究样本，以网站上旅游者发表的有关甘肃省旅游景区（点）的游记为研究内容，开展典型网站旅游分享比较研究，旨在为来甘肃旅游的游客及区域旅游决策提供服务。

第二节　研究过程与方法

1. 典型旅游网站样本选取

作为评价某一网站访问量的重要指标，Alexa 排名提供了包括综合排名、到访量排名及页面访问量排名等多个评价指标信息。基于 Alexa 排名的功能，本文选取旅游者发表游记较多的旅游网站作为研究样本，即携程旅行网、蚂蜂窝旅游网、途牛旅游网及驴妈妈旅游网。携程旅游网是目前 Alexa 排名最高的综合性旅游网站，日均 IP 访问量达 2160000；蚂蜂窝旅游网是中国领先的旅游社交网站，也是目前国内较大的旅游分享网站，其旅游社区近月访问量达 94.94%；驴妈妈作为中国自助游资讯服务平台，近月网站访问比例达 94.57%；拥有全球最大中文景点目录及中文旅游社区的途牛旅游网，日均网站页面浏览量达 2616000。基于此，本文选取这四大网站作为研究旅游分享的典型网站。

2. 文本内容的获取与处理

分别在选取的携程、驴妈妈、蚂蜂窝及途牛四大国内旅游网站上进行收集和筛选有关甘肃省旅游目的地及景区（点）的游记。在筛选获取文本内容的过程中遵循三条原则：（1）识别网络游记的真实性，剔除一些为商家宣传旅游景点、线路与酒店而撰写的有关酒店体验与航班感受的游记；（2）选取的游记内容必须信息完整并能够真实反映旅游者的旅游体验与感受；(3)删除一些旅游者在多个网站重复发表的游记。遵循上述三条原则，首先，将研究时间段定为2013年4月到2015年12月。经过筛选，在选取的典型旅游网站上收集有关甘肃省景区（点）的网络游记80篇、共112970字。其次，按照网站名称将收集的网络游记分为4个word文档，利用word软件对收集到的相关资料进行处理，将数据中同一旅游景点的多个表达名称进行统一，如雅丹在数据中指雅丹国家地质公园。再次，为了便于分析软件的识别，将修正完成后的word文档全部转化成txt文件格式并保存。最后，利用ROST CM6软件对数据词频进行分析，将获得的初步分析结果进行过滤词汇处理，将"这些""去哪""的""吗"等一些旅游游记中常见但与旅游者分享无关的词汇纳入软件词汇表；利用ROST软件的过滤功能，过滤无意义词汇，提高数据词频分析的相关性，从而完成以甘肃省为例的四大典型旅游网站的旅游分享比较研究。

3. 社交语义网络中心度

网络中心度是衡量整个网络中心化程度的重要指标，中心化程度越高，越容易获取资源与信息，拥有的权力及影响力也就越大，其计算公式为：

$$C_D(n_i) = \sum_{j=1}^{n} R_{ij} \tag{1}$$

其中为 $C_D(n_i)$ 点度中心度，R_{ij} 为节点的联系强度。若 $R_{ij}=0$，则表明节点 i 与节点 j 之间没有关联；若 $R_{ij}=1$，则表明节点 i 与节点 j 之间相互关联。

中间中心度测量节点位于网络图中其他节点中间的程度，其计算公式为：

$$C_B(n_i) = \sum_{j,k} g_{jk} \tag{2}$$

其中 $C_B(n_i)$ 为中间中心度，g_{jk} 为节点 j 到节点 k 的最短路径数。若 $C_B(n_i)=0$，表明该节点不具有对其他节点的控制力；若 $C_B(n_i)=1$，表明该节点处于网络的中心位置，完全可以控制其他节点。

接近中心度能够衡量网络中各节点之间的距离，节点的中心度越高与其他节点的联系就越紧密，其计算公式为：

$$C_C(n_i) = \left[\sum_{j=1}^{n} d(n_i, n_j) \right]^{-1} \tag{3}$$

其中 $C_C(n_i)$ 为接近中心度，$d(n_i, n_j)$ 表示节点 i 与节点 j 之间的距离。

第三节 研究结果分析

1. 网络游记文本内容词频整体分析

依据研究方法，统计获得典型旅游网站旅游分享所使用的高频特征词共 20 个。从表 7-1 可以看出，旅游者分享的网络游记中最终提取的有关甘肃省旅游目的地的词汇主要是体现旅游景点及旅游吸引物的名词，旅游目的地词汇主要可以归纳为四种类型：地质地貌型（丹霞、雅丹、沙漠、戈壁、冰川）、自然风光型（草原、景观、黄河、月牙泉、鸣沙山）、城市风貌型（兰州、张掖、夏河、敦煌、嘉峪关、玉门关）、名胜古迹型（莫高窟、马蹄寺、拉卜楞寺、洞窟、壁画、石窟）。甘肃作为旅游资源大省，地质地貌景观分布集中且独具特色，不仅拥有浓郁的民族风情和众多的红色胜迹，还拥有以敦煌为代表的佛教圣地，以梦柯冰川为代表的冰川雪山，以及以甘南草原为代表的草原绿洲，高频特征词统计的类型也正好印证了这一点。

从表 7-1 统计的高频特征词的频数可知，词频在 140 以上的高频特征词有 7 个，其中敦煌的词频为 298，是样本总体中频数最高的特征词。说明敦煌被旅游者提及的次数最多，最受旅游者的关注。敦煌富集众多优质旅游资源，世界知名度较高，加之各大旅游网站的重点宣传，使敦煌成为来甘肃旅游的必游之地。兰州的词频为 194，列居第二。作为黄河唯一穿城而过的城市，兰州可为旅游者提供西北特有的感官享受，此外，中山桥、黄河母亲像等众多标志性景观进一步加深了旅游者对兰州旅游的印象。莫高窟、鸣沙山、丹霞、雅丹、张掖 5 个高频特征词的频数介于 140~170 之间，是旅游者较为关注的热门旅游景点。事实上，作为甘肃省独特的旅游资源，地质地貌类景观已引起来甘肃旅游者的极大兴趣，成为来甘旅游者观光游览的重要组成部分。词频在 90~120 之间的中频特征词有 6 个，其中黄河的词频相对较高，表明近年来部分旅游者开始关注黄河旅游，但黄河并非甘肃特有，青海、河南等地也在打黄河文化旅游之牌，相对于前面的 7 大高频词而言，旅游者对黄河旅游的认知依然较弱。另外，拥有较高知名度的月牙泉未出现在高频之列，可能与景区娱乐单一、价格昂贵、体验程度较低等有关。中频词中出现了沙漠、骆驼这两个甘肃典型符号特征的词汇，表明沙漠旅游逐渐受到旅游者的青睐。对于大多数旅游者而言，在沙漠中乘坐骆驼，观看日出、日落是一种珍贵的旅游体验与经历。词频在 90 以下的低频特征词有 7 个，玉门关、嘉峪关等知名景点位列其中，由于景区蕴含的深厚文化内涵没有得到很好的挖掘、旅游特质单一等原因，较高的知名度并没有引起旅游者的极大兴趣。甘南旅游景点拉卜楞寺的词频为 67，在样本总体中排名最低，由于甘南的旅游景点大都以自然景点为主，季节性明显，使得来甘南旅游的游客数远低于甘肃中西部其他旅游景点。整体而言，具有典型旅游符号表征且处于核心资源的自然及人文旅游景点最受来甘旅游者的关注，其中以人文旅游景点最为典型。

表 7-1　典型网站游记文本内容高频特征词统计

排序	样本网站			携程旅游网			蚂蜂窝旅游网			途牛旅游网			驴妈妈网		
	特征词	频数	频率	特征词	频数	频率	特征词	频数	频率	特征词	频数	频率	特征词	频数	频率
1	敦煌	298	0.123	兰州	80	0.412	敦煌	93	0.312	敦煌	85	0.285	黄河	60	0.504
2	兰州	194	0.080	敦煌	74	0.248	莫高窟	59	0.355	鸣沙山	56	0.359	兰州	49	0.253
3	莫高窟	166	0.068	雅丹	41	0.277	雅丹	58	0.392	莫高窟	50	0.301	敦煌	46	0.154
4	鸣沙山	156	0.064	莫高窟	41	0.247	丹霞	52	0.342	月牙泉	45	0.433	拉卜楞	40	0.600
5	丹霞	152	0.063	鸣沙山	37	0.237	鸣沙山	41	0.263	骆驼	40	0.435	张掖	38	0.266
6	雅丹	148	0.061	张掖	35	0.245	地貌	40	0.345	丹霞	38	0.250	景区	33	0.295
7	张掖	143	0.059	黄河	32	0.269	张掖	38	0.266	兰州	37	0.191	丹霞	32	0.211
8	黄河	119	0.049	景区	31	0.277	景点	32	0.464	嘉峪关	36	0.424	地貌	31	0.267
9	地貌	116	0.048	丹霞	30	0.197	骆驼	31	0.337	沙漠	34	0.362	长城	29	0.349
10	景区	112	0.046	马蹄寺	28	0.475	兰州	28	0.144	张掖	32	0.224	草原	27	0.574
11	月牙泉	104	0.043	地貌	26	0.224	沙漠	28	0.298	夜市	31	0.431	公园	26	0.500
12	沙漠	94	0.039	玉门关	25	0.291	景区	27	0.241	壁画	29	0.460	雅丹	23	0.155
13	骆驼	92	0.038	月牙泉	25	0.240	历史	24	0.338	洞窟	27	0.509	甘南	23	0.622

续表

排序	样本网站			携程旅游网			蚂蜂窝旅游网			途牛旅游网			驴妈妈网		
	特征词	频数	频率	特征词	频数	频率	特征词	频数	频率	特征词	频数	频率	特征词	频数	频率
14	玉门关	86	0.035	沙漠	22	0.234	石窟	24	0.358	雅丹	26	0.176	鸣沙山	22	0.141
15	嘉峪关	85	0.035	石窟	21	0.313	夜市	23	0.319	沙子	23	0.590	嘉峪关	20	0.235
16	长城	83	0.034	长城	19	0.229	月牙泉	23	0.221	玉门关	23	0.267	拱北	20	1
17	夜市	72	0.030	文化	17	0.304	玉门关	21	0.244	景区	21	0.188	夏河	19	0.633
18	历史	71	0.029	嘉峪关	17	0.200	日落	20	0.500	长城	21	0.253	玉门关	17	0.198
19	景点	69	0.028	历史	17	0.239	马蹄寺	20	0.339	地貌	19	0.164	景观	17	0.515
20	拉卜楞寺	67	0.028	骆驼	17	0.185	冰川	18	0.600	戈壁	18	0.316	莫高窟	16	0.096

2. 样本网站高频特征词的对比分析

高频特征词中，敦煌不仅在样本总体中排名最高，而且是各典型旅游网站都存在的热门景点。敦煌以拥有莫高窟这一世界文化遗产而享誉中外，受到旅游者的普遍关注，使旅游者形成一种"游甘肃必去敦煌"的意识观念。莫高窟在样本总体中列第3位，而在驴妈妈网中则列第17位。而未进入样本总体前20名的拉卜楞寺、拱北，在驴妈妈网中分别列第4位、14位。据统计，驴妈妈旅游网约有55%的旅游者以自由行为主要出游方式，在空间景点选择上具有更大的自主性，这部分旅游者更加青睐那些被团队游所忽略的景点。此外，同样出现在样本高频序列的雅丹，在驴妈妈网中则列第14位。中频特征词中，黄河在样本总体的中频序列中排名最高，在蚂蜂窝、途牛网站中则未进入高频特征词的前20名。其次，位居样本总体中频序列第2位的地貌，在途牛中列第17位，表明与传统旅游景点相比，这两大网站更加关注一些新奇景点。出现在样本总体低频序列中的玉门关，是各典型网站排名较低的特征词，其次是嘉峪关，在携程、驴妈妈中同样排名较低，而在蚂蜂窝中则未出现。关于嘉峪关的旅游分享，一旅游者在蚂蜂窝网站上写道："嘉峪关只是一座古建筑让我有点失望。"表明玉门关及嘉峪关景区虽然蕴含丰富的文化内涵，但对于以娱乐体验为主的旅游者而言，单一的观光功能难以对广大游客形成吸引力。各样本网站高频特征词的对比分析表明，来甘旅游者的旅游分享不仅与各典型网站的主营业务有关，更与旅游景点的自身特色及景观组合状况有关。

3. 典型网站游记文本情感对比分析

网络游记文本情感分析是在网络游记词频分析的基础上，借助 ROST MT6 软件的情感分析功能进行的，如表 7-2 所示（由于中性情绪无法反映旅游者对于旅游目的地的偏好，所以本研究主要分析旅游者的积极与消极情绪）。从总体上来看，有 972 条体现旅游者的积极情绪，占 61.91%。消极情绪所占比例较小，为 19.49%，即来甘旅游者的情感态度以积极情绪为主。表明甘肃省作为旅游目的地对游客存在有较大的旅游吸引力，这一现象与表 7-1 网络游记词频表的分析结果相吻合。从各类网站呈现的旅游者情感类型来看，驴妈妈有 303 条体现旅游者的积极情绪，占 59.88%，是旅游者体现积极情绪最多的旅游网站。蚂蜂窝旅游网中有 249 条体现旅游者的积极情绪，占 59.15%。携程网则有 205 条体现旅游者的积极情绪，是所有网站中体现旅游者积极情绪最少的网站。经分析，积极情绪在各分类网站中有着较为明显的优势。此种状态与各网站所追求的理想宣传效果相一致，但其中的消极情绪同样存在，且在携程网、蚂蜂窝及途牛中占有较高的比例，尤其是蚂蜂窝，有 96 条体现旅游者的消极情绪，其数量在所有网站中排名第一。这一现象的出现与甘肃省旅游基础设施相对滞后的现状是分不开的，根据旅游者的相关游记，有相当一部分旅游者对市内交通拥挤、景点门票较高而存在不满情绪。

表 7-2 典型网站游记文本情感分布

所有网站			各分类网站			
情感类型	数量（条）	比例（%）	网站名称	情感类型	数量(条)	比例(%)
积极情绪	972	61.91	携程网	积极情绪	205	65.50
				中性情绪	51	16.29
				消极情绪	57	18.21
中性情绪	292	18.60	驴妈妈网	积极情绪	303	59.88
				中性情绪	118	23.32
				消极情绪	85	16.80

续表

所有网站			各分类网站			
情感类型	数量（条）	比例（%）	网站名称	情感类型	数量(条)	比例(%)
消极情绪	306	19.49	蚂蜂窝网	积极情绪	249	59.15
				中性情绪	76	18.05
				消极情绪	96	22.80
			途牛网	积极情绪	215	65.15
				中性情绪	47	14.24
				消极情绪	68	20.61

4. 典型旅游网站社交语义网络分析

分析社交语义网络图能有效地判断组成该网络的结构体系，了解网络隐藏的语义信息及各组成部分之间的关系，并且能够从多个角度分析事态的全局状况。

4.1 社交语义网络中心度分析

借助 UCINET 软件与公式（1）、（2）、（3）对甘肃旅游景区（点）等的社交语义网络中心度进行分析。由表 7-3 可知，敦煌的绝对点度中心度最大，处于社交语义网络的核心位置。说明敦煌与甘肃省其他旅游景点及旅游吸引物相比共现次数最多，对旅游者的吸引力最大。莫高窟、地貌、雅丹的绝对点度中心度也较高，处于社交网络的次核心。此外，由于景点之间的关联性较低，仅有 52.54% 的景点中心度在零度以上。中间中心度统计结果显示，敦煌是整个社交语义网络中间中心度最高的景点，表明该地富集大量的旅游资源，且拥有较高的资源控制力。鸣沙山、雅丹、地貌、莫高窟的中间中心度也相对较高，资源控制力较弱于敦煌但高于甘肃省其他旅游景点。统计发现甘肃省景点中间中心度在零度以上的有 21 个，占总体的 17.65%，即有一半以上的景区景点或旅游吸引物对资源不具有控制力。从整体来看，中间中心度较高，点度中心度及接近中心度较小。例如，鸣沙山、丹霞等，这些景点拥有较高的资源控制力，具有一定的旅游吸引力，但由于这些景点共现的节点缺少与其他景点的相互关联，导致接近中心度较低。

表 7-3 社交语义网络中心度分析结果（部分）

节点	点度中心度	接近中心度	中间中心度
敦煌	25.000	1.555	949.424
莫高窟	13.000	1.550	240.333

续表

节点	点度中心度	接近中心度	中间中心度
地貌	12.000	1.550	292.376
雅丹	12.000	1.550	254.601
鸣沙山	8.000	1.549	205.226
景区	8.000	1.550	163.518
丹霞	7.000	1.542	62.875
兰州	5.000	0.885	7.000
玉门关	5.000	1.547	135.679
张掖	5.000	1.542	3.737
月牙泉	5.000	1.548	58.107
黄河	3.000	0.885	0.000
骆驼	2.000	1.539	0.000
嘉峪关	2.000	1.545	19.321
长城	2.000	1.537	1.500
夜市	2.000	1.545	0.000
历史	3.000	1.546	0.000
景点	3.000	1.547	0.000
拉卜楞寺	2.000	1.530	0.781

注：由于点出度与点入度相同，本文只对点入度进行统计。

4.2 社交语义网络凝聚子群密度分析

凝聚子群密度能够对网络中小团体现象的严重程度进行判断，与派系林立程度密切相关，密度越接近于1，则派系林立的程度就越大，小团体或抱团现象就越难产生。由样本游记中甘肃省各景点构成的社交语义网络图（图7-1）可以看出，甘肃省内的旅游景点或旅游吸引物之间彼此关联度较低。甘肃省景点所构成的社交语义网络凝聚子群的密度为0.0302，较低的凝聚子群密度表明甘肃省各景点在社交语义网络中不存在派系林立及小团体的现象。处于同一子群内的各个景点相互之间联系较为松散，在一定程度上很难出现抱团现象，同时也反映出甘肃省各景点之间的联系较少。因此，加强各景点之间的交流合作对甘肃省旅游业而言尤为重要。

第七章 基于文本挖掘的典型旅游网站旅游分享比较研究——以甘肃省为例

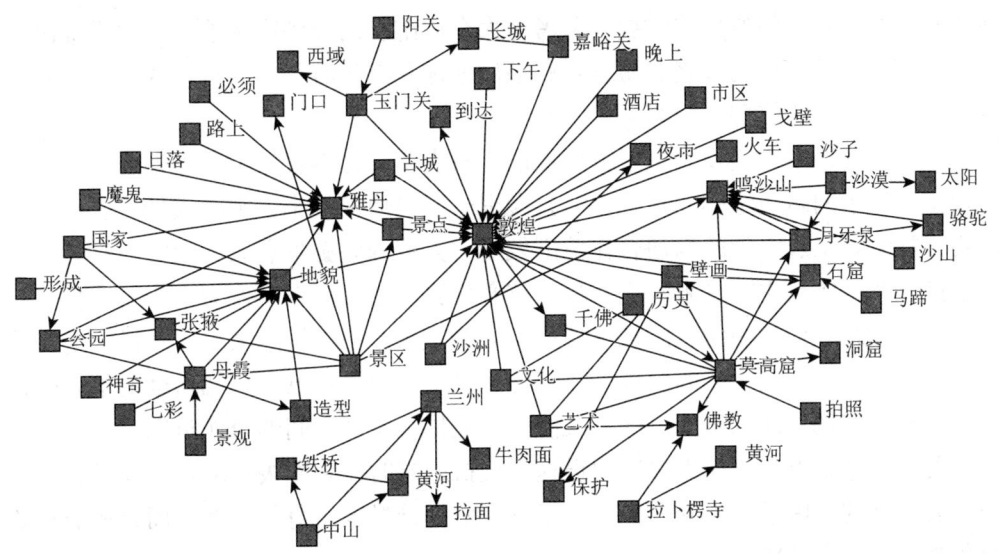

图 7-1 游客样本游记中甘肃省旅游景点社会网络

第四节 结论与建议

根据有关甘肃省旅游景点网络游记文本，对不同旅游网站旅游者分享的游记进行特征词频、情感及旅游景点共现社会网络图进行分析，得出以下结论：

（1）从高频特征词来看，具有典型旅游符号表征且处于核心旅游资源的自然及人文旅游景点最受来甘旅游者的关注，其中以人文旅游景点最为典型。这一状况与甘肃省各旅游目的地所具有的资源特色及相关组织所追求的营销宣传效果基本符合。首先，甘肃省应以具有典型符号表征的人文旅游地为中心，根据游客的旅游分享，进行相关旅游产品的开发设计，促进旅游产品向多元化转化；其次，应加快特色文化与创意产业的结合，在兼顾娱乐性与体验性的同时，重点打造具有地方及区域特色的文化旅游项目，培育甘肃特色旅游品牌，完善各景点之间的地域协作，逐步推动单一观光旅游向复合型旅游转变。

（2）旅游者关于甘肃省的旅游分享情绪以积极情绪为主，消极情绪占比较小。来甘旅游者的消极情绪分析表明，交通拥挤、门票价格过高、"旅大于游"及体验项目的缺乏是造成旅游者消极情绪的主要因子。因此，旅游目的地应首先改善道路交通环境，完善道路交通基础设施，对旅游者进行合理疏导，以避免出现过度拥挤现象;其次在制定门票价格时要充分考虑大众旅游者的经济承受能力,适时推出门票优惠政策或免门票的知名旅游景点;最后增加具有旅游目的地特色的体验旅游项目,丰富旅游者的旅游体验等。

(3)对网络中心度及凝聚子群密度的分析表明,甘肃省旅游景点处于核心位置的较少,处于网络边缘的景点较多,且凝聚子群的规模较小,密度较低。这种状况表明,甘肃省景点之间的沟通合作范围较小,大部分旅游景点只与少数的旅游景点有连接关系。实践中,甘肃省应将处于核心位置的景区(点)作为未来打造特色旅游目的地品牌、构建旅游目的地形象的核心关注点。积极推进大景区建设,进行景区资源整合,在突出重点的前提下,将低知名度的边缘景点与高知名度的景点进行组合,既能实现景区双赢的目的,又能很好地扩大景区之间的合作范围;此外,低知名度的边缘景点在抢抓大景区建设这一契机的同时,要积极加强自身建设,主动与知名度高的景区景点展开合作,不仅能有效提升景区自身知名度,而且还能有效避免被其他景点排挤。

参考文献

[1] Lawson M. Teaching tourism: Education and training in Western Europe: A comparative study [M].London: Tourism International Press, 1974.

[3] Christie-Mill R. Tourism education: Its development and current status with special reference to selected segments of tourism-related industries in Michigan [D]. East Lancing: Michigan State University, 1978.

[4] Airey D. Tourism education in the United Kingdom [J].The Tourism Review, 1979, 34 (3): 13-15.

[5] Enghagen L. K. Ethics in hospitality/tourism education: a survey [J]. Hospitality Research Journal, 1990, 14 (2): 113-118.

[6] Hegarty J. A. Ethics in hospitality education [J]. International Journal of Hospitality Management, 1990, 9 (2): 106-109.

[7] Haven C., Botterill. D. Virtual learning environments in hospitality, Leisure, tourism and sport: a review [J]. Journal of Hospitality, Leisure, Sport and Tourism Educalion, 2003, 2 (1): 75-92.

[8] Mmadanoglu M., Martin. L. Recruitment of International Students to US Hospitality Graduate Programs: Students' Perceptions [J]. Journal of Hospitality and Tourism Education, 2003, 15 (4): 43-49.

[9] Mills J. E., Douglas. A. Ten Information Technology Trends Driving the Course of Hospitality and Tourism Higher Education [J].Journal of Hospitality and Tourism Education, 2004, 16 (4): 21-33.

[10] Parr M.G., Lashua B. D. Students' Perceptions of leisure, leisure Professionals and the Professional body of knowledge [J].Journal of Hospitality, Leisure, Sport and Tourism Education 2005, 4 (2): 16-26.

[11] Cobanoglu C. An analysis of blogs as a teaching tool as perceived by Hospitality management students [J].Journal of Hospitality, Leisure, Sport and

Tourism Education, 2006, 5（2）: 83-88.

［12］McDowall S., Li C. L. A Comparison of Students' Attitudes toward Two Teaching Methods: Traditional versus Distance Learning［J］. Journal of Hospitality and Tourism Education, 2007, 19（1）: 20-26.

［13］Huang. R. A Challenging but Worthwhile Learning Experience!' Asian International Student Perspectives of Undertaking a Dissertation in the UK［J］. Journal of Hospitality, Leisure, Sport Education, 2007, 6（1）: 29-38.

［14］Johanson, L. Haug B. Students' Preferred learning styles and the Importance of curriculum content: a study of Norwegian tourism and hospitality Students［J］. Journal of Hospitality Tourism Education, 2008, 20（2）: 24-33.

［15］Sanders. D., Armstrong. E. K. Understanding students' Perceptions and experience of a tourism management field trip : The need for a graduated approach［J］. Journal of Hospitality Tourism Education, 2008, 20（4）.29-37.

［16］Harrill R. Residents' Attitudes toward Tourism Development: a Literature Review with Implications for Tourism Planning［J］. Journal of Planning Literature: Incorporating The CPL Bibliographies, 2004, 18（3）: 251-266.

［17］Deery M, Jago L, Fredline L. Rethinking social impacts of tourism research: a new research agenda.［J］. Tourism Management, 2012, 33（1）: 64-73.

［18］Pérez E A, Nadal J R. Host community perceptions a cluster analysis［J］. Annals of Tourism Research, 2005, 32（4）: 925-941.

［19］Andriotis K, Vaughan R D. Urban residents' attitudes toward tourism development: the case of Crete.［J］. Journal of Travel Research, 2003, 42（2）: 172-185.

［20］Andereck K L, Valentine K M, Vogt C A, et al. A cross-cultural analysis of tourism and quality of life perceptions.［J］. Journal of Sustainable Tourism, 2007, 15（5）: 483-502.

［21］Woosnam K M, Norman W C, Ying T Y. Exploring the theoretical framework of emotional solidarity between residents and tourists.［J］. Journal of Travel Research, 2009, 48（2）: 245-258.

［22］Sharpley R. Tourism, Tourists and Society, 4th Edition［M］. Elm Publications, 2008.

［23］Bestard A B, Nadal J R. Attitudes toward tourism and tourism congestion［J］. Region Et Developpement 2007（25）: 193-207.

[24] Jurowski C, Gursoy D. Distance effects on residents' attitudes toward tourism [J]. Annals of Tourism Research, 2004, 31(2): 296-312.

[25] Mcgehee N G, Andereck K L. Factors predicting rural residents' support of tourism. [J]. Journal of Travel Research, 2004, 43(2): 131-140.

[26] Nunkoo R, Gursoy D. Residents' support for tourism: An Identity Perspective [J]. Annals of Tourism Research, 2012, 39(1): 243-268.

[27] Nunkoo R. Tourism development and trust in local government [J]. Tourism Management, 2015(46): 623-634.

[28] Bachleitner R, Zins A H. Cultural tourism in rural communities: The residents' perspective [J]. Journal of business research, 1999, 44(3): 199-209.

[29] Nunkoo R, Gursoy D. Residents' support for tourism: An identity perspective [J]. Annals of Tourism Research, 2012, 39(1): 243-268.

[30] Sinclair-Maragh G, Gursoy D. Imperialism and tourism: The case of developing island countries [J]. Annals of Tourism Research, 2015(50): 143-158.

[31] Wang S, Chen J S. The influence of place identity on perceived tourism impacts [J]. Annals of Tourism Research, 2015(52): 16-28.

[32] Fredline E, Faulkner B. Host community reactions: A cluster analysis [J]. Annals of tourism research, 2000, 27(3): 763-784.

[33] Thapa B, Cahyanto I, Holland S M, et al. Wildfires and tourist behaviors in Florida [J]. Tourism Management, 2013(36): 284-292.

[34] Wang S, Xu H. Influence of place-based senses of distinctiveness, continuity, self-esteem and self-efficacy on residents' attitudes toward tourism [J]. Tourism Management, 2015(47): 241-250.

[35] Lawson R W, Williams J, Young T, J Cossens. A Comparison of Residents' Attitudes Towards Tourism in 10 New Zealand Destinations [J]. Tourism Management, 1998, 19(3): 247-256.

[36] Ap J. Residents' Perceptions on Tourism Impacts [J]. Annals of Tourism Research, 1992, 19(4): 665-690.

[37] Wu M Y, Wall G, Zhou L. A free pricing strategy at a major tourist attraction: The Case of WestLake, China [J]. Journal of Destination Marketing Management, 2014, 3(2): 96-104.

[38] Lundberg E. The importance of tourism impacts for different local resident groups: A case study of a Swedish seaside destination [J]. Journal of Destination

Marketing Management, 2016.

[39] Thomas B. Fischer. Strategic environmental assessment in post-modern times [J]. Environmental Impact Assessment Review, 2003, 23(2): 155-170.

[40] Holger Dalkmann, Rodrigo Jiliberto Herrera, Daniel Bongardt. Analytical strategic environmental assessment (ANSEA) developing a new approach to SEA [J]. Environmental Impact Assessment Review, 2004, 24(4): 385-402.

[41] Dolores Hedo, Olivia Bina. Strategic environmental assessment of hydrological and irrigation plans in castilla y leon, spain [J]. Environmental Impact Assessment Review, 1999, 19(3): 259-273.

[42] Nancy Chesworth. Tourism planning: basics, concepts, cases [J]. Tourism Management, 2003.

[43] LD Fallon, LK Kriwoken. Community in-volvementin tourism Infrastructure-the case of the Strahan Visitor Centre, Tasmania [J]. Tourism Management, 2003(24): 289-308.

[44] Crompton J. L. Fesenmainer D. Conceptualization of multi destination pleasure trips [J]. Annals of Tourism Research, 1993, 20(2): 289-301.

[45] Dredge D. Destination Place Planning and Design [J]. Annals of Tourism Research, 1999, 26(4): 772-791.

[46] Zhang X, Bao J. Tourism development and the rural Vicissitudes: The hypothesis of origin-dynamics [J]. Tourism Tribune, 2009.

[47] Ying T Y, Zhou Y G. Community. Governments and external capitals in China's rural cultural tourism: A comparative study of two adjacent villages [J]. Tourism Management, 2007, 28(1): 96-107.

[48] Mings RC, McHugh KE. The spatial configuration of travel to Yellowstone National Park [J]. Journal of Travel Research, 2016, 30(4): 38-46.

[49] Jean D.Gibbons, Mary Fish. Devaluation and US tourism expenditure in Mexico [J]. Annals of Tourism Research, 1985, 12(4): 547-561.

[50] Boris Vukonic. Foreign tourist expenditures in Yugoslavia [J]. Annals of Tourism Research, 1986, 13(1): 59-78.

[51] Pearce D. Tourism Today: A Geographical Analysis [M]. Pearson Education Limited, 1987.

[52] Thomas B. Fischer. Strategic environmental assessment in post-modern times [J]. Environmental Impact Assessment Review, 2004, 24(4): 385-402.

[53] Holger Dalkmann, Rodrigo Jiliberto Herrera, Daniel Bongardt. Analytical strategic environmental assessment (ANSEA) developing a new approach to SEA [J]. Environmental Impact Assessment Review, 2004, 24(4): 385-402.

[54] Dolores Hedo, Olivia Bina. Strategic environmental assessment of hydrological and irrigation plans in castilla y leon, spain [J]. Environmental Impact Assessment Review, 1999, 19(3): 259-273.

[55] Brian D. Henshall. Rae Roberts. Comparative assessment of tourist generating markets for New Zealand [J]. Annals of Tourism Research, 1985, 12(2): 219-238.

[56] Gerard S. Dhamaaratne. Forecasting tourist arrivals in Barbados [J]. Annals of Tourism Research, 1995, 22(4): 804-818.

[57] George Donatos, Possidon Zairis. Seasonality of foreign tourism in the Greek Island of Crete [J]. Annals of Tourism Research, 1999, 26(1): 77-97.

[58] Pearce D. Tourism in Paris-studies at the microscale [J]. Annals of Tourism Research, 1999, 26(1): 77-9.

[59] Campbell C. K. An approach to research in recreational geography, Occasional Paper, no.7 [M]. University of British Columbia, 2013.

[60] Landgren JOJ. Geographic concepts and the development of tourism research in Canada [J]. Geo-Journal, 1984, 9(1): 17-25.

[61] Kenneth J. White. An international travel demand model: US travel to Western Europe [J]. Annals of Tourism Research, 1985, 12(4): 529-545.

[62] Pearce D. Tourism Today: A geographical Analysis [M]. London: Longman Scientific Technical Press, 1987.

[63] Sarath D. A model of demand for imemational tourism [J]. Annals of Tourism Research, 2003.

[64] Sung Soo Pyo, Muzaffer Uysal. A liner expenditure model for tourism demand [J]. Annals of Tourism Research, 1991, 18(3): 443-454.

[65] Geoffrey I. Crouch. A meta-analysisi of tourism demand [J]. Annals of Tourism Research, 1995, 22(1): 103-118.

[66] Smith V. L., Eadington W. R. Tourism Alternatives: Potentials and Problems in the Development of Tourism, University of Penmylvania Press, 1992.

[67] Gregory D, Johnston R, et al. The Dictionary of Human Geography (2nd Edn) [M]. Oxford: Blackwell, 1988.

[68] Christine A. Witt, Stephen F. Witt, Nick Wilson. Forecasting international

tourist flows［J］.Annals of Tourism Research 1994, 21（3）: 612-628.

［69］Marlin Oppermann. International tourist flow in Malaysia［J］.Annals of Tourism Research, 1992, 19（3）: 482-500.

［70］Carolyn Heller Baird, Gautam Parasnis. From social media to social customer relationship management［J］. IEEE Engineering Management Review, 2013, 41（3）: 48-55.

［71］Manfred Bruhn, Verena Schoenmueller, Daniela B. Schäfer. Are social media replacing traditional media in terms of brand equity creation?［J］. Management Research Review, 2012, 35（9）: 770-790.

［72］NS Ahmad, R Musa, MHM Harun. The Impact of Social Media Content Marketing（SMCM）towards Brand Health［J］. Procedia Economics and Finance, 2016（37）: 331-336.

［73］Scott Noel, Laws Eric.Knowledge Sharing in Tourism and Hospitality［J］. Knowledge Sharing and Quality Assurance in Hospitality and Tourism, 2006, 7（1）: 1-12.

［74］Lon M. J., Hung S., Chen C .Fostering the determinants of knowledge sharing in professional virtual communities［J］.Computer in Human Behavior, 2009, 25（4）: 929.

［75］Serena Volo .Blogger's reported tourist experiences: their utility as a tourism data source and their effect on prospective tourists［J］.Journal of Vacation Marketing, 2010, 16（4）: 299.

［76］P. Sangwon, Y. Reisinger. Cultural Differences in Wed Communication : Apreliminary study［J］.Tourism Analysis, 2012, 17（6）: 761-774.

［77］Anil Bilgihana, Albert Barredab, Fevzi Okumusc.Consumer perception of knowledge-sharing in travel-related Online Social Networks［J］.Tourism Management, 2016（52）: 287-296.

［78］刘继红.面向21世纪旅游管理专业人才培养模式初探［J］.北京高等教育, 1999（1-2）: 49-50.

［79］钟志平.建立"双体系"教育体系突出"应用型"旅游管理人才培养特色［J］.旅游学刊, 2003（S1）: 22-26.

［80］张培茵, 赵阳, 石长波.关于旅游人才培养模式和教育方法的思考与实践［J］.旅游学刊, 2004（S1）: 113-116.

［81］周霄, 马勇, 刘名俭.旅游高等教育"四轮驱动型"人才培养模式初探

[J].当代经济，2007（3）：66-67.

[82]洪夏芳，刘锦莲."1+X"导师制应用型人才培养模式——旅游高等教育产学合作的选择[J].继续教育研究，2013（10）：122-124.

[83]储德平，郑耀星.闽台旅游专业合作办学模式——基于福建海峡旅游学院的实践与探索[J].北京第二外国语学院学报，2014（5）：73-77.

[84]周霄.高校旅游管理类专业人才培养的目标定位与理念创新[J].当代经济，2015（1）：9-11.

[85]任冠文.对广西高等旅游教育改革的思考和建议[J].桂林旅游高等专科学校学报.2006（6）：760-763.

[86]黄静波，刘娟，徐飞雄.论湖南高等旅游教育人才"非同质化"培养目标的制定[J].湘南学院学报，2010（31）：92-96.

[87]乌铁红.内蒙古旅游经济与高等旅游教育均衡发展对策研究[J].内蒙古师范大学学报（教育科学版），2010（23）：46-49.

[88]丁雨莲，陆林.安徽省旅游教育发展特征研究[J].合肥工业大学学报，2009，23（2）：22-26.

[89]张莹，王伟伟，韩福文.辽宁旅游教育资源整合研究[J].商场现代化，2009（10）：61-63.

[90]梁勇，谭秀玲.关于河北省旅游教育的几点思考[J].石家庄职业技术学院学报.2005，（5）：1-5.

[91]张金霞.湖北省旅游教育人才培养的现状与对策研究[J].旅游学刊（人力资源与教学特刊），2004（S1）：125-128.

[92]何剑波.江西省高等旅游教育现状及对策探研[J].湖北经济学院学报（人文社会科学版），2009（6）：163-165.

[93]李长秋.河南省高等旅游教育存在的问题与发展[J].教育探索，2011（1）：86-87.

[94]林思明，景秀艳.关于发展福建省高等旅游教育的思考[J].集美大学学报（教育科学版），2004（5）：70-73.

[95]申葆嘉.论旅游学科建设与高等旅游教育[J].旅游学刊，1997（S1）：21-24.

[96]卢华语.关于高校旅游专业本科课程设置的几个问题[J].桂林旅游高等专科学校学报，1999（S2）：140-142.

[97]汤利华.职业教育的基本特征对旅游高等教育的启示[J].旅游学刊，2004，（人力资源与教育教学特刊）：80-86.

[98] 刘文江. 应对入世后的挑战，加快我国旅游高等教育发展 [J]. 中国软科学，2002（1）：73-76.

[99] 王景荣. 关于旅游教育学学科类归属问题的探讨 [J]. 北京联合大学学报，1996，10（1）：58-66.

[100] 罗兹柏，罗有贤. 高等教育旅游管理专业课程体系设计研究 [J]. 旅游学刊，1997（S1）：58-59.

[101] 赵鹏，王慧云. 面向21世纪旅游管理类专业教学内容与课程体系的改革研究 [J]. 旅游学刊，1998（S1）：21-27.

[102] 林刚. 管理类学科中旅游管理专业的教学内容及课程体系初探 [J]. 旅游学刊，1998（S1）：66-69.

[103] 许春晓. 本科旅游管理专业的课程体系探索 [J]. 桂林旅游高等专科学校学报，1999（S2）：143-145.

[104] 杜江. 面向21世纪旅游管理专业（本科）培养目标的调整与课程体系的变革 [J]. 桂林旅游高等专科学校学报，1999（S2）：127-139.

[105] 田喜洲. 21世纪旅游管理专业（本科）课程体系研究 [J]. 湘潭大学社会科学学报，2000，24（S1）：186-189.

[106] 李柏文，路遥. 基于课程论的旅游课程体系综述研究 [J]. 旅游研究，2009，1（3）：88-92.

[107] 曹国新. 我国旅游实践教学课程、教材和教法研究评述 [J]. 旅游科学，2009，23（1）：67-73.

[108] 吴淑琴. 完善旅游管理专业课程体系的若干思考 [J]. 兵团教育学院学报，2014（24）：64-67.

[109] 刘焱. 基于PARTS战略的应用型本科旅游管理专业实践教学改革探索 [J]. 教育与职业，2014（32）：33-38.

[110] 夏汉军，吴云超，张敏. 浅析高校旅游管理专业课程设置的合理性——基于几类利益相关者的视角 [J]. 教育教学论坛，2015，22（6）：187-188.

[111] 杨雁. 中外旅游高等教育差异比较 [J]. 旅游学刊，1998（S1）：50-53.

[112] 陈肖静. 转变旅游教育观念，培养跨世纪创新人才——澳大利亚国际旅馆学校的启示 [J]. 旅游科学，2000（3）：40-42.

[113] 王艳平. 高等旅游教育的国际化与属地化——对比中日旅游教育 [J]. 旅游学刊，2003（S1）：164-166.

[114] 谷慧敏，王家宝，张秀丽，张伟. 世界旅游教育巡礼 [J]. 旅游学刊，2003（S1）：159-163.

[115] 徐红罡, 张朝枝. 中外旅游教育比较分析与启示 [J]. 旅游学刊, 2004 (S1): 26-30.

[116] 王敏. 旅游高等教育中双语教学的实践与探索 [J]. 旅游学刊, 2004 (S1): 73-76.

[117] 王文君. 中美旅游管理本科教学的比较研究 [J]. 旅游学刊, 2004 (S1): 31-36.

[118] 冯颖, 李悦铮, 李君明, 倪维秋. 中日旅游专业本科课程体系比较研究 [J]. 旅游学刊, 2008 (23): 82-87.

[119] 丁华, 丁培毅, 陈乾, 熊莉. 澳大利亚与中国旅游专业本科教育发展历程、课程设置及未来发展对比研究 [J]. 技术与创新管理, 2014, 35 (2): 144-148.

[120] 秦岭南. 从旅游学的研究角度看旅游高等教育 [J]. 旅游学刊, 2004 (S1): 19-22.

[121] 夏赞才, 任燕. 旅游伦理: 旅游高等教育中重大缺失 [J]. 湖南师范大学教育科学学报, 2008 (2): 122-126.

[122] 龙江智. 中国旅游高等教育的另类解读 [J]. 旅游学刊, 2005 (S1): 16-22.

[123] 谢春山, 徐东北. 旅游高等教育中的悖论现象及其对策 [J]. 旅游论坛, 2010 (6): 805-809.

[124] 杨兴柱, 陆林. 我国旅游高等教育规模区域差异性研究 [J]. 安徽师范大学学报 (人文社会科学版), 2014 (4): 522-528.

[125] 沈宏洁, 严艳, 吴冰, 李振婷, 程萍. 企业视角下的旅游管理专业实习市场满意度研究 [J]. 旅游论坛, 2012 (2): 111-116.

[126] 包亚芳, 孙治, 薛群慧. 人格特质对旅游管理专业实习生留职意愿影响研究——组织社会化的中介作用 [J]. 旅游学刊, 2012 (6): 63-69.

[127] 肖璇. 旅游高等教育师资国际化水平发展研究 [J]. 科技视界, 2015 (7): 41-42.

[128] 赵鹏. 旅游高等教育研究 (第一辑) [M]. 北京: 旅游教育出版社, 2009.

[129] 王莉, 陆林. 国外旅游地居民对旅游影响的感知与态度研究综述及启示 [J]. 旅游学刊, 2005 (3): 87-93.

[130] 李德山, 韩春鲜, 杨玲. 旅游地居民对旅游影响感知研究综述及中外研究比较 [J]. 人文地理, 2010 (5): 142-147.

[131] 卢春天, 石金莲. 旅游地居民感知和态度研究现状与展望 [J]. 旅游学, 2012（11）: 32-43.

[132] 李东和, 张捷, 赵玉宗, 史春云. 基于旅游地居民感知和态度的旅游影响空间分异研究——以安徽省三河镇为例 [J]. 地理科学, 2007（4）: 602-608.

[133] 史春云, 张捷, 李东和. 基于个体视角下的旅游地居民感知与态度研究——以九寨沟为例 [J]. 北京第二外国语学院学报, 2007（11）: 11-17.

[134] 旺姆, 吴必虎. 拉萨八廓历史文化街区旅游发展居民感知研究 [J]. 人文地理, 2012（2）: 128-133.

[135] 刘葆, 苏勤, 葛向东. 传统古民居旅游地旅游影响居民感知的比较研究——以西递、周庄为例 [J]. 皖西学院学报, 2005（2）: 64-68.

[136] 卢松, 张捷, 李东和, 杨效忠, 唐文跃. 旅游地居民对旅游影响感知和态度的比较——以西递景区与九寨沟景区为例 [J]. 地理学报, 2008（6）: 646-656.

[137] 卢松, 陆林, 凌善金, 宣国富. 湖区农户对湿地资源和环境的感知研究——以安徽省安庆沿江湖群为例 [J]. 地理科学, 2003（6）: 762-768.

[138] 欧阳军, 屈杰豪, 肖玲, 张远儿, 陈朝降, 陈淳. 澳门博彩旅游业的多维效应——一个5年的历时性对比研究 [J]. 旅游学刊, 2009（2）: 18-24.

[139] 吴晶, 马耀峰, 郑鹏, 张春晖. 游客感知与旅游地形象、满意度和忠诚度的关系研究——以西安为例 [J]. 旅游论坛, 2011（4）: 43-47+53.

[140] 王斌. 景区形象与游客感知价值、满意和忠诚的关系的实证研究 [J]. 旅游科学, 2011（1）: 61-71.

[141] 吴小根, 杜莹莹. 旅游目的地游客感知形象形成机理与实证——以江苏省南通市为例 [J]. 地理研究, 2011（9）: 1554-1565.

[142] 李玺, 叶升, 王东. 旅游目的地感知形象非结构化测量应用研究——以访澳商务游客形象感知特征为例 [J]. 旅游学刊, 2011（12）: 57-63.

[143] 罗秋菊. 居民对2010年广州亚运会影响的感知变化研究——基于事件举办前视角 [J]. 地理科学, 2010（5）: 693-701.

[144] 王朝辉, 陆林, 夏巧云. 基于SEM的重大事件国内游客感知价值及行为意向关系研究——2010上海世博会为例 [J]. 地理研究, 2011（4）: 735-746.

[145] 隋丽娜, 李颖科, 程圩. 中西方文化遗产旅游者感知价值差异研究 [J]. 旅游科学, 2009（6）: 14-20.

[146] 张宏梅, 洪娟, 张文静. 旅游目的地游客感知价值的层次关系模型 [J].

[J].当代经济,2007(3):66-67.

[82]洪夏芳,刘锦莲."1+X"导师制应用型人才培养模式——旅游高等教育产学合作的选择[J].继续教育研究,2013(10):122-124.

[83]储德平,郑耀星.闽台旅游专业合作办学模式——基于福建海峡旅游学院的实践与探索[J].北京第二外国语学院学报,2014(5):73-77.

[84]周霄.高校旅游管理类专业人才培养的目标定位与理念创新[J].当代经济,2015(1):9-11.

[85]任冠文.对广西高等旅游教育改革的思考和建议[J].桂林旅游高等专科学校学报.2006(6):760-763.

[86]黄静波,刘娟,徐飞雄.论湖南高等旅游教育人才"非同质化"培养目标的制定[J].湘南学院学报,2010(31):92-96.

[87]乌铁红.内蒙古旅游经济与高等旅游教育均衡发展对策研究[J].内蒙古师范大学学报(教育科学版),2010(23):46-49.

[88]丁雨莲,陆林.安徽省旅游教育发展特征研究[J].合肥工业大学学报,2009,23(2):22-26.

[89]张莹,王伟伟,韩福文.辽宁旅游教育资源整合研究[J].商场现代化,2009(10):61-63.

[90]梁勇,谭秀玲.关于河北省旅游教育的几点思考[J].石家庄职业技术学院学报.2005,(5):1-5.

[91]张金霞.湖北省旅游教育人才培养的现状与对策研究[J].旅游学刊(人力资源与教学特刊),2004(S1):125-128.

[92]何剑波.江西省高等旅游教育现状及对策探研[J].湖北经济学院学报(人文社会科学版),2009(6):163-165.

[93]李长秋.河南省高等旅游教育存在的问题与发展[J].教育探索,2011(1):86-87.

[94]林思明,景秀艳.关于发展福建省高等旅游教育的思考[J].集美大学学报(教育科学版),2004(5):70-73.

[95]申葆嘉.论旅游学科建设与高等旅游教育[J].旅游学刊,1997(S1):21-24.

[96]卢华语.关于高校旅游专业本科课程设置的几个问题[J].桂林旅游高等专科学校学报,1999(S2):140-142.

[97]汤利华.职业教育的基本特征对旅游高等教育的启示[J].旅游学刊,2004,(人力资源与教育教学特刊):80-86.

[98] 刘文江. 应对入世后的挑战, 加快我国旅游高等教育发展 [J]. 中国软科学, 2002（1）: 73-76.

[99] 王景荣. 关于旅游教育学学科类归属问题的探讨 [J]. 北京联合大学学报, 1996, 10（1）: 58-66.

[100] 罗兹柏, 罗有贤. 高等教育旅游管理专业课程体系设计研究 [J]. 旅游学刊, 1997（S1）: 58-59.

[101] 赵鹏, 王慧云. 面向 21 世纪旅游管理类专业教学内容与课程体系的改革研究 [J]. 旅游学刊, 1998（S1）: 21-27.

[102] 林刚. 管理类学科中旅游管理专业的教学内容及课程体系初探 [J]. 旅游学刊, 1998（S1）: 66-69.

[103] 许春晓. 本科旅游管理专业的课程体系探索 [J]. 桂林旅游高等专科学校学报, 1999（S2）: 143-145.

[104] 杜江. 面向 21 世纪旅游管理专业（本科）培养目标的调整与课程体系的变革 [J]. 桂林旅游高等专科学校学报, 1999（S2）: 127-139.

[105] 田喜洲. 21 世纪旅游管理专业（本科）课程体系研究 [J]. 湘潭大学社会科学学报, 2000, 24（S1）: 186-189.

[106] 李柏文, 路遥. 基于课程论的旅游课程体系综述研究 [J]. 旅游研究, 2009, 1（3）: 88-92.

[107] 曹国新. 我国旅游实践教学课程、教材和教法研究评述 [J]. 旅游科学, 2009, 23（1）: 67-73.

[108] 吴淑琴. 完善旅游管理专业课程体系的若干思考 [J]. 兵团教育学院学报, 2014（24）: 64-67.

[109] 刘焱. 基于 PARTS 战略的应用型本科旅游管理专业实践教学改革探索 [J]. 教育与职业, 2014（32）: 33-38.

[110] 夏汉军, 吴云超, 张敏. 浅析高校旅游管理专业课程设置的合理性——基于几类利益相关者的视角 [J]. 教育教学论坛, 2015, 22（6）: 187-188.

[111] 杨雁. 中外旅游高等教育差异比较 [J]. 旅游学刊, 1998（S1）: 50-53.

[112] 陈肖静. 转变旅游教育观念, 培养跨世纪创新人才——澳大利亚国际旅馆学校的启示 [J]. 旅游科学, 2000（3）: 40-42.

[113] 王艳平. 高等旅游教育的国际化与属地化——对比中日旅游教育 [J]. 旅游学刊, 2003（S1）: 164-166.

[114] 谷慧敏, 王家宝, 张秀丽, 张伟. 世界旅游教育巡礼 [J]. 旅游学刊, 2003（S1）: 159-163.

［115］徐红罡，张朝枝.中外旅游教育比较分析与启示［J］.旅游学刊，2004（S1）：26–30.

［116］王敏.旅游高等教育中双语教学的实践与探索［J］.旅游学刊，2004（S1）：73–76.

［117］王文君.中美旅游管理本科教学的比较研究［J］.旅游学刊，2004（S1）：31–36.

［118］冯颖，李悦铮，李君明，倪维秋.中日旅游专业本科课程体系比较研究［J］.旅游学刊，2008（23）：82–87.

［119］丁华，丁培毅，陈乾，熊莉.澳大利亚与中国旅游专业本科教育发展历程、课程设置及未来发展对比研究［J］.技术与创新管理，2014，35（2）：144–148.

［120］秦岭南.从旅游学的研究角度看旅游高等教育［J］.旅游学刊，2004（S1）：19–22.

［121］夏赞才，任燕.旅游伦理：旅游高等教育中重大缺失［J］.湖南师范大学教育科学学报，2008（2）：122–126.

［122］龙江智.中国旅游高等教育的另类解读［J］.旅游学刊，2005（S1）：16–22.

［123］谢春山，徐东北.旅游高等教育中的悖论现象及其对策［J］.旅游论坛，2010（6）：805–809.

［124］杨兴柱，陆林.我国旅游高等教育规模区域差异性研究［J］.安徽师范大学学报（人文社会科学版），2014（4）：522–528.

［125］沈宏洁，严艳，吴冰，李振婷，程萍.企业视角下的旅游管理专业实习市场满意度研究［J］.旅游论坛，2012（2）：111–116.

［126］包亚芳，孙治，薛群慧.人格特质对旅游管理专业实习生留职意愿影响研究——组织社会化的中介作用［J］.旅游学刊，2012（6）：63–69.

［127］肖璇.旅游高等教育师资国际化水平发展研究［J］.科技视界，2015（7）：41–42.

［128］赵鹏.旅游高等教育研究（第一辑）［M］.北京：旅游教育出版社，2009.

［129］王莉，陆林.国外旅游地居民对旅游影响的感知与态度研究综述及启示［J］.旅游学刊，2005（3）：87–93.

［130］李德山，韩春鲜，杨玲.旅游地居民对旅游影响感知研究综述及中外研究比较［J］.人文地理，2010（5）：142–147.

[131] 卢春天, 石金莲. 旅游地居民感知和态度研究现状与展望 [J]. 旅游学, 2012 (11) : 32-43.

[132] 李东和, 张捷, 赵玉宗, 史春云. 基于旅游地居民感知和态度的旅游影响空间分异研究——以安徽省三河镇为例 [J]. 地理科学, 2007 (4) : 602-608.

[133] 史春云, 张捷, 李东和. 基于个体视角下的旅游地居民感知与态度研究——以九寨沟为例 [J]. 北京第二外国语学院学报, 2007 (11) : 11-17.

[134] 旺姆, 吴必虎. 拉萨八廓历史文化街区旅游发展居民感知研究 [J]. 人文地理, 2012 (2) : 128-133.

[135] 刘葆, 苏勤, 葛向东. 传统古民居旅游地旅游影响居民感知的比较研究——以西递、周庄为例 [J]. 皖西学院学报, 2005 (2) : 64-68.

[136] 卢松, 张捷, 李东和, 杨效忠, 唐文跃. 旅游地居民对旅游影响感知和态度的比较——以西递景区与九寨沟景区为例 [J]. 地理学报, 2008 (6) : 646-656.

[137] 卢松, 陆林, 凌善金, 宣国富. 湖区农户对湿地资源和环境的感知研究——以安徽省安庆沿江湖群为例 [J]. 地理科学, 2003 (6) : 762-768.

[138] 欧阳军, 屈杰豪, 肖玲, 张远儿, 陈朝隆, 陈淳. 澳门博彩旅游业的多维效应——一个 5 年的历时性对比研究 [J]. 旅游学刊, 2009 (2) : 18-24.

[139] 吴晶, 马耀峰, 郑鹏, 张春晖. 游客感知与旅游地形象、满意度和忠诚度的关系研究——以西安为例 [J]. 旅游论坛, 2011 (4) : 43-47+53.

[140] 王斌. 景区形象与游客感知价值、满意和忠诚的关系的实证研究 [J]. 旅游科学, 2011 (1) : 61-71.

[141] 吴小根, 杜莹莹. 旅游目的地游客感知形象形成机理与实证——以江苏省南通市为例 [J]. 地理研究, 2011 (9) : 1554-1565.

[142] 李玺, 叶升, 王东. 旅游目的地感知形象非结构化测量应用研究——以访澳商务游客形象感知特征为例 [J]. 旅游学刊, 2011 (12) : 57-63.

[143] 罗秋菊. 居民对 2010 年广州亚运会影响的感知变化研究——基于事件举办前视角 [J]. 地理科学, 2010 (5) : 693-701.

[144] 王朝辉, 陆林, 夏巧云. 基于 SEM 的重大事件国内游客感知价值及行为意向关系研究——2010 上海世博会为例 [J]. 地理研究, 2011 (4) : 735-746.

[145] 隋丽娜, 李颖科, 程圩. 中西方文化遗产旅游者感知价值差异研究 [J]. 旅游科学,

2009 (6) : 14-20.

[146] 张宏梅, 洪娟, 张文静. 旅游目的地游客感知价值的层次关系模型 [J].

人文地理，2012（4）：125.

［147］李文兵.古村落游客忠诚模型研究——基于游客感知价值及其维度视角［J］.地理研究，2011（1）：48.

［148］白凯，马耀峰，李天顺，孙天宇.西安入境旅游者认知和感知价值与行为意图［J］.地理学报，2010（2）：244-255.

［149］于静静，朱冠梅，蒋守芬.基于旅游者感知的乡村旅游餐饮服务质量影响因素实证研究［J］.旅游论坛，2009（2）：243-247.

［150］梁圣蓉.基于游客感知的旅行社服务质量评价模型［J］.南通大学学报（社会科学版），2010（4）：24.

［151］唐弘久，张捷.突发危机事件对游客感知可进入性的影响特征——以汶川"5.12"大地震前后九寨沟景区游客为例［J］.地理科学进展，2013（2）：251-261.

［152］陈永昶，徐虹，郭净.导游与游客交互质量对游客感知的影响——以游客感知风险作为中介变量的模型［J］.旅游学刊，2011（8）：37-44.

［153］董娜.居民旅游影响感知调查问卷设计的回顾与反思［J］.旅游论坛，2008（4）：143-146.

［154］欧阳润平，覃雪.目的地居民旅游影响感知量表研究［J］.湖南大学学报（社会科学版），2010（3）：47.

［155］覃雪，王小清.基于旅游可持续发展的目的地居民感知量表研究［J］.知识经济，2013（10）：7.

［156］王丽华，俞金国.旅游影响居民感知相关理论及适用性分析［J］.池州学院学报，2009（6）：77-81.

［157］孙美玉.民族地区居民地方感与旅游影响感知及态度的关系研究［D］.延边大学，2015.

［158］陈鹏.大陆游客赴台旅游影响的台湾居民感知差异分析［J］.经济研究导刊，2015（15）：257-260.

［159］刘岩，李宇桥，王亚娟，佟彤，谢维光.黑龙江省少数民族地区居民对旅游影响的感知——以街津口赫哲族为例［J］.边疆经济与文化，2014（2）：26-27.

［160］秦美玉，吴建国.重点生态功能区民族城镇化发展评价指标体系构建研究——以四川羌族四县为例［J］.西南民族大学学报（人文社科版），2015（10）：136-140.

［161］梁旺兵，孔令娜.民族地区居民对旅游文化影响的感知研究——以甘南

藏族自治州为例[J].西北民族大学学报(哲学社会科学版),2013(2):86-91.

[162]张俊英,马耀峰.少数民族居民对乡村旅游影响的感知与态度研究——以互助土族小庄村为例[J].青海社会科学,2012(2):64-70.

[163]刘韫.不同类型游客对目的地社区居民的旅游影响差异研究——甲居藏寨的实证调查[J].西南民族大学学报(人文社会科学版),2011(11):148-151.

[164]卢彦红.民族村寨旅游开发社区居民满意战略研究[D].桂林理工大学,2010.

[165]赵俊远.旅游对民族地区农村社区影响研究[D].西北师范大学,2009.

[166]黄燕玲,罗盛锋.基于居民感知的少数民族地区乡村农业旅游影响研究——以贵州巴拉河旅游区为例[J].贵州民族研究,2008(3):145-153.

[167]杨学燕.从社区居民对旅游影响的感知谈回族民俗文化的旅游开发——以宁夏永宁县纳家户村为例[J].宁夏大学学报(自然科学版),2008(1):86-90.

[168]苗红,陈兴鹏.少数民族地区居民对旅游影响的态度与感知研究——以甘肃马蹄寺景区为例[J].旅游科学,2007(5):66-72.

[169]罗盛锋,刘永丽,黄燕玲,刘星.西南民族地区旅游影响调控研究——基于游客感知视角[J].中国农业资源与区划,2015(5):50-59.

[170]刘永丽,黄燕玲,罗盛锋.民族旅游地"主客"对旅游社会文化影响感知的对比研究[J].旅游研究,2014(3):30-37.

[171]王娟云.游客感知视角下的西南民族地区乡村旅游影响研究[D].桂林理工大学,2013.

[172]朱竑,韩亚林,陈晓亮.藏族歌曲对西藏旅游地形象感知的影响[J].地理学报,2010(8):991-1003.

[173]王德林,陶艳红.客运索道旅游影响研究——基于山海关森林公园游客满意度的分析[J].中国商贸,2009(5):110-111.

[174]彭应登,杨明珍.浅论区域开发环境影响评价的指标体系[J].环境保护,2001(7):22-23.

[175]包存宽,尚金城,陆雍森.战略环境评价指标体系建立及实证研究[J].上海环境科学,2001(3):113-115.

[176]包存宽,舒廷飞.从概念到立法:中国战略环境评价的回顾与展望[J].地理科学,2007(5):730-735.

[177]孙述海.旅游专项规划环境影响评价研究[D].吉林大学,2005.

[178]易兵.旅游规划中存在的问题及解决对策研究[J].湖南环境生物职业

技术学院学报,2006(1):82.

[179]吴柏清,何政伟,高青.现行旅游规划中存在的问题分析及对策研究[J].生态经济(学术版),2008(1):338-341.

[180]丁德贵.我国现行旅游规划的问题分析与对策研究[J].商业文化(上半月),2011(5):135.

[181]杨敏,李君铁.旅游规划的模糊综合评价[J].云南师范大学学报(自然科学版),2004(4):57-60.

[182]廖培.基于利益相关者理论的旅游规划评价初探[J].财经问题研究,2010(6):135-139.

[183]文彤.旅游规划应面向社区居民[N].中国旅游报,2003-01-03.

[184]胡家云.社区居民参与生态旅游规划的研究[J].林业调查规划,2006,S2:30-32.

[185]杨敏,李君铁.旅游规划的模糊综合评价[J].云南师范大学学报(自然科学版),2004(4):57-60.

[186]孙述海.旅游专项规划环境影响评价研究[D].吉林大学,2005.

[187]吴柏清,何政伟,高青.现行旅游规划中存在的问题分析及对策研究[J].生态经济(学术版),2008(1):338-341.

[188]王旭科.区域旅游发展与管理研究[M].北京:中国旅游出版社,2011(1):32-41.

[189]刘德秀.旅游规划质量管理刍议[J].学术论坛,2003(3):68-71.

[190]王连球,刘伟辉,陈国生.从利益相关者理论视角看旅游规划质量的长效管理机制[J].中国—东盟博览,2013(8):52.

[191]周文静.全面质量管理视角论旅游规划法规体系的完善[J].市场论坛,2012(9):83-84.

[192]郑群明,吴海珍.对旅游规划管理的几点思考[J].社会科学家,2003(3):84-87.

[193]廖培.基于利益相关者理论的旅游规划评价初探[J].财经问题研究,2010(6):135-139.

[194]保继刚,尹寿兵,梁增贤,等.中国旅游地理学研究进展与展望[J].地理科学进展,2011,25(12):31.

[195]谢彦君.论旅游的原始化与现代化[J].旅游学刊,1990,5(4):21-26.

[196]刘振理,王兵.新编中国旅游地理[M].天津:南开大学出版社,

1996.

[197] 谢彦君.基础旅游学[M].北京：商务印书馆，2015.

[198] 保继刚，楚义芳.旅游地理学（修订版）[M].北京：高等教育版，1999.

[199] 吴必虎.上海城市游憩者流动行为研究[J].地理学报，1994，49（2）：117-127.

[200] 张佑印.北京入境集聚扩散旅游流时空演变规律及动力机制研究[D].陕西师范大学，2010.

[201] 薛莹.旅游流在区域内聚：从自组织到组织—区域旅游研究的一个理论框架[J].旅游学刊，2006，21（4）：47-54.

[202] 李振亭，马耀峰，李创新，等.近20年来中国入境旅游流流量与流质的变化分析[J].陕西师范大学学报（自然科学版），2012，40（1）：94-99.

[203] 马耀峰，李天顺，刘新平.旅华游客流动模式系统研究[M].北京：高等教育出版社，2001.

[204] 杨兴柱，顾朝林，王群.南京市旅游流网络结构构建[J].地理学报，2007，62（6）：609-620.

[205] 牛亚菲，谢丽波，刘春凤.北京市旅游客流时空分布特征与调控政策[J].地理研究，2005，24（2）：283-292.

[206] 徐红罡，薛丹.旅游目的地仿生学空间关系研究——以安徽省古村落西递、宏村为例[J].地理科学，2011，31（12）：1518-1524.

[207] 杨兴柱，顾朝林，王群.旅游流驱动力系统分析[J].地理研究，2011，3（1）：23-36.

[208] 张佑印，马耀峰，顾静.北京入境旅游流扩散动力机制分析[J].干旱区资源与环境，2012，26（1）：122-127.

[209] 郭英之.现代旅游者行为研究与市场影响[D].中国科学院，1999.

[210] 毛端谦，张捷，包浩生.基于Lancaster特性理论的旅游目的地选择模式——研究理论分析与江西省旅游客流的实证研究[J].地理研究，2005，24（6）：992-999.

[211] 保继刚，郑海燕，戴广全.桂林国内客源市场的空间结构演变[J].地理学报，2002，57（1）：96-106.

[212] 张捷，都金康，周寅康，等.自然观光旅游地客源市场的空间结构研究——以九寨沟及比较风景区为例[J].地理学报，1999，54（4）：357-362.

[213] 吴必虎，店俊雅，黄安民，等.中国城市居民旅游目的地选择行为研究

[J].地理学报,1997,52(2):97-103.

[214]保继刚,龙江智.城市旅游驱动力的转化及其实践意义[J].地理研究,2005,24(2):274-282.

[215]彭华.旅游发展驱动机制及动力模型探析[J].旅游学刊,1999,14(6):32-38.

[216]保继刚.引力模型在旅客预测中的应用[J].中山大学学报(自然科学版),1992,31(4):133-136.

[205]吴晋峰,包浩生.旅游流距离衰减现象演绎研究[J].人文地理,2005,20(2):62-65.

[206]吴必虎.上海城市游憩者流动行为研究[J].地理学报,1994,49(2):117-127.

[207]章锦河,张捷,李娜,等.中国国内旅游流空间场效应分析[J].地理研究,2005,24(2):293-302.

[208]章锦河,张捷,刘泽华.基于旅游场理论的区域旅游空间竞争研究[J].地理科学,2005,25(2):248-255.

[209]马耀峰,王冠孝,张佑印.中国典型区域入境旅游流空间场效应实证研究——以四川省为例[J].资源科学,2008,30(11):1747-1753.

[210]王永明,马耀峰,王美霞.上海入境旅游流刘长江流域各省区空间场效应研究[J].经济地理,2010,30(5):854-858.

[211]王利鑫,张元标,王祥超.上海世博会对周边城市旅游辐射效应研究[J].地理与地理信息科学,2011,27(3):105-108.

[212]史春云,张捷,尤海梅,等.四川省旅游区域核心—边缘空间格局演变[J].地理学报,2007,62(6):631-639.

[213]文琦,杜忠潮,李玲.1995年至2006年入境旅游目的地空间形态及演变分析[J].资源科学,2009,31(6):994-998.

[214]唐顺铁,郭来喜.旅游流体系研究[J].旅游学刊,1998,13(3):38-41.

[215]徐明,谢彦君.旅游学概论[M].北京:国际文化出版公司,1995.

[216]李永军.旅游流研究初探[J].商场现代化,2005(18):28-29.

[217]张苗苗.基于旅游者行为理论的石家庄区域旅游开发研究[D].燕山大学,2008.

[218]曾燕.成都国内旅游流时空特征与市场开拓研究[D].四川师范大学,2007.

［219］徐乐乐．基于旅游流分析的杭州入境旅游市场开拓研究［D］．浙江大学，2003．

［220］张新妮．青岛入境旅游流空间动态研究［D］．青岛大学，2006．

［221］李永军．西安海外旅游流时空动态分析［D］．陕西师范大学，2000．

［222］陈梅花．兰州国内旅游流空间流动模式研究［D］．西北师范大学，2009．

［223］邓莎莎．新疆巴州国内旅游流研究［D］．山东师范大学，2008．

［224］肖潇．重庆市国内游客的旅游行为研究［D］．重庆师范大学，2012．

［225］阿义莲．敦煌景区旅游发展的SWOT分析及对策［J］．青海师范大学学报哲学社会科学版，2012，34（6）：14-17．

［226］董珍慧，陈加．丝绸之路经济带建设中敦煌旅游产业发展的探索与思考［J］．河西学院学报，2015，31（4）：47-50．

［227］李亨．旅游调查研究的方法与实践［M］．北京：中国旅游出版社，2005．

［228］程露悬．散客旅游市场发展研究［J］．广州大学学报（社会科学版），2002（12）：44-46．

［229］陈俊鸿，宋军，王会斌．论旅游城市的自助旅游开发［J］．桂林旅专学报，1998（3）：44-46．

［230］敦煌市旅游统计资料（2013—2015年）

［231］于静，李君轶．微博营销信息的时空扩散模式研究——以曲江文旅为例［J］．经济地理，2013（9）：6-12．

［232］陆净岚，范昕俏，贝宇倩．旅游企业微博营销现状分析［J］．旅游研究，2013（3）：52-58．

［233］王乐鹏，姚明广，王奕俊．试论旅游企业的微博营销策略［J］．科技广场，2011（4）：39-41．

［234］许胜德．旅游企业微博营销对消费者态度影响研究［D］．新疆大学，2012．

［235］雷乐慈，李文璟．旅游企业的微博营销策略以及效应分析［J］．经营管理者，2015（1）：303．

［236］王浩．基于微博的旅游品牌推广策略研究［J］．长江大学学报（社会科学版），2012（6）：43-45．

［237］谢礼珊，曹汝娇．经济型酒店连锁集团微博营销内容研究［J］．旅游科学，2014（03）：63-75．

［238］谢鹏飞．途牛旅游网微博营销策略研究［D］．西南大学，2015．

[239] 李云 . 旅游企业微信营销的策略研究 [J]. 北方经贸，2014（9）：259-260.

[240] 蔡玉培，赵超 . 石家庄市旅游微信营销发展研究 [J]. 河北企业，2016（2）：68-69.

[241] 郭秀峰 . 旅游企业微信营销策略探讨 [J]. 经贸实践，2015（11）：178-179.

[242] 张绮英资 . 微信营销在旅游营销中的应用探析 [J]. 企业技术开发，2015（27）：110-111.

[243] 黄柳青 . 旅游企业微信营销策略的探讨——以旅行社为例 [J]. 现代商业，2015（31）：27-28.

[244] 陈旭清 . 基于移动 O2O 模式的重庆主题公园微信营销发展研究 [D]. 重庆师范大学，2015.

[245] 苗学玲 . 自驾车旅游研究的新视角：旅游网络论坛的主帖分类研究 [J]. 商业研究，2006，343（11）：158-160.

[246] 苗学玲，保继刚 ."众乐乐"：旅游虚拟社区"结伴旅行"之性质研究 [J]. 旅游学刊，2007，22（8）：48-50.

[247] 王婷婷 . 基于内容分析的旅游虚拟社区分享帖研究 [D]. 江西：江西师范大学，2012.

[248] 陈雅茜 . 基于相册的旅游体验分享技术的研究 [J]. 西南民族大学学报自然科学版，2012，38（3）：462-465.

[249] 欧阳震青，彭润华 . 移动 UGC 环境下旅游者知识分享行为研究 [J]. 旅游科学，2015，29（2）：47-49.

[250] 胡传东，李露苗，罗尚焜 . 基于网络游记内容分析的风景道骑行体验研究——以 318 国道川藏线为例 [J]. 旅游学刊，2015，30（11）：99-107.

[251] 张艺镒，柯彬彬，苏欣慰 . 穷游研究——基于网络文本分析方法 [J]. 未来与发展，2014，38（7）：37-39.

[252] Alexa 网站排名查询 [DB/OL] .http：//www.alexa.cn/，2016-02-23/2016-03-08.

[253] 李亚婷，马费成 . 基于标签共现的社会网络分析研究 [J]. 情报杂志，2012，31（7）：103.

[254] 廉同辉，余菜花，宗乾进 . 我国旅游网站的网络结构研究——基于社会网络分析法 [J]. 旅游科学，2012，26（6）：85.

附　录

附录一　旅游管理专业学生调查问卷

亲爱的同学：

　　您好！为了了解高等旅游教育阶段同学们对学习的实际需求，从而帮助我们更好地修订教学计划，使同学们能更好地适应当今社会就业形势的发展，我们设计了此份问卷，请您根据自己的实际情况准确填写，我们承诺对您所提供的信息给予绝对保密，祝您身体健康，学业有成！

一、基本情况

您所在的学校：_____

您的性别：A.男□　B.女□

您所在的年级：_____

二、请您根据自身情况选择您最认可的答案

1. 请问您选择旅游管理专业是（　　　）。
   A. 个人志向　　　　　B. 他人推荐　　　　C. 被调剂　　　　　D. 其他
2. 您目前对自己专业的满意度（　　　）。
   A. 非常满意　　　　　B. 满意　　　　　　C. 一般　　　　　　D. 不满意
   E. 非常不满意
3. 您认为您目前所学的专业知识技能的实用情况如何（　　　）。
   A. 很实用　　　　　　B. 实用　　　　　　C. 一般　　　　　　D. 不实用
   E. 无任何专业技能
4. 如果您马上毕业了，您最理想的就业趋向是（　　　）。
   A. 酒店　　　　　　　　　　　　　　　　B. 旅行社
   C. 景区景点　　　　　　　　　　　　　　D. 会展公司
   E. 旅游行政管理部门　　　　　　　　　　F. 旅游规划公司
   G. 高校　　　　　　　　　　　　　　　　H. 自己创业
   I. 其他

5. 您认为高等旅游管理专业大学四年应该重点培养学生的什么能力,其中最重要的是(　　)能力。

A. 自我学习能力　　　　　　　B. 研究能力

C. 专业知识能力　　　　　　　D. 专业实践能力

E. 分析和解决问题的能力　　　F. 外语和计算机等实用技能

G. 正确的价值观和人生观　　　H. 人际交往能力

I. 创业能力　　　　　　　　　J. 写作能力

K. 组织协调能力　　　　　　　L. 其他

6. 您认为本专业课程设置存在的最主要问题是(　　)。

A. 课程设置多而不专　　　　　B. 课程设置内容重复

C. 课程设置不够全面　　　　　D. 无用课程较多

E. 部分课程开课次序不符　　　F. 理论课实践课比例失调

G. 基础课比例太大

7. 您认为高等旅游管理专业各课程设置中,理论课与实践课的分配比例应该是(　　)。

A. 6∶4　　　　　　　　　　　B. 4∶6

C. 5∶5　　　　　　　　　　　D. 其他比例(可注明_____)

8. 您认为以下哪种实习方式,最适合高等旅游管理专业的学生专业实习(　　)、毕业实习(　　)。

A. 岗位见习　　B. 实地调查　　C. 案例分析　　D. 策划设计

E. 专业考察　　F. 社会调查　　G. 自主科研　　H. 模拟实训

9. 您认为哪种教学模式最有利于提高您的知识素养与专业技能(　　)。

A. 先理论后实践　　　　　　　B. 理论与实践同步

C. 先实践后理论　　　　　　　D. 少讲理论多实践

E. 多讲理论少实践　　　　　　F. 讨论启发式教学

10. 您认为影响高等旅游教学效果的最关键因素是(　　)。

A. 教师学历　　　　　　　　　B. 教师实践经历

C. 教学设备　　　　　　　　　D. 教学场所

E. 评分标准　　　　　　　　　F. 学生学习态度

G. 教材不贴合实际　　　　　　H. 教学形式的多样性

11. 有学者建议把高等旅游管理专业设置细分为旅游学、景区与旅行社管理、酒店管理、会展经济与管理,您觉得有没有必要(　　)?

A. 非常必要　　B. 必要　　C. 没必要　　D. 不清楚

附录二　旅游管理专业毕业生调查问卷

亲爱的同学：

您好！为了了解高等旅游教育阶段同学们对学习的实际需求，从而帮助我们更好地修订教学计划，使同学们能更好地适应当今社会的就业形势发展，我们设计了此份问卷，请您根据自己的实际情况如实填写，我们承诺对您所提供的信息给予绝对保密，祝您身体健康，事业有成，工作顺利！

一、基本情况调查

性别：A.男□　B.女□

年龄：_____　毕业时间：_____　毕业院校：_____

现从事行业：_____　职称或职务：_____

二、请您结合自己的工作经历，在下面各题中选出最符合自己看法的一项

1. 您认为高等旅游本科教育应该培养（　　　）的人才，才能适应社会。
   A.应用型　　　　B.研究型　　　　C.复合型　　　　D.其他
2. 您认为在校学到的专业理论知识有多少对自己的工作或发展有帮助（　　　）。
   A.30%以下　　　B.30%~50%　　　C.50%~70%　　　D.70%以上
3. 您认为高等旅游管理专业各课程设置中，理论课与实践课的分配比例应该是（　　　）。
   A.6∶4　　　　　B.4∶6
   C.5∶5　　　　　D.其他比例（可注明_____）
4. 您认为高等旅游管理专业应该重点培养学生的什么能力，其中最重要的是（　　　）能力。
   A.自我学习能力　　　　　　　　B.研究能力
   C.专业知识能力　　　　　　　　D.专业实践能力
   E.分析和解决问题的能力　　　　F.外语和计算机等实用技能
   G.正确的价值观和人生观　　　　H.人际交往能力

I. 创业能力　　　　　　　　　　J. 写作能力
K. 组织协调能力　　　　　　　　L. 其他

5. 您认为本专业课程设置存在的最主要问题是（　　）。
   A. 课程设置多而不专　　　　　B. 课程设置内容重复
   C. 课程设置不够全面　　　　　D. 无用课程较多
   E. 部分课程开课次序不符　　　F. 理论课实践课比例失调
   G. 基础课比例太大

6. 您认为以下哪种实习方式，最适合高等旅游管理专业的学生专业实习（　　）、毕业实习（　　）。
   A. 岗位见习　　B. 实地调查　　C. 案例分析　　D. 策划设计
   E. 专业考察　　F. 社会调查　　G. 自主科研　　H. 模拟实训

7. 您认为哪种教学模式最有利于提高同学的知识素养与专业技能（　　）。
   A. 先理论后实践　　　　　　　B. 理论与实践同步
   C. 先实践后理论　　　　　　　D. 少讲理论多实践
   E. 多讲理论少实践　　　　　　F. 讨论启发式教学

8. 您认为影响高等旅游教学效果的最关键的因素是（　　）。
   A. 教师学历　　B. 教师实践经历　　C. 教学设备　　D. 教学场所
   E. 评分标准　　F. 学生学习态度　　G. 教材不贴合实际

9. 您认为目前高等旅游教育办学存在的最主要问题是（　　）。
   A. 办学缺乏特色　　　　　　　B. 专业设置不合理
   C. 教学实践环节少　　　　　　D. 学科定位笼统

10. 有学者建议把高等旅游管理专业设置细分为旅游学、景区与旅行社管理、酒店管理、会展经济与管理，您觉得有没有必要（　　）？
    A. 非常必要　　B. 必要　　C. 没必要　　D. 不清楚

11. 您认为影响高等旅游管理专业毕业生就业的最关键问题是（　　）。
    A. 社会经济结构本身问题　　　B. 就业渠道不畅
    C. 学生就业观的问题　　　　　D. 高校旅游教育实践与理论脱节

12. 您对高等旅游教育还有什么好的建议与意见？请您写在下面的空白处。

附录三　旅游管理专业教师调查问卷

尊敬的老师：

您好！为了了解当前高等旅游教育的现状和提高办学质量，我们设计了这份调查问卷。您的意见和建议对我们的工作十分重要，是我们进行高等旅游教育改革研究的宝贵资料，请您根据自己的实际感受和看法如实填写，本问卷采用匿名形式，所有数据仅供学术研究分析使用，我们承诺对您所提供的信息绝对保密。同时，感谢您在百忙之中填写问卷！

一、基本情况调查

1. 您的性别：A. 男□　　B. 女□
2. 您的学历：A. 本科□　　B. 研究生□　　C. 博士□　　D. 博士后□
3. 您的职称：A. 教授□　　B. 副教授□　　C. 讲师□　　D. 助教□
4. 您的教学工龄：
A.1~10 年□　　B.11~20 年□　　C.21~30 年□　　D.31~40 年□　　E.41 年及以上□

二、请您结合自己的工作经历，在下面各题中选出最符合自己看法的一项

1. 您对目前高等旅游教育的现状满意度如何（　　）。
A. 很满意　　　　B. 满意　　　　C. 一般　　　　D. 不满意
E. 很不满意

2. 您认为高等旅游管理专业应该重点培养学生的什么能力，其中最重要的是（　　）能力。

A. 自我学习能力　　　　　　　　B. 研究能力
C. 专业知识能力　　　　　　　　D. 专业实践能力
E. 分析和解决问题的能力　　　　F. 外语和计算机等实用技能
G. 正确的价值观和人生观　　　　H. 人际交往能力
I. 创业能力　　　　　　　　　　J. 写作能力
K. 组织协调能力　　　　　　　　L. 其他

3. 您认为本专业课程设置存在的最主要问题是（　　）。

A. 课程设置多而不专 B. 课程设置内容重复
C. 课程设置不够全面 D. 无用课程较多
E. 部分课程开课次序不符 F. 理论课实践课比例失调
G. 基础课比例太大

4. 您认为高等旅游管理专业各课程设置中，理论课与实践课的分配比例应该是（   ）。
A. 6∶4 B. 4∶6
C. 5∶5 D. 其他比例（可注明_____）

5. 您认为以下哪种实习方式，最适合高等旅游管理专业的学生专业实习（   ）、毕业实习（   ）。
A. 岗位见习 B. 实地调查 C. 案例分析 D. 策划设计
E. 专业考察 F. 社会调查 G. 自主科研 H. 模拟实训

6. 您的讲课方式倾向于哪种（   ）？
A. 先理论后实践 B. 理论与实践同步
C. 先实践后理论 D. 少讲理论多实践
E. 多讲理论少实践 F. 讨论启发式教学

7. 您认为影响高等旅游教学效果的最关键因素是（   ）。
A. 教师学历 B. 教师实践经历
C. 教学设备 D. 教学场所
E. 评分标准 F. 学生学习态度
G. 教材不贴合实际

8. 您认为高等旅游教育办学存在的最主要问题是（   ）
A. 办学缺乏特色 B. 专业设置不合理
C. 教学实践环节少 D. 学科定位笼统

9. 有学者建议把高等旅游管理专业设置细分为旅游学、景区与旅行社管理、酒店管理、会展经济与管理，您觉得有没有必要（   ）？
A. 非常必要 B. 必要 C. 没必要 D. 不清楚

10. 您认为影响高等旅游管理专业毕业生就业的最关键问题是（   ）。
A. 社会经济结构本身 B. 就业渠道不畅
C. 学生就业观 D. 高校旅游教育实践与理论脱节

11. 您对高等旅游教育还有什么好的建议与意见？请您写在下面的空白处。

附录四　旅游企业调查问卷

尊敬的女士/先生：

您好！为了使高等旅游管理专业教育能够迅速适应社会，服务地方，满足旅游企业管理部门的人才需求，我们设计了这份调查问卷。您的意见和建议对我们的工作十分重要，是我们进行高等旅游管理教育改革研究的宝贵资料，请您根据自己的实际感受和看法如实填写，本问卷采用匿名形式，所有数据仅供学术研究分析使用，我们承诺对您所提供的信息绝对保密。同时，感谢您在百忙之中填写问卷！

一、基本情况调查

1. 您的性别（　　）：A. 男□　　　B. 女□
2. 您所在单位与部门名称_____
3. 您现在的职务或职称_____
4. 您的年龄段（　　）。
A.30 岁及 30 岁以下　　　B.31~40 岁　　　C.41~50 岁
D.51~60 岁　　　　　　　E.61 岁及 61 岁以上
5. 您从事旅游的工龄（　　）。
A.5 年以下　　B.5~10 年　　C.11~15 年　　D.16~20 年
E.21 年以上
6. 贵单位目前旅游管理专业毕业生所占单位总人数的比例（　　）。
A.5% 以下　　B.5%~10%　　C.11%~20%　　D.21% 以上
7. 贵单位是否为旅游管理专业学生的实习基地（　　），若不是，是否愿意接受该专业的学生实习（　　）。
A. 是　　　　B. 不是　　　　C. 愿意　　　　D. 不愿意
E. 无所谓
8. 贵单位是否为旅游管理专业的合作办学单位（　　），若不是，是否愿意与相关旅游管理专业院校合作办学（　　）。
A. 是　　　　B. 不是　　　　C. 愿意　　　　D. 不愿意
E. 无所谓

二、请您结合自己的工作经历，在下面各题中选出最符合自己看法的一项

1. 贵单位近几年对旅游管理专业人才需求数量变化趋势为（   ）。
   A. 上升   B. 下降   C. 无变化

2. 贵单位最中意哪方面的旅游专业人才（   ）。
   A. 管理人才   B. 营销人才   C. 客服人才   D. 产品开发人才
   E. 学术型人才   F. 其他

3. 贵单位录用的人员中旅游管理专业毕业生数量所占比重（   ）。
   A.20% 以下   B.21%~30%   C.31%~40%   D.41% 以上

4. 贵单位录用的旅游管理专业人员的学历程度多是（   ）。
   A. 高职大专   B. 本科   C. 硕士   D. 博士

5. 贵单位将录用的旅游管理专业毕业生一般安排在哪个部门（   ）。
   A. 办公室   B. 人事   C. 秘书科   D. 接待科
   E. 宣传   F. 综合督查科   G. 其他综合部门

6. 贵单位对录用的旅游管理专业毕业生的工作能力满意情况（   ）。
   A. 很满意   B. 满意   C. 一般   D. 不满意
   E. 极不满意

7. 贵单位招聘高等旅游管理专业的学生，特别看重哪些能力与素质，其中最重要的是（   ）。
   A. 自我学习能力   B. 研究能力
   C. 专业知识能力   D. 专业实践能力
   E. 分析和解决问题的能力   F. 外语和计算机等实用技能
   G. 正确的价值观和人生观   H. 人际交往能力
   I. 创业能力   J. 写作能力
   K. 组织协调能力   L. 其他

8. 您认为高等旅游管理专业各课程设置中，理论课与实践课的分配比例应该是（   ）。
   A.6∶4   B.4∶6
   C.5∶5   D. 其他比例（可注明_____）

9. 您认为以下哪种实习方式，最适合高等旅游管理专业的学生专业实习（   ）、毕业实习（   ）。
   A. 岗位见习   B. 实地调查   C. 案例分析   D. 策划设计

E. 专业考察　　　　F. 社会调查　　　　G. 自主科研　　　　H. 模拟实训

10. 您认为高等旅游教育办学存在的最主要的问题是（　　）。

A. 办学缺乏特色　　　　　　　　B. 专业设置不合理

C. 教学实践环节少　　　　　　　D. 学科定位笼统

11. 您认为影响高等旅游管理专业毕业生就业的最关键问题是（　　）。

A. 社会经济结构　　　　　　　　B. 就业渠道不畅

C. 学生就业观　　　　　　　　　D. 高校旅游教育实践与理论脱节

12. 有学者建议把高等旅游管理专业设置细分为旅游学、景区与旅行社管理、酒店管理、会展经济与管理，您觉得有没有必要（　　）？

A. 非常必要　　B. 必要　　　　C. 没必要　　　　D. 不清楚

13. 您对高等旅游教育还有什么好的建议与意见？请您写在下面的空白处。

附录五　旅游行政管理部门调查问卷

尊敬的女士/先生：

您好！为了使高等旅游管理专业教育能够迅速适应社会，服务地方，满足旅游行政管理部门的人才需求，我们设计了这份调查问卷。您的意见和建议对我们的工作十分重要，是我们进行高等旅游管理教育改革研究的宝贵资料，请您根据自己的实际感受和看法如实填写，本问卷采用匿名形式，所有数据仅供学术研究分析使用，我们承诺对您所提供的信息绝对保密。同时，感谢您在百忙之中填写问卷！

一、基本情况调查

1. 您的性别（　　）A. 男□　　B. 女□

2. 您所在单位与部门名称_____

3. 您现在的职务或职称_____

4. 您的年龄段（　　）。

A.30 岁及 30 岁以下　　　　B.31~40 岁

C.41~50 岁　　　　　　　　D.51~60 岁

E.61 岁及 61 岁以上

5. 您从事旅游的工龄（　　）。

A.5 年以下　　B.5~10 年　　　C.11~15 年　　　D.16~20 年

E.21 年以上

6.贵单位目前旅游管理专业毕业生所占单位总人数的比例（　　　）。

A.5% 以下　　　　B.5%~10%　　　　C.11%~20%　　　　D.21% 以上

8.贵单位是否为旅游管理专业学生的实习基地（　　　），若不是，是否愿意接受该专业的学生实习（　　　）。

A. 是　　　　B. 不是　　　　C. 愿意　　　　D. 不愿意

E. 无所谓

8.贵单位是否为旅游管理专业的合作办学单位（　　　），若不是，是否愿意与相关旅游管理专业院校合作办学（　　　）。

A. 是　　　　B. 不是　　　　C. 愿意　　　　D. 不愿意

E. 无所谓

二、请您结合自己的工作经历，在下面各题中选出最符合自己看法的一项

1.贵单位近几年对旅游管理专业人才需求数量变化趋势为（　　　）。

A. 上升　　　　B. 下降　　　　C. 无变化

2.贵单位最中意哪方面的旅游专业人才（　　　）。

A. 管理人才　　　　B. 营销人才　　　　C. 客服人才　　　　D. 产品开发人才

E. 学术型人才　　　　F. 其他

3.贵单位录用的人员中旅游管理专业毕业生数量所占比重（　　　）。

A.20% 以下　　　　B.21%~30%　　　　C.31%~40%　　　　D.41% 以上

4.贵单位录用的旅游管理专业人员的学历程度多是（　　　）。

A. 高职大专　　　　B. 本科　　　　C. 硕士　　　　D. 博士

6.贵单位将录用的旅游管理专业毕业生一般安排在哪个部门（　　　）。

A. 办公室　　　　B. 人事　　　　C. 秘书科　　　　D. 接待科

E. 宣传　　　　F. 综合督查科　　　　G. 其他综合部门

6.贵单位对录用的旅游管理专业毕业生的工作能力满意情况（　　　）。

A. 很满意　　　　B. 满意　　　　C. 一般　　　　D. 不满意

E. 极不满意

7.贵单位招聘高等旅游管理专业的学生，特别看重哪些能力与素质，其中最重要的是（　　　）。

A. 自我学习能力　　　　　　　　B. 研究能力

C. 专业知识能力　　　　　　　　D. 专业实践能力

E. 分析和解决问题的能力　　　　F. 外语和计算机等实用技能
G. 正确的价值观和人生观　　　　H. 人际交往能力
I. 创业能力　　　　　　　　　　J. 写作能力
K. 组织协调能力　　　　　　　　L. 其他

8. 您认为高等旅游管理专业各课程设置中，理论课与实践课的分配比例应该是（　　）。
A. 6∶4　　　　　　　　　　　　B. 4∶6
C. 5∶5　　　　　　　　　　　　D. 其他比例（可注明_____）

9. 您认为以下哪种实习方式，最适合高等旅游管理专业的学生专业实习（　　）、毕业实习（　　）。
A. 岗位见习　　　B. 实地调查　　　C. 案例分析　　　D. 策划设计
E. 专业考察　　　F. 社会调查　　　G. 自主科研　　　H. 模拟实训

10. 您认为高等旅游教育办学存在的最主要问题是（　　）。
A. 办学缺乏特色　　　　　　　　B. 专业设置不合理
C. 教学实践环节少　　　　　　　D. 学科定位笼统

11. 您认为影响高等旅游管理专业毕业生就业的最关键问题是（　　）。
A. 社会经济结构本身问题　　　　B. 就业渠道不畅
C. 学生就业观的问题　　　　　　D. 高校旅游教育实践与理论脱节

12. 有学者建议把高等旅游管理专业设置细分为旅游学、景区与旅行社管理、酒店管理、会展经济与管理，您觉得有没有必要（　　）？
A. 非常必要　　　B. 必要　　　C. 没必要　　　D. 不清楚

13. 您对高等旅游教育还有什么好的建议与意见？请您写在下面的空白处。

附录六　居民感知视角下民族地区乡村旅游影响调查问卷

尊敬的先生/女士：

　　您好！为开展民族地区乡村旅游影响的研究，设计此次问卷调查。主要调查当地旅游发展带来的变化，问卷内容仅用于学术研究，我们承诺对您提供的信息绝对保密。填写问卷将花费您 10 分钟左右的宝贵时间，感谢您的配合！

一、您的基本信息

1. 您的性别：

A. 男　　　　　　　B. 女

2. 您的年龄：

A.18 岁以下　　　　B.18~29 岁　　　　C.30~44 岁　　　　D.45~59 岁

E.60 岁以上

3. 您的受教育程度：

A. 本科及以上　　　B. 专科/高职　　　C. 中专/高中　　　D. 初中

E. 小学及以下

4. 您的职业：

A. 政府工作人员　　B. 教师　　　　　　C. 农牧民　　　　　D. 企业员工

E. 学生　　　　　　F. 自由职业者

5. 您的年收入：

A.2000 元及以下　　　　　　　　　　　B.2001~5000 元

C.5001~10000 元　　　　　　　　　　　D.10001~15000 元

E.15001~20000 元　　　　　　　　　　F.20000 元以上

6. 您的民族：

A. 藏族　　　　　　B. 回族　　　　　　C. 汉族　　　　　　D. 土家族

E. 蒙古族　　　　　F. 其他_____

7. 您家庭收入的主要来源：

A. 农业　　　　　　B. 牧业　　　　　　C. 旅游业　　　　　D. 其他

8. 您是否参与旅游经营活动：

A. 是　　　　　　　B. 否（未参加旅游经营活动者可跳过第 9、第 10 题）

9. 您参与旅游的具体工作是：

A. 开家庭旅馆　　　　　　　　　　　　B. 开餐厅

C. 餐厅服务员　　　　　　　　　　　　D. 旅馆/酒店服务员

E. 民族歌舞表演　　　　　　　　　　　F. 旅游向导

G. 开农家乐/藏家乐　　　　　　　　　 H. 马队管理

I. 其他_____

10. 您从事旅游业工作的年限：

A.1 年以内　　　　　B.1~2 年　　　　　C.3~4 年　　　　　D.5~6 年

E.7 年及以上

二、整体态度

1.您对以下问题的基本态度是：(请在相应的选项下画"√"，每题只选一个选项)

	非常支持	支持	不关心	反对	非常反对
对发展旅游的态度					
对外来游客的态度					

2.您对旅游产生的影响的态度是：(请在相应的选项下画"√"，每题只选一个选项)

	有明显的积极影响	有一定的积极影响	没有影响	有一定的消极影响	有明显的消极影响
当地经济发展					
社会文化发展					
生态环境保护					

3.您认为在民族地区旅游发展的过程中下列哪项最重要：(请在相应的选项下画"√"，每题只选一个选项)

生态环境的保护	民族民俗文化的传承与发展	经济效益

三、您对当地乡村旅游产生的影响的感知（请在您选择的数字上面画"√"）

（一）当地发展乡村旅游对经济的影响

（5.非常赞同　4.赞同　3.不明显　2.不赞同　1.非常不赞同）

1	吸引了更多外来投资	
2	为促进旅游发展，政府增加了在政策上的支持	
3	收入增加明显，生活质量和水平得到明显改善	
4	当地人的就业机会增多	
5	带动相关产业发展	
6	促进基础设施的改善	
7	旅游收入大部分被外来企业和外地人赚取	
8	参与和不参与旅游服务的居民贫富差距明显	
9	游客的到来使得生活用品价格上涨，生活成本明显增加	

（二）当地发展乡村旅游对社会文化的影响

（5.非常赞同　4.赞同　3.不明显　2.不赞同　1.非常不赞同）

10	旅游促使妇女的地位得到提升	
11	旅游破坏了宁静的生活氛围和宗教氛围	
12	旅游促进了居民传统观念的改变	
13	旅游促使居民的传统习惯改变	
14	旅游促进更多的年轻人留在当地	
15	旅游促进与外来文化的交流和学习	
16	旅游使传统文化不同程度流失	
17	促进各民族关系的发展	
18	游客与当地居民的文化冲突明显	
19	旅游发展促进了居民之间的人际关系的改善	
20	旅游促进了传统民居的保护	
21	旅游促进了民族文化和传统民俗文化的保护和传承	
22	旅游使居民更加热情好客和文明礼貌	
23	传统文化的商业化和庸俗化越来越明显	

（三）当地发展乡村旅游对资源环境的影响

（5.非常赞同　4.赞同　3.不明显　2.不赞同　1.非常不赞同）

24	促进当地自然环境的保护	
25	促进旅游地环境美化和景观塑造	
26	当地居民和政府的环保意识提升	
27	旅游产生更多的生活垃圾	
28	商业广告、旅游设施破坏了乡村形象	
29	现代化建筑破坏了传统民居风貌	

附录七　游客感知视角下民族地区乡村旅游影响调查问卷

尊敬的先生/女士：

　　您好！为开展民族地区乡村旅游影响的研究，设计此次问卷调查。主要调查当地旅游发展带来的变化，问卷内容仅用于学术研究，我们承诺对您提供的信息绝对保密。填写问卷将花费您 10 分钟左右的宝贵时间，感谢您的配合！

一、您的基本信息

1. 您的性别：

A. 男　　　　　　　B. 女

2. 您的年龄：

A.18 岁以下　　　　B.18~29 岁　　　　C.30~44 岁　　　　D.45~59 岁

E.60 岁以上

3. 您的受教育程度：

A. 本科及以上　　　B. 专科/高职　　　C. 中专/高中　　　D. 初中及以下

4. 您的职业：

A. 政府工作人员　　B. 教师　　　　　　C. 农牧民　　　　　D. 企业员工

E. 学生　　　　　　F. 自由职业者

5. 您的年收入：

A.20000 元及以下　　　　　　　　　　B.20001~40000 元

C.40001~60000 元　　　　　　　　　　D.60001~80000 元

E.80001~100000 元　　　　　　　　　　F.100000 元以上

6. 您的民族：

A. 汉族　　　　　　B. 回族　　　　　　C. 藏族　　　　　　D. 土家族

E. 蒙古族　　　　　F. 其他_____

7. 到该地的旅游次数：

A. 第 1 次　　　　　B. 第 2 次　　　　　C. 第 3 次　　　　　D. 第 4 次

E. 第 5 次及以上

8. 您的居住地：_____省_____市

二、整体态度

1. 您对以下问题的基本态度是：(请在相应的选项下画"√")

	非常赞同	赞同	不关心	反对	非常反对
当地民族特色鲜明					
当地居民热情好客					
当地的实际情况符合您对藏区旅游的认识					
当地的旅游开发让居民感到满意					
您愿意下次再来该地					

2. 您对旅游产生的影响的态度是：(请在相应的选项下画"√")

	有明显的积极影响	有一定的积极影响	没有影响	有一定的消极影响	有明显的消极影响
当地经济发展					
社会文化发展					
生态环境保护					

3. 您认为民族地区旅游发展的过程中下列哪项最重要：(请在相应的选项下画"√")

生态环境的保护	民族民俗文化的传承与发展	经济效益

三、您对当地乡村旅游产生的影响的感知（请在您选择的数字上面画"√"）

（一）当地发展乡村旅游对经济的影响

（5.非常赞同　4.赞同　3.不明显　2.不赞同　1.非常不赞同）

1	带动相关产业发展	
2	促进基础设施的改善	
3	参与和不参与旅游服务的居民贫富差距明显	

（二）当地发展乡村旅游对社会文化的影响

（5.非常赞同　4.赞同　3.不明显　2.不赞同　1.非常不赞同）

4	到民族地区旅游的动机更加强烈	
5	促进各民族关系发展	
6	游客的到来破坏了宁静的生活氛围和宗教氛围	
7	大量的妇女参与旅游服务	
8	大量青年参与旅游服务	
9	旅游促进民族文化的发掘、保护和传承	
10	传统民俗文化的商业化和庸俗化越来越明显	
11	旅游促进与外来文化的交流和学习	
12	旅游使传统文化不同程度流失	
13	游客与当地居民的文化冲突明显	
14	旅游促进了传统民居的保护	

（三）当地发展乡村旅游对资源环境的影响

（5.非常赞同　4.赞同　3.不明显　2.不赞同　1.非常不赞同）

15	促进当地自然环境的保护	
16	促进旅游地环境美化和景观塑造	
17	旅游产生更多的生活垃圾	
18	商业广告、旅游设施等破坏了旅游地的原始风貌	
19	当地居民和政府的环保意识提升	
20	游客的环保意识得到提升	

附录八　敦煌国内游客调查问卷

尊敬的先生/女士：

　　您好！我是西北师范大学的研究生，目前正在做自己的硕士论文，此次调查问卷是为了了解您在敦煌旅游的情况，为我的论文提供数据支持，结果也仅仅用于本次学术调查研究。对于您的合作和协助表示由衷的感谢！

　　1.您来自哪个省或直辖市？_____

　　2.您的性别：A.男　　　　　　　　B.女

　　3.您的年龄：

　　A.18岁以下　　B.18~30岁　　C.31~55岁　　D.55岁以上

4. 您的受教育程度：

A. 初中及以下　　B. 高中　　　　C. 大专　　　　D. 本科

E. 硕士及以上

5. 您的职业：

A. 公务员　　　　B. 单位/企事业中高层管理人员

C. 普通职员　　　D. 中高级专业者（如律师、医生、教授）

E. 科教人员　　　F. 退休人员　　G. 自由职业者　　H. 个体商户

I. 军人　　　　　J. 学生　　　　K. 其他

6. 您的月收入：

A.1000元以下　　B.1001~3000元　　C.3001~5000元　　D.5001~8000元

E.8001元及以上

7. 您此次来敦煌旅游的目的是（可多选）：

A. 会议　　　　　B. 观光度假　　　C. 商务　　　　D. 探亲访友

E. 其他

8. 您此次旅游选择的方式是：

A. 集体随团旅游　　B. 自助旅游　　　C. 其他方式

9. 您此次来敦煌的交通方式是：

A. 汽车　　　　　B. 自驾车　　　　C. 火车　　　　D. 飞机

10. 您在此停留的时间是：

A.1天　　　　　B.2天　　　　　C.3天　　　　　D.3~5天

E.5天以上

11. 您此次来敦煌旅游大致接受的旅游消费区间为：

A.500元以下　　　B.500~1000元　　C.1000~5000元　　D.5000元以上

12. 您此次来敦煌旅游获得的旅游信息主要渠道有（可多选）：

A. 网络　　　　　B. 电视广播　　　C. 报刊杂志　　　D. 旅游机构推荐

E. 朋友推荐　　　F. 其他

13. 您希望获取旅游信息的主要类型有（可多选）：

A. 旅游攻略（包括景点介绍、餐饮、住宿交通信息）

B. 个性化信息（游记、特色线路、文化历史介绍）

C. 实用信息（购物、娱乐信息）

D. 即时信息（天气、优惠信息）

E. 其他

14. 您从哪个城市或地区来到敦煌？

A. 直接从您的居住地来　　　　　　B. 嘉峪关

C. 兰州　　　　　　　　　　　　　D. 银川

E. 乌鲁木齐　　　　　　　　　　　F. 拉萨—格尔木

G. 其他

15. 您离开敦煌将直接去哪里旅游？

A. 嘉峪关　　　B. 张掖—青海湖　　C. 兰州　　　C. 银川

D. 乌鲁木齐　　E. 格尔木—拉萨　　F. 直接回家

16. 您来敦煌会选择哪几个景点前去旅游？（可多选）

A. 莫高窟　　　　　　　　　　　　B. 鸣沙山—月牙泉

C. 雅丹国家地质公园　　　　　　　D. 阳关遗址

E. 玉门关遗址　　　　　　　　　　F. 汉长城遗址

G. 悬泉置遗址　　　　　　　　　　H. 敦煌夜市

I. 敦煌影视城　　　　　　　　　　J. 雷音寺

K. 三危山

17. 您对此次来敦煌旅游经历的满意程度是：

A. 非常满意　　B. 满意　　　　　C. 一般　　　D. 不太满意

E. 不满意

18. 您对哪些地方感到满意（可多选）：

A. 市容环境　　B. 公共设施　　　C. 住宿条件　　D. 餐饮质量

E. 交通　　　　F. 景区环境　　　G. 旅游体验　　H. 购物

I. 旅游服务质量　　J. 市民素质

19. 您觉得哪些地方还需改进完善（可多选）：

A. 旅游交通　　B. 住宿设施　　　C. 景区建设　　D. 餐饮质量

E. 接待服务质量　　F. 旅游花费　　G. 旅游体验　　H. 其他_____

附录九　关于"某旅游总体规划质量评价"的调查问卷（居民）

尊敬的女士/先生：

　　您好，感谢您百忙中参加本次调查！我们开展本次调研的目的是使未来旅游规划质量的评价更加客观，您的思考与回答将成为进一步研究该问题的第一手资料，所以我们诚挚地希望您认真回答下列相关问题,以确保研究结论的客观和准确!本调查不记名,调查结果仅用于本课题研究。

一、个人情况调查

1. 您的性别：A. 男　　　　　　B. 女
2. 您的年龄：
A.25 岁以下　　　　B.26~35 岁　　C.36~45 岁　　D.45 岁以上
3. 您的最高学历：
A. 高中／中专及以下　　B. 大专　　　C. 本科　　　D. 硕士及以上
4. 您的职业：
A. 农民　　　　　　B. 教师　　　　C. 干部　　　　D. 学生

二、旅游规划质量调查表

目标指标	一级指标	评价指标	优	良	中	及格	差	备注
某旅游总体规划质量评价	主要内容评价	规划背景优缺点的利用与回避分析						
		旅游资源总量的分析与评价						
		稀缺性与独特性旅游资源的把握及利用						
		旅游规划与上位规划的衔接分析						
		战略目标与战略方向的确定						
		主题形象与宣传口号的设计与分析						
		旅游市场的定位分析及准确程度						
		产品策划中独创性项目的设计						
		产品策划中借鉴的成功性项目分析						
		功能分区的策划与布局						
		旅游要素系统的设计与分析						
		规划实施中分阶段突破点的把握						
		旅游规划中投资效益评估分析						
	整体评价	规范性						
		可靠性						
		先进性						
		可操作性						

说明：规范性是指旅游规划的设计应当遵循相关的国内标准，有关设计应当比较齐全而且规范；可靠性是指采用的资料的准确性、科学性及应用理论的正确与否；先进性是指是否提出了具有创新性的规划思路或具体的规划项目；可操作性是指旅游规划是否能够落实到实际。备注中填写您认为该评价还需要补充的内容。

三、本地区旅游开发中您最关注的问题是_____，该旅游总体规划中该问题的解决程度（按上述五级分类判定）为_____。

附录十 关于"某旅游总体规划质量评价"的调查问卷（专家）

尊敬的女士/先生：

您好，感谢您白忙中参加本次调查！我们开展本次调研的目的是使未来旅游总体规划质量的评价更加客观，您的思考与回答将成为进一步研究该问题的第一手资料，所以我们诚挚地希望您认真回答下列相关问题，以确保研究结论的客观和准确！本调查不记名，调查结果仅用于课题研究。

一、个人情况调查

1. 您的性别：A. 男　　B. 女
2. 您的年龄：A.30 岁以下　　B.31~40 岁　　C.41~50 岁　　D.51 岁及以上
3. 您的最高学历：A. 大专　　B. 本科　　C. 硕士　　D. 博士
4. 您从事的职业_____
5. 您的职称或职务_____
6. 您目前从事的专业或行业_____

二、旅游规划质量调查表

目标指标	一级指标	评价指标	优	良	中	及格	差	备注
某旅游总体规划质量评价	主要内容评价	规划背景优缺点的利用与回避分析						
		旅游资源总量的分析与评价						
		稀缺性与独特性旅游资源的把握及利用						
		旅游规划与上位规划的衔接分析						
		战略目标与战略方向的确定						
		主题形象与宣传口号的设计与分析						
		旅游市场的定位分析及准确程度						
某旅游总体规划质量评价	主要内容评价	产品策划中独创性项目的设计						
		产品策划中借鉴的成功性项目分析						
		功能分区的策划与布局						
		旅游要素系统的设计与分析						
		规划实施中分阶段突破点的把握						
		旅游规划中投资效益评估分析						
	整体评价	规范性						
		可靠性						
		先进性						
		可操作性						

说明：规范性是指旅游规划的设计应当遵循相关的国内标准，有关设计应当比较齐全而且规范；可靠性是指采用的资料的准确性、科学性及应用理论的正确与否；先进性是指是否提出了具有创新性的规划思路或具体的规划项目；可操作性是指旅游规划是否能够落实到实际。备注中填写您认为该评价还需补充的内容。

三、您认为旅游总体规划评价中还需评价的主要内容是_____，该规划中此评价内容的等级（按上述五级分类判定）为_____。

策划编辑：段向民
责任编辑：段向民
责任印制：谢　雨
封面设计：何　杰

图书在版编目（CIP）数据

多角色视角的几个旅游基础问题研究 / 王耀斌等著. —— 北京：中国旅游出版社，2018.4
　ISBN 978-7-5032-6006-3

Ⅰ.①多… Ⅱ.①王… Ⅲ.①旅游—研究 Ⅳ.①F590

中国版本图书馆 CIP 数据核字（2018）第 073212 号

书　　名：多角色视角的几个旅游基础问题研究

作　　者：王耀斌等著
出版发行：中国旅游出版社
　　　　　（北京建国门内大街甲9号　邮编：100005）
　　　　　http://www.cttp.net.cn　E-mail:cttp@cnta.gov.cn
　　　　　营销中心电话：010-85166503
排　　版：北京旅教文化传播有限公司
经　　销：全国各地新华书店
印　　刷：北京明恒达印务有限公司
版　　次：2018年4月第1版　2018年4月第1次印刷
开　　本：787毫米×1092毫米　1/16
印　　张：17.25
字　　数：328千字
定　　价：39.80元
ＩＳＢＮ　978-7-5032-6006-3

版权所有　翻印必究
如发现质量问题，请直接与营销中心联系调换